ちくま文庫

狂い咲け、フリーダム

アナキズム・アンソロジー

栗原康 編

JN259276

筑摩書房

本書をコピー、スキャニング等の方法により無許諾で複製することは、法令に規定された場合を除いて禁止されています。請負業者等の第三者によるデジタル化は一切認められていませんので、ご注意ください。

目次

第二章

第三章

＊印の付いているものは、原文の漢字を旧字体から新字体にし、旧かなづかいを現代かなづかいに改めた。

はじめに

はじめにファックありき。わたしは正論がキライだ、ファックである。あっ、正論っていっても、雑誌の名前じゃないよ。それはそれでキライなんだけど、そういうことじゃない。なんつうのかな、もっともらしいことをいって、他人をしたがわせようとするやつが大キライなんだ。だって、これがぜったいにただしいんだっていって、正義をふりかざして、ひとにああしろ、こうしろって命令して、したがわなければすぐに排除、しかもそれがあたりまえであるかのようにふるまいはじめたら、それってただの支配だからね。てゆうか、ポリスかよって。

　この社会のモラルやルールを説くやつらはもちろんのこと、たとえ弱者のためだとかいっていても、たとえその代弁者のよそおいをしていたとしてもダメなんだ。そういうセイギヅラしたやつをみると、どうしても、ペッペッとツバをはきかけたくなっちまう。正義だァ、理想だァ、自由だァ、みんな鬼に喰われちまえだァ！ Fuck the police! Fuck the society! Fuck the world! ファック、ファック、ファック、ファーーーックッ!!! あらゆる正論にクソといいたい。ファックだぜ。

とまあ、なんでそんなことをいってみたのかというと、だいたい、アナキストってのはそういうもんだろうっておもったからだ。そもそもアナキズムってのは、「無政府主義」って訳されていて、それもまちがいじゃないんだが、語源からすると「支配のない状態」のことを意味している。だれにもなんにもしばられないぞ、オレをコントロールできるとおもったらおおまちがいだ、制御不能、イヨーシッ！ってね。

だから、そりゃ政府が原発を再稼働しようとしたり、安保法制だとか共謀罪だとか、ヘンチクリンな法律をつくってうちらをしたがわせようとしてきたら、デモでもなんでもやって街頭にでてさわいだりするし、あるいは、カネがなきゃ生きていけないんだよっていわれて、おカネをくださる資本家さまにはあたまをさげろ、奴隷みたいにコキつかわれたって、ジッとこらえてはたらくのがあたりまえだとかいわれたら、やっぱりふざけんじゃねえぞっておもうわけで、ギャアギャアとさわぎはじめたり、だったらようっていって、カネにしばられない生活をしようとしたりするわけさ。

でもね、だいじなのは、このさわぎかたに正解はないってことだ。もしかしたら、政府に圧力をあたえるためには、こういうデモじゃなきゃいけないとか、カネがなくてもやっていくんだったら、こういう自給自足の生活じゃなきゃダメだとか、こういう共同生活のルールをまもらなきゃダメなんだとかっていいはじめるやつもいるのかもしれないけど、そんな正論、クソくらえ。だって、それってしたがわなかったら、おまえつかえねえんだよ、ハイ、排除ねっていうわけでしょう、支配かよ。

　むしろ、そういう、つかえるとか、つかえないとか、損とか得とかをとびこえちまって、ダメだとわかっちゃいるけどやめられない、とまらない、身体が勝手にうごいてしまう。街頭であばれはじめて、ムダに警察車両を燃やしちまったりとか、火をみた群衆がウヒョオッ！　っていって、もっとあばれはじめて収拾がつかなくなったりとか、あるいは農業ですらやりたくないんだっていって、トンズラ、逃散、サボタージュ。働かず、ゆえに我ありっていいはじめるやつらがでてきたりね。

　だから、たとえいまの権力にあらがったとしても、正義だの、理想だのといって、そのオルタナティブにすがって生きるようじゃダメなんだ。そこにはぜったいに支配しかない。そのさきへ往け。えっ、わたしは自分の意志で、みんなのためにうごいているんですよって？　えっ、わたしはみずからすすんで、このルールにしたがっているだけなんですよって？　ヒャッハハ、街は自由という名の留置場さ。正義だァ、理想だァ、自由だァ、みんな鬼に喰われちまえだァ！

　そろそろ、自分で自分を牢獄にいれるのは、もうやめにしよう。パパの手、ママの手、ボクの手、やっぱり手がでる万引き野郎。あっ、これ、文字どおりの万引きのはなしだけじゃないよ。手をだしたら、どうなるかはわかっていても、きっと損しかないんだろうってわかっちゃいても、やっちまうってことさ。ああ、ダメだ、でもやりたい。ああ、ダメだ、でもやりたい、ああ、ダメだ、でもやりたい、ああ、ダメだ、でも、でも、でも、アァッ、アァッ、アァッ、アアァァッ!!! 気づけば手をだし、やっちまう。ああー、やっちまったなァってね。身体が勝手にうごきだす。やめられない、とまらない。なんでこんなことをやっているのか、なんでこんなにうごけているのかもわからない。自分でありながら、自分をこえたそのうごき。人間でありながら、人間ならざるそのうごき。オレ、すごい。オレ、すごい。もっといける、もっといける。そういうだれにもなんにもしばられない、自分にですらコントロールできないその力。アナーキーだ。あばれる力をとりもどせ。ほんとうのところ、ひとが生きるよろこびをかみしめるときってのは、そういう力をフッとかんじたときなんじゃないかとおもう。テメエの身体でかんじとれ。オレ、すごい。オレ、すごい。オレ、オレ、オレ、されどオレ、オーレイ!

さてはて、本書でとりあげたアナキストに共通しているのは、そういうところだ。アナーキー。ひとによっては、だれにもなんにもしばられたくない、だから定職につかないんだ、貧乏上等だァっていって、でもしばらくすると、そういう貧乏じゃなきゃいかんっていうのにもしばられたくなくなってきて、てゆうか、もう人間そのものにもしばられたくないぞってなってきて、気づけば、天狗に化けちまったひとだっているし、友だちのストライキを支援するんだァっていって、資本家の邸宅にのりこんでいって、ほんのチョビッとおどそうとおもっていたら、なんかテンションがあがって、ガソリンをまいて、家に火をつけてパクられちまったひともいたりする。チャッハハ！

あるいは、よっしゃ、一夫一婦制をたたきこわすぞォ、家庭をケトバセ、火をつけろっていって、いくぜ、自由恋愛、男ひとりに女が三人、みーんなーでなーかよーく、ポポポポーンッっていっていたのに、いざつきあいはじめたら、ひとりの女性が、自由恋愛に自由もヘッタクレもねえんだよっていいはじめて、ひとりで男を独占し、愛憎嫉妬で地獄におちて、ほかの女に男を刺されて、ドツボにはまってドッピンシャ。みんなに悪魔の所業じゃあっていわれたけれど、だったらそれで上等じゃあってひらきなおって、徹底的に反道徳をつらぬいて、家族制度をぶちこわしにかかったりとかね。おもわず、なにやってんスかって、つっこみたくなる人たちばかりなんだけど、でもそのなにやってんスかに、気づくと神《たましい》を躍らせている。オレもオレもオレも、オーレイ！　ってね。とりあげたのは、そんな人たちばかりだ。ぜひ、たのしんでいただけたらとおもう。どうぞ！

おっと、やばい。そろそろ締め切りがちかづいてまいりましたので、まとめにさせていただきましょう。アナーキー！　アナーキー！　なんどでも、なんどでもさけんでみやがれ。Fuck the police! Fuck the society! Fuck the world! ファック、ファック、ファック、ファーーーックッ!!! 他人の正論にふりまわされるな。自分の正論だってブチこわしてやれ。テメエでテメエをファックしろ。テメエのなかにあるポリスをテメエの力でたたきこわしてやれ。ファックミー、ファックミー。正義なんてない、理想もない。自由なんてない、束縛もない。未来なんてない、希望もない。明日なんてない、昨日も大キライ。損も得もありゃしない。有用、無用も関係ないね。こんな世界はどうでもいいぜ。アァッ、アァッ、アァッ、アアァァッ!!! だったらなんでもやってやれ、死んだつもりでうごいてみやがれ。散って狂って捨て身で生きろ。身体が勝手にうごきだす。やめられない、とまらない。いつだって、とりみだした生をいきてゆきたい。制御できない力がある。はじめにファックありき。さけべ、アナーキー! 狂い咲け、フリーダム!

栗原康

狂い咲け、フリーダム

——アナキズム・アンソロジー

第一章

大杉栄（おおすぎ・さかえ　一八八五〜一九二三）

栗原康

生きる力があばれだす

大杉栄は、香川県丸亀うまれ。新潟県新発田でそだつ。お父さんが職業軍人だったってこともあって、ちっちゃいころから軍人になるためにそだてられ、がんばって勉強をして、名古屋陸軍幼年学校にはいるのだが、はいってみたら上官からいじめをうける。じつは大杉、吃音もちだったのだが、上官から、帝国軍人は日本人の模範じゃなきゃいかん、キサマふざけているのか、ちゃんとハキハキしゃべれみたいなことをいわれて、なんどもなんども罰をうけた。これでグレちまった大杉は、とんでもない暴れん坊になった。さいごは同級生と乱闘さわぎをおこし、うしろからナイフでさされて重傷だ。ケンカ両成敗で退学になった。チクショウ！

その後、東京にでてアナキストになる。軍隊にいたときみたいに、ただしい生きかたを強いられるのはまっぴらごめんだ。この身体のつかいかたに、いいもわるいもありゃしない。ぜんぶ自由だ。あばれちまえ。大杉は、もちまえの暴れん坊を発揮して、デモや集会のたびに警官と大乱闘。あけてもくれても、ケンカでパクられイキがった。しかもパクられてもパクられてもめげやしない。むしろ、せっかくヒマができたんだしといって、監獄生活をフルにいかして勉強をしはじめる。そんでもって、また大杉が語学の天才なんだ。いちど監獄にはいると、きまって一か国語おぼえてでてくる。一犯一語だ。本人いわく、全世界のことばでドモってやるぜってね。チャッハハ！

しかし一九一〇年、大逆事件で兄貴分だった幸徳秋水をふくめ、気のあう仲間たちがいっせいにヤラレてしまう。天皇を爆弾でふっとばそうとしたってデッチあげられて、一二人が処刑、一二人が無期懲役だ。このとき、大杉はたまたま別件でつかまっていて、殺されずにすんだ。チクショウ。やられたらやりかえせ、やられなくてもやりかえせ。大杉は、親友だった荒畑寒村とともに、あたらしい雑誌をたちあげて、権力に弾圧されないギリギリのラインで、アナキズムの宣伝をはじめた。しかも、ここで語学の天才がいきてくるんだ。大杉はニーチェとかベルクソンとか、当時の現代思想を紹介しながら、キレッキレのことばで文章をかいていく。そりゃもう、すぐに売れっ子になった。で、みんながみんなおもうわけさ。やるな、大杉！　いくぜ、アナキズム！

でもね、そのやさき、大杉がやらかしてしまう。大杉はあたまがよくて、ルックスがよくて、腕っぷしもよかった。てことは、そうモテたんだ。もともと堀保子という女性と内縁関係にあったのだが、勉強会にきていた神近市子とネンゴロになり、さらに伊藤野枝にも恋をしてしまう。四角関係だ。大杉は、オレは自由恋愛の実験をしているだけだなんていっていたが、そうはいっても愛憎執着、嫉妬のあらし。あげくのはてに、神近に包丁でさされておしまいだ。一九一六年、葉山日蔭茶屋事件である。ドンマイ！

で、おまえなにをやってんだといって、荒畑をふくめて、ほとんどの社会主義者が大杉のもとから去ってしまった。おまえみたいなゴロツキといると、社会主義が「反社会」「不道徳」なもんだと誤解されるっていってね。ファックミー、ファックユー、どん底だ。でも、かわりに不倫上等、淫乱よし、社会も道徳もクソくらえだァっ、ていうわかいゴロツキたちが、大杉のもとにあつまってきた。で、そいつらとつるんで、なにやってんスかみたいなことをガンガンやっていくんだ。

たとえば、演説会もらい。賃上げのためには資本家とはなしあわなきゃダメですよみたいなことをいっていた労働組合の演説会をのっとって、ストライキはケンカだァってあおりまくり、とりおさえにきた警官と大乱闘をくりひろげた。それから、たまたまでくわした大阪の米騒動じゃ、新聞社をまわってデマをながし、暴動をあおったりしている。一九二二年には警察の目をぬすんで、日本脱出。パリのメーデーに参加して、もっとあばれろと群衆をあおって逮捕、強制連行だ。まあまあ、そんなことをやっていて、目をつけられたってのもあるんだろう。一九二三年九月一六日、関東大震災の混乱のさなか、甘粕正彦ひきいる憲兵隊にとっつかまって虐殺されている。なむあみだぶつ！

さて、そんな大杉が身をもってしめしたかったのはなにか。「生の拡充」だ。生きることに、はじめからやっちゃいけないことなんてない、いっちゃいけないことなんてない、ぜんぶ自由だ。カネを稼がなくちゃいけない？　定職につかなくちゃいけない？　こういうしゃべりかたをしなくちゃいけない？　コミュ力を身につけろ？　ただしい愛のかたちがある？　男女のカップルでなきゃいけない？　一夫一婦制があたりまえ？　それ以外は不道徳？　あれもダメ、これもダメ、ぜんぶダメ。ふざけんじゃねえぞ。だれがどう生きようと、ぜんぶ自由だ。だれの顔色をうかがうこともなく、勝手にやれ。うれしい、たのしい、きもちいい。自分の生きるよろこびを自分自身でかみしめろ。それができないならば、いつだって生きる力があばれだす。

いくら弾圧されても、あの手この手をつかって、好きなことばを好きなようにしゃべる。いくらバッシングされたって、好きなひとと好きなようにセックスしてしまう。

いくらクビになったって、いばりくさった資本家を殴りつけようとしてしまう。カネがなければ、米屋からコメをうばいとってでも食っていく。なんならコメごと米屋を燃やしてしまえ。損得なんてありゃしない。いくら理屈をならべたって、だれにもなんにも制御できない力がある。壊してさわいで、燃やしてあばれろ。うおお、うおおおおお、バラバラガラガラドシン!!! あれもできる、これもできる、なんでもできる、オレすごい。いちどでもいい、たったいちどでも、その快感をあじわったなら、だれもがもうやみつきだ。もういちど、もういちど。わすれやしない、この酔い心地だけは……。

奴隷根性論

大杉栄

一

斬り殺されるか、焼き殺されるか、或は又食い殺されるか、何れにしても必ず其の身を失う可き筈の捕虜が、生命だけは助けられて苦役に就かせられる。一言にして云えば、これが原始時代に於ける奴隷の起源の最も重要なるものである。

嘗っては敵を捕えれば直ぐ様其の肉を食らった赤色人種も、後には暫《しばら》くこれを生かして置いて、部落中寄ってたかって、てんでに小さな炬火《きよか》を以て火炙にしたり、或は手足の指を一本一本切り放ったり、或は灼熱した鉄の棒を以て焼き焦したり、或は小刀を以て切り刻んだりして、其の残忍な復讐の快楽を貪った。

けれどもやがて農業の発達は、まだ多少食人の風の残っていた、蛮人の此の快楽を奪って了った。そして捕虜は駄獣として農業の苦役に使われた。

又等しく此の農業の発達と共に、土地私有の制度が起った。そして此の事も亦、奴隷の起源の一大理由として数えられる。現にカフィールの部落に於ては、貧乏と云う言葉と奴隷と云う言葉とが、同意味に用いられている。借金を返えす事の出来ない貧乏人は、金持の奴隷となって、毎年の土地の分配にも与らない。そして犬と一緒になって主人の意のままに働いている。

斯《か》くして従来無政府共産の原始自由部落の中に、主人と奴隷とが出来た。上下の階級が出来た。そして各個人の属する社会的地位によって、其の道徳を異にするの事が始まった。

二

勝利者が敗北者の上に有する権利は絶対無限である。主人は奴隷に対して生殺与奪の権を持っている。しかし奴隷には、あらゆる義務こそあれ、何等の権利のあろう筈がない。

奴隷は常に駄獣や家畜と同じように取扱われる。仕事の出来る間は食わしても置くが、病気か不具にでもなれば、容赦もなく棄てて顧みない。少しでも主人の気に触れれば、直ぐ様殺されて了う。金の代りに交易される。祭壇の前の犠牲となる。時としては又、酋長が客膳を飾る、皿の中の肉となる。

けれども彼等奴隷は、此の残酷な主人の行いをも敢て無理とは思わず、只自分はそう取扱わる可き運命のものとばかりあきらめている。そして社会がもっと違った風に組織されるものであるなどとは、主人も奴隷も更に考えない。

奴隷の此の絶対的服従は、彼等をして所謂奴隷根性の卑劣に陥らしむると共に、又一般の道徳の上にも甚しき頽敗を来さしめた。一体人が道徳的に完成せられるのは、これを消極的に云えば、他人を害するような、そして自分を堕落するような行為を、殆んど本能的に避ける徳性を得る事に在る。然るに何等の非難又は刑罰の恐れもなく、且《か》つ何等の保護も抵抗もない者の上に、容赦なく其の出来心の一切を満足さすと云うが如きは、これと全く反対の効果を生ずるのは云うまでもない。飽く事を知らない暴慢と残虐とが蔓《はびこ》る。

斯くして社会の中間にあるものは、弱者を虐遇する事に馴れると同時に、又強者に対しては自ら奴隷の役目を演ずる事に馴れた。小主人は自らの奴隷の前に傲慢なると共に、大主人の前には自ら全く奴隷の態度を学んだ。

強者に対する盲目の絶対の服従、これが奴隷制度の生んだ一大道徳律である。そして、主人及び酋長に対する此の奴隷根性が、其の後の道徳進化の上に、如何なる影響を及ぼしたかは次ぎに見たい。

三

先きにも云った如く、奴隷は駄獣である、家畜である。そして奴隷は先ず、家畜の中の犬を真似た。

カフィール族は其の酋長に会うたびに、「私はあなた様の犬でございます」と挨拶をすると云う。しかし自分の身を犬に較べる此の風習は、啻《ただ》に言葉の上ばかりでなく、其の身振や処作に於ても、人間としての体の形の許せるだけ犬の真似をすると云う事が、殆んど例外もない程に到る処の野蛮人の間に行われている。

先ず其の一般の方法としては、着物の幾分かを脱いで、地に伏して、そして土埃を被るに在る。

阿弗利加は奴隷制度の最も厳格な処であった。従って此の犬の真似の儀式も、殆んど極端なまでに行われている。

アルゲン島付近のアザナギス族は、酋長の前に出ると、裸になって、額を地につけて、頭と肩とに砂を被る。イシニー族も、矢張り先ず着物を脱いで、腹這になって、這いながら口に砂をつめる。

クラッパートン氏に拠れば、氏がカトゥンガの酋長に謁見《えつけん》した時、二十余名の大官が何れも腰まで裸になって、腹這になったまま顔も胸も土まみれになって酋長の傍へ這いずって行って、始めて其処に座って酋長と言葉を交える事を許されたのを見たと云う。

処が此の貴族等は又、自分が酋長に対してやる事を、同じように其の臣下のものに強いる。バロンダ族の平民は、道で貴族の前へ出ると、四這になって、体や手足に土をぬりつける。キアマ族も亦、貴族の前へ出ると、急に地べたに横になる。

ダホメーの酋長の家では、臣下は玉座の二十歩以内に近よる事を禁ぜられて、ダクロと称する老婆によって、酋長への一切の取次ぎをして貰う。先ず其の取次を請う者は、ダクロの前へ四這になって行く。そしてダクロは又四足になって、酋長の前へ這って行く。

四

野蛮人の此の四這的奴隷根性を生んだのは、素より主人に対する奴隷の恐怖であった。けれどもやがて此の恐怖心に、更に他の道徳的要素が加わって来た。即ち馴れるに従ってだんだん此の四這的行為が苦痛でなくなって、却って其処に或る愉快を見出すようになり、遂に宗教的崇拝とも云う可き尊敬の念に変って了った。本来人間の脳髄は、生物学的にそうなる性質のあるものである。

そして酋長は他の人間以上の或る者になって了った。

ナチエーの酋長は太陽の兄弟であった。そして此の資格を以て、其の臣下の上に絶対権を握っていた。酋長の嗣子は生れると直ぐに、其の時母の乳房にすがっている一切の嬰児の主人であるとせられた。

中央阿弗利加に於ても、大中小の酋長は何れも皆神権を持っていて、自由に地水風火の原素を使役する。殊に雨を降らすに妙を得ている。

バッテル氏に拠るに、ルアゴンでは畑に雨の必要があると、酋長に願って空に弓を射て貰う。これは雲に其のつとめを命じさすのである。

そこで人民が酋長に雨乞を願うと、酋長の方からは其の代りに租税を要求すると云うような争が起きる。「羊を持って来なければ雨は降らせぬ」などと威張る。又洪水の時などには、麦幾許《いくばく》を納めなければ永劫にあらしがあるなどと嚇す。

ブーサ族の酋長が、欧羅巴では一夫多妻を禁じていると聞いて、「外の人にはそれも善かろうが、しかし酋長には怪しからん事だ」と云ったと云う。

アシャンチ族の酋長は、一切の法律の上に超絶していて、酋長の子は何んな悪事をしても罰せられる事がない。そして臣下は酋長の為めに死ぬ事を至上の義務と心得されている。

五

猶此の時代の野蛮人は、一般にごく御粗末な霊魂不滅観を抱いていた。即ち人が死んだ後、猶幾許かの間、生きているものと信じていた。死人の影が、地上の生活と同じような生活を、何処かで続けているものと信じていた。そして此の天上の生活は、殊に大人物にのみ限られていた。平民や奴隷は此の世限りで死んで了うのである。そこで大小の酋長が死ぬと、食物だの、武器だの、奴隷だの、女だのと、いろいろなものを其の未来の生活に伴って行く。

カライブ族の酋長が死んだ時に、其の妻の一人が一緒に葬られた。彼女は此の酋長の子を幾人か生んだと云うので、殊に此の役目に選ばれたのである。

嘗つて布哇《ハワイ》で、布哇ナポレオンと称せられた、大虐殺王タメハメハの死んだ時などは、大勢の人間の強制的犠牲を供えたのみならず、猶無数の忠良な臣下が自殺し又は自ら傷つけて不具になった。そして其の後数年間、国民は毎年其の日に糸切歯を抜いて、タメハメハを祭った。

ベナン族の酋長の葬式には、墓の側に徳利形の大きな深い穴を掘って、其の口から大勢の奴隷や召使を投うり込んで、其処に餓死さして了う。

アシャンチの酋長が死ぬと、其の親族の者は外に走って出て、手あたり次第に道に会う人々を殺す。それから数百又は数千の奴隷の首をしめる。そして時々又、何にか事のある度に、天上の酋長に使いする為めに、幾多の奴隷を殺す。

六

僕は余りに馬鹿馬鹿しい事実を列挙して来た。今時こんな事を云って、何んの為めになるのかと思われるような、ベラボーな事実を列挙して来た。けれども猶僕に一言の結論を許して戴きたい。

主人に喜ばれる、主人に盲従する、主人を崇拝する。これが全社会組織の暴力と恐怖との上に築かれた、原始時代からホンの近代に至るまでの、殆んど唯一の大道徳律であったのである。

そして此の道徳律が人類の脳髄の中に、容易に消え去る事の出来ない、深い溝を穿って了った。服従を基礎とする今日の一切の道徳は、要するに此の奴隷根性のお名残りである。

政府の形式を変えたり、憲法の条文を改めたりするのは、何でもない仕事である。けれども過去数万年或は数十万年の間、吾々人類の脳髄に刻み込まれた此の奴隷根性を消え去らしめる事は、中々に容易な事業じゃない。けれども真に吾々が自由人たらんが為めには、どうしても此の事業は完成しなければならぬ。

生の拡充

大杉栄

一

前号の「征服の事実」の中に、僕は「過去と現在と及び近き将来との数万或は数千年間の人類社会の根本事実」たる征服の事を説いて、これが「明瞭に意識されない間は社会の出来事の何物も正当に理解するを許されない」と断じた。

そして更にこの論を芸術界に及ぼして、「この征服の事実と及びそれに対する反抗とに触れざる限り、諸君の作物は遊びである、戯れである。吾々の日常生活にまで圧迫して来る、この事実の重さを忘れしめんとする、あきらめである。組織的瞞着の有力なる一分子である」と為し、最後に次の如き結論を下した。

「吾々をして徒らに恍惚たらしめる静的美は、もはや吾々とは没交渉である。吾々はエクスタジーと同時にアンツウジアスムを生ぜしめる動的美に憧れたい。吾々の要求する文芸は、かの事実に対する憎悪美と反逆美との創造的文芸である。」

今僕は再びこの問題に入って、この三項の連絡をもう少し緊密にし、従って僕のこの主張に更に多少の内容的明白を加えたいと思う。

二

生と云う事、生の拡充と云う事は、云うまでもなく近代思想の基調である。近代思想のアルファでありオメガである。然らば生とは何にか、生の拡充とは何にか、僕は先ずここから出立しなければならぬ。

生には広義と狭義とがある。僕は今その最も狭い個人の生の義をとる。この生の神髄は即ち自我である。そして自我とは要するに一種の力である。力学上の力の法則に従う一種の力である。

力は直ちに動作となって現われねばならぬ。何んとなれば力の存在と動作とは同意義のものである。従って力の活動は避け得られるものでない。活動そのものが力の全部なのである。活動は力の唯一のアスペクトである。

されば吾々の生の必然の論理は、吾々に活動を命ずる。又拡張を命ずる。何んとなれば活動とはある存在物を空間に展開せしめんとするの謂に外ならぬ。

けれども生の拡張には、又生の充実を伴わねばならぬ。寧ろその充実が拡張を余儀なくせしめるのである。従って充実と拡張とは同一物であらねばならぬ。

かくして生の拡充は吾々の唯一の真の義務となる。吾々の生の執念深い要請を満足さするものは、唯最も有効なる活動のみとなる。又生の必然の論理は、生の拡充を障碍せんとする一切の事物を除去し破壊すべく、吾々に命ずる。そしてこの命令に背く時、吾々の生は、吾々の自我は、停滞し、腐敗し、壊滅する。

三

生の拡充は生そのものの根本的性質である。原始以来人類は既にその生の拡充の為めに、その周囲との闘争と、及びその周囲の利用とを続けて来た。又人類同士の間にも、お互の生の拡充の為めに、お互の闘争と利用とを続けて来た。そしてこの人類同士の闘争と利用とが、人類をして、未だ発達したる知識の光明に照されざりし、その生の道をふみ迷わしめたのである。

人類同士の闘争と利用とは、却ってお互の生の拡充の障碍となった。即ち誤まれる方法の闘争と利用との結果、同じ人類の間に征服者と被征服者との両極を生じた。この事は既に前号の「征服の事実」の中に詳論した。

被征服者の生の拡充は殆んど杜絶《とぜつ》せられた。彼等は殆んど自我を失った。彼等はただ征服者の意志と命令とによって動作する奴隷となった、器械となった。自己の生、自己の我の発展をとどめられた被征服者は、勢い堕落せざるを得ない、腐敗せざるを得ない。

征服者とても亦同じ事である。奴隷の腐敗と堕落とは、ひいて主人の上にも及ぼさずにはやまない。又、奴隷には奴隷の不徳があれば、主人には主人の不徳がある。奴隷に卑屈があれば、主人には傲慢がある。云わば奴隷は消極的に生を毀《こぼ》ち、主人は積極的に生を損ずる。人としての生の拡充を障碍する事は、何れも同一である。又この人類同士の闘争と利用とは、人類がその周囲と闘争し、その周囲を利用する事に著しき障碍を来さしめた。

四

この両極の生の毀損が将に壊滅に近づかんとする時、ここにいつも侵寇か或は革命が起って来る。比較的に健全なる生を有する中間階級がイニシエチブを取って、被征服階級の救済の名の下に、その援助をかりて事を挙げる。或は被征服階級の絶望的反乱となって、中間階級の利用の下に事を挙げる。そしてその当然の結果は、常に中間階級が新しき主人となる事によって終る。人類の歴史は要するにこの繰返しである。繰返えしの度毎に多少の進化を経たる繰返えしである。

けれども人類は遂に原始に帰る事を知らなかった。人類が未だ主人と奴隷とに分れない原始に帰る事を知らなかった。自己意識のなかった原始の自由時代に、更に十分なる自己意識を提げて帰る事を知らなかった。絶大なる意味の歴史の繰返えしをする事を知らなかった。

久しく主人と奴隷との社会に在った人類は、主人のない、奴隷のない社会を想像する事が出来なかった。人の上の人の権威を排除して、我れみずから我れを主宰する事が、生の拡充の至上の手段である事に想い到らなかった。

彼等はただ主人を選んだ。主人の名を変えた。そして遂に根本の征服の事実そのものに斧を触れる事を敢てしなかった。これが人類の歴史の最大誤謬である。

吾々はもうこの歴史の繰返えしを終らねばならぬ。数千数万年間のピルグリメージは、既に吾々にこの繰返えしの愚を教えた。吾々はこの繰返えしを終る為めに、最後の絶大なる繰返えしを行わねばならぬ。個人としての生の真の拡充の為めに、人類としての生の真の拡充の為めに。

五

今や近代社会の征服事実は、殆んどその絶頂に達した。征服階級それ自身も、中間階級も、又被征服階級も、何れもこの事実の重さに堪えられなくなった。征服階級はその過大なる或は異常なる生の発展にみずから苦悩し出して来た。被征服階級はその圧迫せられたる生の窒息にみずから苦悩し出して来た。そして中間階級は亦、この両階級の何れもの苦悩に襲われて来た。これが近代の生の悩みの主因である。

ここに於てか、生が生きて行く為めには、かの征服の事実に対する憎悪が生ぜねばならぬ。憎悪が更に反逆を生ぜねばならぬ。新生活の要求が起きねばならぬ。人の上に人の権威を戴かない、自我が自我を主宰する、自由生活の要求が起らねばならぬ。果して少数者の間に殊に被征服者中の少数者の間に、この感情と、この思想と、この意志とが起って来た。

吾々の生の執念深い要請を満足させる、唯一の最も有効なる活動として、先ずかの征服の事実に対する反逆が現われた。又かの征服の事実から生ずる、そして吾々の生の拡充を障碍する、一切の事柄に対する破壊が現われた。

そして生の拡充の中に生の至上の美を見る僕は、この反逆とこの破壊との中にのみ、今日生の至上の美を見る。征服の事実がその頂上に達した今日に於ては、階調はもはや美ではない。美はただ乱調に在る。階調は偽りである。真はただ乱調に在る。

今や生の拡充はただ反逆によってのみ達せられる。新生活の創造、新社会の創造はただ反逆によるのみである。

六

僕は僕自身の生活に於て、この反逆の中に、無限の美を享楽しつつある。そして僕の所謂実行の芸術なる意義も亦、要するにここに在る。実行とは生の直接の活動である。そして頭脳の科学的洗練を受けた近代人の実行は、所謂「本気の沙汰でない」実行ではない。前後の思慮のない実行ではない。強《あなが》ちに手ばかりに任した実行ではない。

多年の観察と思索とから、生の最も有効なる活動であると信じた実行である。実行の前後は勿論、その最中と雖も、猶当面の事件の背景が十分に頭に映じている実行である。実行に伴う観照がある。観照に伴う恍惚がある。恍惚に伴う熱情がある。そしてこの熱情は更に新しき実行を呼ぶ。そこにはもう単一な主観も、単一な客観もない。主観と客観とが合致する。これがレヴォリュショナリーとしての僕の法悦の境である。芸術の境である。

且つこの境に在る間、かの征服の事実に対する僕の意識は、全心的に最も明瞭なる時である。僕の自我は、僕の生は、最も確実に樹立した時である。そしてこの境を経験する度毎に、僕の意識と僕の自我とは、益々明瞭に益々確実になって行く。生の歓喜があふれて行く。

七

僕の生のこの充実は、又同時に僕の生の拡張である。そして又同時に、人類の生の拡充である。僕は僕の生の活動の中に、人類の生の活動を見る。

又、かくの如き最も有効なる生の活動方向をとっているものは、ただに僕一人ではない。真に自己を自覚し、又自己と周囲との関係を自覚した人々は、今日猶甚だ少数ながらも、しかも既に断乎たる歩みをこの道に進めている。盲目者の外は何人も見遁す事の出来ない、将来社会の大勢を形づくりつつある。

事実の上に立脚すると云う、日本のこの頃の文芸が、なぜ社会の根本事実たる、しかも今日その絶頂に達したる、かの征服の事に触れないのか。近代の生の悩みの根本に触れないのか。更に一歩進んで、なぜそれに対するこの反逆の事実に触れないのか。この新しき生、新しき社会の創造に触れないのか。確実なる社会的知識の根底の上に築かれた、徹底せる憎悪美と反逆美との創造的文芸が現われないのか。

僕は生の要求する所に従って、この意味の傾向的の文芸を要求する、科学を要求する、哲学を要求する。

僕は精神が好きだ

大杉栄

僕は精神が好きだ。しかし其の精神が理論化されると大がいは厭やになる。理論化と云う行程の間に、多くは社会的現実との調和、事大的妥協があるからだ。まやかしがあるからだ。

精神其儘の思想は稀れだ。精神其儘の行為は猶更稀れだ。生れた儘の精神其者すら稀れだ。

此の意味から僕は文壇諸君のぼんやりした民本主義や人道主義が好きだ。少なくとも可愛い。しかし法律学者や政治学者の民本呼ばわりや人道呼ばわりは大嫌いだ。聞いただけでも虫ずが走る。

社会主義も大嫌いだ。無政府主義もどうかすると少々厭やになる。

僕の一番好きなのは人間の盲目的行為だ。精神其儘の爆発だ。しかしこの精神すら持たないものがある。

思想に自由あれ。しかし又行為にも自由あれ。そして更には又動機にも自由あれ。

此の酔心地だけは——エ・リバアタリアン

大杉栄

彼等は彼等じゃなかった。彼等は更に他の彼等に巧みに掩いかぶせられた幾重もの殻に包まれていた。そして彼等は其の中身の彼等自身を或は他人だと考えさせられ、或は又其の存在をすらも忘れさせられて、ただ其の上っ面の殻だけを彼等自身だと思いこまされていた。

Wah! Wah! Wah!
Bara-bara! Gara-gara! Doshin!
Wah! Wah! Wah!
叫喚、怒号、○○、○○、○○

今彼等は彼等だ。中身だけの彼等だ。彼等にはもう教えられた何物もない。強いられた何物もない。瞞しこまされた何物もない。すべてを彼等自身の眼で見る。彼等自身の心と頭とで審《さば》く。彼等自身の腕で行う。彼等自身の魂を爆発させる。

Wah! Wah! Wah!
Bara-bara! Gara-gara! Doshin!
Wah! Wah! Wah!
叫喚、怒号、〇〇、〇〇、〇〇

彼等は又もとの彼等に帰るだろう。彼等自身じゃない彼等に帰るだろう。そして再び又彼等自身を忘れて了うだろう。短い酔だ。しかし彼等が彼等自身に酔った此の酔心地だけは……。

伊藤野枝（いとう・のえ　一八九五〜一九二三）

結婚制度そのものをぶっつぶせ

栗原康

伊藤野枝は、福岡県今宿うまれ。家はド貧乏。どうしても勉強がしたくて、東京にいたおじをたより、上野高等女学校にかよわせてもらった。そこで、英語教師の辻潤とであう。卒業後、親類のすすめで、むりやり故郷で嫁がされるが、イヤでイヤでたまらない。夜逃げどうぜんで家をとびだした。恩師の辻をたよって、家にすまわせてもらう。でも、これですったもんだの辻先生。やれ姦通だの、やれ淫乱だのとさわがれて、学校をやめることになった。とりあえず、野枝とセックスだ。いきつくとこまでいっちまえ。ちなみに、その後、辻は生涯無職。わたしはぜったいにはたらきませんん。

しかし、これでこまったのが野枝のほうだ。とりあえず、辻といっしょになったもののの、カネもなけりゃ、親戚からは非難の嵐。雨よ風よ、吹けよ嵐よ。どうしたものか。手をさしのべてくれたのは当時、女性の自立をうたい、雑誌『青鞜』をだしていた平塚らいてうだ。野枝は、青鞜社の社員にしてもらい、そこでガンガン文章をかいていく。

　でも、そこで稼いだカネだけで、家計をきりもりしていくのは、さあたいへんだ。子どもが生まれても、辻はまったくはたらかない。野枝は借金に借金をかさねながら、子育ても、執筆もぜんぶやった。青鞜社に赤ん坊をつれてきて、ほかの社員が、きゃあかわいいいっていって、めんどうをみてくれているあいだに、執筆活動。赤ん坊がションベンをしたら、おしめを絞ってそのままつかう。ウンコをしたら、パラパラっと庭にバラまき、またつかう。よっ、家事えもん。

　だけど、そうやって稼いできたカネを、辻は女郎屋にいってつかっちまったり、気づけば、野枝のいとことネンゴロになったりしている。マジかよ。そんなときに『青鞜』に載せた翻訳をホメてくれたのが、大杉栄だった。しかも野枝が平塚のあとをつぎ、『青鞜』二代目編集長になったころ、わざわざ家まであいにきてくれて、仲よくなった。そんでもって、なんか大杉がちょくちょく会いにくるなとおもっていたら、口説かれたんだ。野枝も大杉にホレちまう。

　そんでもって、それがバレて、野枝は辻からDVをふるわれる。よし、もうこうなったらと家も子どもも捨てて、大杉のもとにとびこんだ。とおもったら、大杉にはほかに愛人が二人もいたわけさ。しかも、これは自由恋愛だからみんな経済的に自立してなきゃいかん、別居だよとかいってくる。ふざけんじゃねえ。恋愛にルールもへったくれもあるもんか。野枝は速攻でルールをやぶった。わがまま上等、わたしは好きなひとと好きなときに好きなようにセックスをするんだよと。真の自由恋愛だ。

その結果、嫉妬にくるった神近に大杉がさされ、瀕死の重傷をおい、野枝はひっしに看病をするが、世間からは猛バッシング。あいつら不道徳だぞ、淫乱だぞ、悪魔だぞってたたかれて、あの平塚らいてうからも、おまえらのせいで女性の自立、イコール淫乱とのレッテルをはられてしまう、どうしてくれんだよと批判をされる。しかも、野枝は大杉との一件で、『青鞜』もつぶしてしまったから、なにもいえない。こんちくしょう。野枝はどん底の底の底を抜いてしまう。

そしてそして、こっからがすごいんだ。やがて大杉とのあいだに女の子ができるが、つけた名前は魔子。どうせこんだけ悪魔、悪魔っていわれてきたんだから、ひらきなおってやっちまおうぜって意味だ。野枝は、結婚制度そのものをぶっつぶしにかかる。親戚におしつけられた強制結婚がわるいだけじゃない、結婚制度そのものがおかしいんだ、なにが男女のカップルだ、なにが一夫一婦制だってね。ちなみに、「貞操観念の変遷と経済的価値」は、なんで女は貞操をまもれっていわれるのかという問いから、結婚制度自体をたたいたものだ。元祖、ウーマンリブ！　その後も、野枝はアナキズムの理論家として活躍していくのだが、一九二三年九月一六日、大杉と、そのおいっ

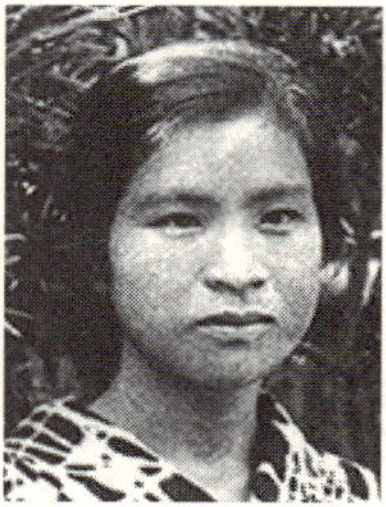

子の橘宗一とともに、憲兵隊に拘束されて殺されてしまった。マジ無念！
さいごに、ほかの二つの文章についてもふれておくと、「遺書の一部より」は創作だ。野枝が上野高等女学校にかよっていたころ、故郷でお世話になっていた小学校の女性教師が自殺してしまう。それにショックをおぼえた野枝が、のちに先生になりきって、遺書をかいたというものだ。村社会で、他人の顔色をうかがうことを強いられ、それでがんじがらめになってしまう女性の心情がえがかれている。きっと、野枝もそうだったんだろう。でね、逆に「無政府の事実」では、おなじく故郷にふれながらも、村社会にのこっている相互扶助をえがきだしている。なので、この二本をセットでよんでもらうとおもしろいんじゃないかとおもう。ご堪能ください。

遺書の一部より

伊藤野枝

もう二ヶ月待てばあなたは帰って来る。もう会えるのだと思っても私はその二ヶ月をどうしても待てない。私の力で及ぶ事ならばすぐにも呼びよせたい。行って会いたい。けれども、もう廿二年の間、私は何一つとして私の思った通りになったことは一つもない。私の短かい二十三年の生涯に一度として期待が満足に果たされたことはない。それは本当にふしぎな程です。私は何時だってだから諦めてばかりいます。またあきらめなければなりませんのです。あなたに会うことも出来ません。私は本当に弱いのです。私は反抗と云うことを全《まる》で知りません。私のすべては唯屈従です。人は私をおとなしいとほめてくれます。やさしいとほめます。私がどんなに苦しんでいるかも知らないでね。私はそれを聞くといやな気持です。ですけど不思議にも私はますますおとなしく成らざるを得ません。やさしくならずにはいられません。私は自分のぐずな事を悲しみながらますますぐずになって行きます。私は悲しいそして無駄な努力ばかしを続けて来ました。私は敵に生命をくれと云われてもすなおにさし出すような人間に生れているのです。私はまだ廿三年の間にただの一度だって不平をこぼしたことはありません。まだ人に荒い言葉を返した事はありません。私は教えている子供たちを叱ろうとすると自分の方が先きに泣き出します。私は小さい妹や弟たちからでさえも馬鹿にされて叱られます。それでも私はその弟たちにただ一言の口答えさえ出来ません。皆他人は私をほめてくれます。親しさを見せてくれます。けれども私は何時でも自分のふがいない矛盾を悲しむことで一ぱいになってしみじみ人と親しくなることが出来ません。私は怒ると云うことが出来ません。現在私がこうして今死のうとしていてさえ誰も憎らしい人はないのです。私は生きていることに堪え得られない自分に対してさえその意気地なしに対してさえ腹を立てることが出来ません。私はただめそめそ悲しむだけです。私は自分自身を制御する丈《だけ》の力さえ与えられていません。私は長く生存すべき体じゃないのです。当然与えられねばならない人間としての自由の何一つとして私は持ってはいません。たった一つ、それはただ神様がこの弱い私にたった一つの自由を与えて下さいました。私はそのたった一つの自由を生れてはじめてのまた最後の自由として、それを握ります。けれどその自由さえ実は今まで時期を許して下さいませんでした。私の長い間願った時期は近づいたようです。それにつけてもただあなたに申あげたいのはあなたはそんなことは決してないことは知っていますが自分に負けないで下さいと云うことです。私は前にも申あげる通りに、自分が何時でも負けてはその度びに一皮ずつ自分の上に被《かぶ》せて行きました。此度こそはこの被《おお》いを一思いにと思いますがその度びに反対にかぶって行きました。今はもうまったく私の周囲は身うごきをする程の余地も残ってはいません。何時かあなたは、私に、「死んだつもりでならどんなことも出来る。何故もっと積極的な決心にお出にならないのです」と云いましたね。ですけれど繰り返して申ます。私は弱いんです。私はその殻をつきやぶって出た後がこわくてたまらないのです。私に——この弱い私に与えられた自由は一つしかありません。私はもう私のすべてを被っている虚偽から離れて醜い自分を見出すことは私にとっては死ぬより辛いのです。私は今迄他の人のように自由がなかったことを思って下さい。私には一日だって、今日こそ自分の日だと思って、幸福を感じた日は一日もありません。私は私のかぶっている殻をいやだいやだと思いながらそれにかじりついて、それにいじめられながら死ぬのです。私には何時までもその殻がつきまといます。それに身うごきが出来ないのです。私の声の——真実な叫びの聞こえる処にいる人は誰もないのです。私はもう「よりよく生くる望み」などは到底もてません。私はこの世に存在する理由を何処にも認めません。私は「自分」と云うものを把持していることの出来ない弱者です。私一人の存在が何にもかかわりのないことを思いますと私はもう一日もはやく処決しないではいられません。人のことは誰にも分りません。私は毎日教壇の上で教えている時、又職員室で無駄口をきいている時、私が今日死のう明日は死のうと思っている心を見破る人は誰もない。恐らくは私の死骸が発見されるまでは誰も私の死のうとしている事は知るまい、と思いますと、何とも云えない気持になります。「それが私のたった一つの自由だ！」と心で叫びます。本当に私のこの場合いにたった一つたしかめ得たことは、人間が絶対無限の孤独であると云うことです。私の死骸が発見された処で人々はその当座こそは何とかかとか云うでしょう。けれども時は刻一刻と歩みを進めます。二年の後、三年の後或は十年の後には誰一人口にする者はなくなるでしょう。曾《かつ》て私と云うものが存在していたと云うことはやがて分らなくなってしまうのです。よりよく生きた処でわずかにタイムの長短の問題じゃありませんか。人間の事業や言行など云うものが何時まで伝わるでしょう。大宇宙！　運命！　私の今の面前に押しよせて来ているものはこの二つです。私はもうすべての情実や何かを細かく考える煩わしさに堪えられません。私は曾て少しは、自身の慰さめにもと思って基督教と云うものを信じて見ました。私は牧師や伝道師たちからのほめられ者でした。立派な篤信者だ。美しい人格だと讃められましたけれども自分には矢張り苦しくてたまりませんでした。矢張り虚偽の教えと云うことを感じました。私は遠ざかりました。それがこの頃になって漸くその教えの真髄をつかみ得たような気がします。運命なのです。それがその力が神と云う変化されたものになったのです。私は運命を信じます。その不可抗な力を信じます。今私の上に一ぱいにその力がかぶさっています。恐らく誰の上にもそうなのでしょう。私はいくらもがいた処でその力にかなわないことを知っています。不思議なこの大宇宙を支配する偉大なる力にも私は従順にしたいと思います。私はこうやって書いていて、ふと、矢っ張り、私の今迄の生活は虚偽でなかったのかもしれないと云うことを考えます。私は矢張り、その運命の支配するままに動いて来たのです。ですからうそではないようにも思えます。私ばかりでなくすべてのものが——ただ人間が運命と云うものを考えないでてんでん勝手にいろんな事を考えてはあたれば本当、あたらなければうそだと云っているようにも思えます。思えば考えれば深く考える程分りません。善とか悪とか云うのもみんな人間の勝手につけた名称でしょう。ああ、私はもう止めます。まっくらになりました。何だかすべての事のケジメがわからなくなります。私は今私の考えていることが一番正しく本当であることを信じてその通りを行います。私はよわいけれどぐちはこぼしません。あなたもそれを肯定して下さい。私の最後の処決こそ私自身の一番はじめの、また最後の本当の行動であることをよろこんで下さい。私のその処決がはじめて私の生きていたことの本当の意義をたしかにするのです。私は私の身をまた生命をしばっている縄をきると同時に私はすべての方面から一時に今迄とり上げられていた自由をとり返すのです。どうぞ私の為めに一切の愚痴は云わないで下さい。

ああ、私は今迄何を書いたのでしょう。もう止しましょう。ただ私は最後の願いとして、私は本当に最後まで終《つい》に弱者として終りました。あなたは何にも拘束されない強者として活きて下さい。それ丈《だ》けがお願いです。屈従と云うことは、本当に自覚ある者のやることじゃありません。私はあなたの熱情と勇気とに信頼してこのことをお願いします。忘れないで下さい。他人に讃められると云うことは何にもならないのです。自分の血を絞り肉をそいでさえいれば人は皆よろこびます。ほめます。ほめられることが生き甲斐のあることでないと云うことを忘れないで下さい。何人でも執着を持ってはいけません。ただ自身に対して丈けは全ての執着を集めてからみつけてお置きなさい。私の云うことはそれ丈けです。私は、もう何にも考えません。私は今はじめて生れてはじめて自分の内心から出た要求を自分の手で満たし得られるのです。私の残した醜い死体を発見した時にどんなに人々はさわぐでしょう。どんな憶測をすることでしょう。私はもうすべての始末をつけてしまいました。誰も知りません、誰もしらないのです。知っているのは私だけ。この手紙が三日たってあなたの手に這入《はい》るまでには大方全部、私の望みが果されるでしょう。私ははじめて私自身の要求を自身の手に満たすのです。はじめてでそして最後です。愚痴を云わないで下さい。お願いします。私はもう、自分の処決をするよろこびに一杯になっています。けれどもあなたに丈けは矢張り執着があるのです。それがこれ丈の手紙を書かせました。よく今迄私を慰さめてくれましたね、本当に心からあなたにはお礼を申ます。随分苦しい思いもさせました。すべて御許し下さい。もう一切の執着を絶って下さい。あなたと私とは今はなれています。ただね二三ヶ月たってあわれる筈のが都合でもっと長くあえない丈けだとおもえばそれ丈けですよ。ね、随分長く書きました。不統一なことばかりですけれど許して下さい。混乱に混乱を重ねた私の頭です。不統一な位は許して下さい。ではもう止します。最後です。もう筆をとるのもこれっきりです。左様《さよう》なら。左様なら。何時迄もこの筆を措《お》きたくないのですけれど御免なさいもう本当にこれで左様なら。

貞操観念の変遷と経済的価値

伊藤野枝

一

過去現在を通じて、婦人の道徳の根柢をなしているものは貞操問題だと云うのは事実です。貞操問題は今まで最も多くの婦人に対して絶対に生殺与奪の権をふるって来ました。貞操は、真に婦人にとっては恐ろしい暴君でした。そして今も尚且つ大多数の婦人に惨酷な十字架を背負わして居ります。

此の暴君に対する婦人の反抗も事実には行われていますが、しかし今も猶此の暴君に対する公の非議は決して許されないのです。恐らくは婦人解放に努力する人々に最後まで残されるのは、此の貞操問題でしょう。

貞操問題が、どうして婦人の根本道徳になっているのかと云う事は誰にでも直ぐ答えられそうで、なかなか答えられないのです。何故なら、今日まで世間で此の暴君を大さわぎで擁立している本当の理由と云うものが、どうしても明瞭に説明されないからです。そして、どれ程婦人の貞操が神聖なものかと云う事を朝から晩まで教えている人達でも、それが結婚に際しての一大資格であり、結婚後は良人《おっと》に対する重大義務であると云う以上の答えは出来ないのです。貞操と云うものそれ自身は、何の神聖な意味も持ってはいないのだと云っても、それに対して反対し得ないのです。

事実、貞操は女にとっては、其の一生の生活の保証を得る、大切な、結婚と云う経済的契約に際して第一に問題にされる事なのです。そして、それ以外には何等の価値も意味もないのです。男と云う対象がなければ、男の保護を仰ぐ必要がなければ、それは何の問題にもならないのです。

そして、此の故に私は、多くの婦人論者の注意を其の点のみにもっと集注したいと思います。貞操と云うものが、婦人の上に権威を持ったのは、ただ男と女との間の経済関係に基因します。其の事実が生んだ思想に基因します。婦人が経済的に何等の自由も持たなかった事に基因します。何んの自由も持たなかったと云うよりは寧《むし》ろ、女の体は男に重要な一財産でありましたし、今も猶そうなのです。そして現在までに発達して来た財産私有制度に培われた人間の経済思想が、やはり女と云う財産を管理するに抜目のない網を張っているのです。

女の体が一つの財産としての取扱いをされていると云う、私共婦人にとっては、実に情ない多くの証拠は、現在私共の眼の前に随分沢山ありますが、私は此処に、私共の祖先も持っていたに違いない、そして今日私共の間に猶残されている、女に対する露骨な取り引きの習慣を、より露骨に今猶保存している野蛮人の間の事について少し証拠だてて見たいと思います。

二

ルトウルノオの『男女関係の進化』の中には蒙昧人《もうまいじん》も文明人も一様に持っている男女関係の様々な風習を悉《あら》ゆる方面から集めて、興味深い事実を沢山ならべてあります。そして婦人の財産視された最も適切な例、原始社会の掠奪結婚から始めて、服役結婚、売買結婚についても沢山の事実を挙げてあります。

『原始社会では、子供の地位は女のそれよりも更に低かった。生れたままの児を殺すのは当然のことであった。両親は、其の子に対する生殺与奪の争うべからざる権利を、遠慮なく行使した。奴隷の制度が出来てからは、子供は本当の商品となった。一言に云えば、家族内の父の権利は絶対的のものであった。

子供に対する両親の此の原始的所有権から、其の結果として、子供を何んの相談もなく結婚さす権利の出て来るのも、全く自然の事である。且つ子供を売買する風習が久しく行われていた所から、婚姻は自然に一商取引として見做《みな》されるようになり、斯《か》くして久しく掠奪婚姻と並び行われた売買婚姻が、漸次《ぜんじ》にそれに代わるようになった。

掠奪と売買とには、各々其の便不便がある。掠奪には何んの費用も要らない。それによりて男は、自分の絶対的権利の下に従う女房共や妾共を得る事が出来る。しかし、それを行うには危険を免れる事が出来ない。又、一たび成功しても、猶復讐される、或は取戻される、恐れもある。そこで男は、多少の交換価値を払えるようになると、女房を買う事に譲歩した。しかも両親の気まぐれや貪欲には何んの障碍《しようがい》もないので、此の婚姻殊に子供の婚姻には、屢々《しばしば》甚だしい無茶な取引が行われた。『ホッテントオト族やカフィル族の間では、牛が交換価値となっているので、娘は牡牛か牝牛かで買われる。そして此の商品の値段は、需要と供給との変動によって、いろいろと変わる。ナマクオイ族の間では、此の取引が牡牛一匹と云う極く安い値段で行われていたと云うが、此の値段は更に其の十倍にも増す事があり得るのだ。』『マカロロ・カフィル族の間では、女の父に支払う値段の中には、其の女の産むべき子供の代価までも含まれている。

中央アフリカのセネガンビアや、ナイガア流域のマンディンゴ族やプウル族などの間では、婚姻と云えばただ娘の売買の事になっている。ティマンニ族の間では、男は先《ま》ず女の親の所へ、棕櫚《しゆろ》酒《ざけ》を一瓶か或は少しばかりのラム酒を持って行く。若《も》し其の要求が容れられれば、其の贈物も受けられる。そして出直して来て、又棕櫚酒を一瓶と多少のコオラと、幾丈かの布と、幾つかの珠数《じゆず》とを持って行く。斯くして一切の贈物が済むと、話がきまって、娘に婚姻を申渡す。』

『タヒティ族の間では一時的婚姻の結ばれる事があるが、其の場合には、結合の時期の長さによって、贈物の豚や、布や、鳩などの数がきまる。』

『アメリカ大陸でも、南の端から北の端まで、此の娘を売ると云う風習が、多くの種族の間に普通の事となっている。レッドスキン族では、一般に女は馬か毛布と交易される。女が白人に売られて、そして屢々あるように、やがて棄てられれば、其の両親は再び自分の家に引取って、又何処かへ売る。

コロンビアでは、労働の才能が女の一番高い値段になる。即ち駄獣としての其の才能の如何によって、其の両親に贈られる馬の数がきまる。

北部カリフォルニアのレッドスキン族の間では、娘は他の商品と同じように売買されて、何んの相談を受ける事もない。其の値段は父の許に払われ、娘は買われた馬と同じようにして連れて行かれる。貧乏な買手は金持の買手に譲らなければならない。』

『ニュウメキシコのハパヨオ族は、其の娘を売るのに、個人間の契約だけでは満足しないで、競売にする。』

此の娘を売る風習は世界中到る処で行われました。北部アジアの蒙古人の間にも、印度《インド》でも、アラビアでも、又ヨオロッパの何処でも且つては娘を商品として取り引きして来たのです。アラビア人の婚姻は今日も尚単純な売買だと云います。

アラビアの一法律家は極めて明白に、其の契約の書式を公にしている。『斯く斯くの金額にて、足下に我が娘を売却す』『委細承知』又此の法律家は他の場所で次の如く云っている。『女は婚姻によって其のからだの一部分を売る。男は、購買によって一商品を買い、婚姻によって、生殖の畑を買う。』

三

これらのむき出しな事実に対して、現代の日本の教養ある婦人達はきっと、あり得べからざる事として考え、必ず眉をひそめられることとおもいます。そして、私共に斯《こ》う云う風習が今猶つきまとっている事に気づく人は少いだろうと思います。

しかし、今日私共の眼前で行われている婚姻の中にどれ程多くの売買結婚があるでしょう。今日でも、どれ程多くの男が『妻を買って』いることでしょう。又、実際に金銭のやりとりはないとしても、結婚のいろいろな形式の中の一つである結納というものがどんな意味のものか、又、両親の婿せんさくや嫁さがしがどんな利害をもっているかと云うことも、少し考えれば、直ぐに合点のゆくことです。昔から両親の野心や貪欲の為めにやりとりされた娘がどれ程ありましょう。そして今も尚此の文明国に其の風習が存続していて沢山の若い人達がそれに悩まされているのです。ルトウルノオはその売買婚姻の例をあげた最後に云っています。

『此の売買結婚の風習は、社会的及び倫理的見地から見て、極めて明白な且つ極めて重大な意義を持っている。即ち、これは女を動産や家畜や物品と同一視した、女に対する深い侮蔑を意味するものである。羅馬《ローマ》法も、此の点に就いては、明かに告白している。即ち其処には、婚姻法と財産法との間に、何等根本的差異を認めてはない。女に対しても、物品に対すると同じく、一ヶ年間引つづいて所有し、若しくは使用すれば、其の所有権を与えられる。そして此の所有は、物品に対しては、usucapion と称せられ、女に対しては usus と呼ばれている。此の二つの術語の差異は極めて些少なものである。そして其の事実の間には何んの差異もない。妻と子供とは殊に女の児は、実に男の所有する最初の財産であった。そして此の事は、物を所有すると云う事の興味と、其の物を使用し濫用すると云う口実を蒙昧野蛮な人心に植えつけたのであった。羅馬法では、これが民法によって女は男の奴隷となり、財産は持主の使用し濫用する権利となった。そして此の使用と濫用とは、原始社会より今日に到るまで、男を堕落せしめて、平衡と正義との殊に女に対しての其の観念に盲目ならしめる事に与《あずか》って力あったものである。』

猶ルトウルノオは、家畜を飼っておくのと殆んど同じ意味で、沢山の女達を女房や妾にしておく一夫多妻の例をも沢山挙げています。そして云っています。

『蒙昧社会では、女は独立して生活することが出来ない。女にとっては、独身でいると云う事は、放棄されると云う事と同意味である。そして此の放棄されると云う事は、直ぐにも死ななければならない、と云う事を意味する。

アフリカの黒人は、其の文明若しくは蒙昧の程度の如何に係わらず、すべて一夫一婦の制度などと云うものを夢にも知らない。しかし、此のアフリカに於ても亦《また》、黒人が好んで大勢の女房を持つと云う事に就いては、性欲の満足はほんの第二義的原因の一つに過ぎない。彼等の一夫多妻は主として経済的動機に基く。ガブウンでは、出来るだけ多勢の女房を持つ事が、男の最大野心になっている。男にとっては、何物と雖《いえど》も、これ程の値打ちのものはない。女は土地を耕す。そして男に仕えて、其の食物を持って来る事が、女の厳密な義務となっている。女房は、其の父の許から、合意の値段で、しかも往々はまだ幼い時に、買われて来たものである。その持主たる夫は、女房等のする農作の労働には、少しも与らない。男はただ、其の女房等に養われていればいいのだ。されば、男が女房を買うのは、儲《もうけ》仕事の放資にすぎない。従って男は、其の女共を、奴隷として若しくは家畜として取扱う。又、何んでもない事で、鞭で打って、一生消えない創痕《きずあと》をつくったところで、少しも気にかけない。からだに創痕のない女は、滅多にないと云う事だ。』

『最下等の蒙昧人と雖も、猶且つ、猿よりは計数にも富み、将来の事も考えた。人間の最初の奴隷は、又其の最初の家畜とも云えるのであろうが、女房であった。蒙昧人がまだ単純な狩猟人種や遊牧人種であった時でも、猶彼等は、獲物を持ち運ぶとか、火を焚くとか、避《かく》れ家を造るとかしなければならなかった。女は果物や貝を拾い集めて来る事に、又いろいろ小さな用事をする事に、極めて巧みであった。且つ又、女は、売る事の出来る、必要に応じては食べる事も出来る、子供を産む。

そこで、斯くの如き種々なる目的に適した女を、出来るだけ多く持つのは、甚だ望ましい事でなければならない。猶此の野蛮人が農業を営むようになれば、女房は益々有用なものとなる。男は、自分の女房に、有らゆる骨の折れる仕事を負わせる。女房は土も掘る、木も植える、種子《たね》も播く、収穫もする。しかもそれは全く主人の為めにである。それに女は、からだが弱いので、男は自分の思うままに取扱う事が出来、残忍な征服本能をも恣《ほしいまま》にする事が出来る。斯くして男は、或は暴力により、或は猾計により、或は掠奪により、或は売買によって、出来るだけ大勢の女房を手に入れる。屢々又、たとえば、姉妹の群とか、或は、年の違う親戚同士の群とかを、一束にして買う。此の年の違うと云う事には値打があるのだ。即ち女房共にやらせる数多くの有らゆる仕事を、年とった女房が出来なくなった時に、必要に応じて年若い女房に代らせる事が出来る。

一夫多妻の大勢の女房は、最初は互に平等であった。即ち男は其の女房の群を平等に服従させていた。女房共は、それに対して、謀反するなどと云う気もなかった。彼等はそれを全く自然の事と考えていた。

しかし漸次に、同じ一人の男の女房共の間に或る階級が出来て来た。社会の構造がより複雑となって、王とか、貴族とか、僧侶とか云うものの現われた時に、此の階級も現われて来た。一夫多妻も斯くなれば、多少の制限を加えられる。即ち一夫多妻は、有らゆる人々の望む所ではあるのだが、富人と権力者との特権となって了《しま》った。此の富人と権力者とは時としては極端な一夫多妻に耽って、遂には其の女房共の群に秩序と屈従とを維持する事が困難になった。斯くして彼等は、一人若しくは数人の正式の女房を置いて、時としてはそれには苦役を免除して、他の女共を監督支配させた。

此の正式の女房と云うのは、多くは夫が同盟を結んでいる名ある軍人か、若しくは重要な官職にいる人の、娘か、姉妹か、或は親戚のものかで、其の父なり兄弟なりの威光が彼女等を保護している。其の結果彼女等には、他の女房共とは違った人間であると云う心持が起きて来る。そこで自分自身の家を持ちたくなる。自分自身の室を持ちたくなる。皆んなと一群になって生活する事が苦痛になる。』

四

しかし、これらの特別な地位におかれて、他の女達の上に主権を持つことの出来る女でも、その所有主である良人に対しては何んの自由も持つことが出来ないのです。

そして、夫婦関係の様式は、蒙昧野蛮な一夫多妻から多少文明になって法律や宗教の上で認められた一夫多妻制になり、それからもっと進んで一夫一婦制にまで進んでは来ましたが、しかし、女の位置はやはり低いままでおかれて来ました。勿論、一夫一婦にまで来る間には蒙昧人の間で扱われたように全く家畜と同じ扱いよりは、少しは自由のきく境涯に進められては来ましたが、女が、自分ひとりで生活が出来ず、結婚によって一生の生活の保証を得なければならぬ間は、やはり結婚は一つの経済的取引であることは云うまでもない事です。

私達は又、売淫と云う、もっと露骨に女の体が経済的物品であることとの証拠になる事を知っています。多くの上中流の知識あり教養ある婦人達は、それを賤しみ憐れみしていますが、しかし多くの良人を持っている婦人達との差異は本当に五十歩百歩なのではありませんか。そして誰が教養ある貴婦人になり誰が売淫婦になるのでしょう？　それはただ不平等な境遇の差異のみなのではないでしょうか。

五

其処で又、貞操と云うものに就いて考えて見ましょう。

世の中が文明になるにつれて、最初平等であった人間と人間との間に階級が出来、権力が生れ、道徳が出来、法律が出来、宗教が生れて、風俗や習慣の上に大きな変動が出来て来ます。そして人間の生活が、一般にずっと規則立てられるのです。そして第一に規則立てられたものは、財産に対する権利です。所有権を所有する事です。そして、此の所有権の主張は勿論女の上に充分に及びました。

蒙昧野蛮な人間の間では、女の所有者は自分の随意に、その女を他人に貸しもすれば売りもしましたし、又、客をもてなすのに女の体を提供すると云う事さえもしました。しかし、若し持主の承諾なしに、他の男に接した場合、即ち姦通は、実に厳重に罰せられました。此の姦通の刑罰についても、ルトウルノオは沢山の事実をあげています。そしてその事実を挙げる前に云っています。

『私は今ここに、有らゆる時代と有らゆる人種の男が、姦通を抑圧する為めに企てた主なる刑罰に就いて、少しく説いて見たい。人類と云う種、殊に原始の蒙昧野蛮な人類が、動物界での最も残忍な種であると云う事は、此の研究によって著しく明かにされる。そして恐らくは此の姦通と云う事に於て、人間の残忍と不正不義とが最も著しく示されるのである。蓋《けだ》しここに人間と云うのは、人類の半ばの男性のみを意味する。姦通が処罰されたと云っても、それは一般に女の姦通のみであったのだ。夫の姦通に就いては、妻がそれを訴える事の出来る罪悪だと云う風に、人間が認めるようになったのは極めて後の事である。

此の甚だしい不公平な処置の理由は極く簡単だ。ディドロは、其の『ブウゲンヴィルの旅行記』の中に、オルウをしてそれを云わせている。即ち『男の暴虐が女を其の所有物として了った』からだ。

人類社会に於ては、婚姻は一般に掠奪によるか、或は売買によったものであった。或は今猶そうである。何処の法律にでも、既婚の女は、夫の財産として多少公然と見做され、従って極めて屢々他の所有物と全く同一視されている。そこで其の持主の許可なくして女を使用するものは泥棒となる。そして人類社会は此の泥棒に対しては極めて厳酷であったのだ。殆んど何処ででも泥棒は殺人以上と見做されていた。然るに姦通は普通の泥棒とは違う。盗まれた物品は受働的なものなので、其の持主は、ただ盗んだ人だけを罰するより外はない。しかし姦通に於ては、盗まれた物即ち妻は有情のもので、夫の財産たる自分の体を侵した共犯者である。それに夫は一般に其の妻を自分の許に置いてある所から、自由に折檻することが出来る。且つ夫は、此の復讐を果すのに、輿論《よろん》と法律とを味方に持っている。』

しかし、野蛮人の間では、此の姦通の残忍な刑罰も、男は金を出して済む事があり、女は大抵その良人の財産を失う事を恐れるところから生命が助かる事もあります。そしてそれはただ、何処までも女を財産として観るからです。

けれど、やがて夫婦関係を結ぶのに本当の原始的な掠奪や売買から少しずつ進歩して女に多少の選択の自由が認められるようになり、一般に合理的な一夫一婦が実現される社会では、そう露骨に女が財産視される事はないようになって来たのです。即ち、一夫多妻制度の男が知らなかった、妻に対する愛着と云うものを知るようになりました。それが自分の所有物に対する執着と一しょになって、やはり妻達の上に盗難の手が及ばないような企てを怠らなかったのです。そして、その盗難に対するに、重い刑罰と云うよりは、輿論と法律を味方にしはじめました。その輿論も、決して間違いのないように、道徳と云う型をつくってそれに無上の権威を持たせました。その上に宗教が味方します。斯うして二重にも三重にも錠をおろして女をしまい込んでしまったのです。そしてこれに何にも不満足を云い立てないのが、屈従するのが、女の唯一の大事な道徳なのです。これが貞操と云う、男にとっては大切な女に守らせなければならぬ道徳です。そして女にとっては男の保護を得るためには、是非守らなければならぬ道徳です。

六

私は悉ゆる人間社会の人為的な差別が撤廃され、人間のもつ悉ゆる奴隷根性が根こぎにされなければならないと云う理想《いまし》をもっています。そして其の理想から、悉ゆる婦人達の心から、それ自らを縛めている此の貞操と云う奴隷根性を引きぬかねばならぬと主張するものです。

と云えば、直ぐに男女関係の秩序を乱してしまう事を主張するものだと早まって誤解する人があるかもしれません。しかし私の云うのはそう云う意味ではないのです。

現在私共の見ている世間は、前に私が挙げたような野蛮な時代ではなくなっています。進化は休みなくその歩みをつづけています。且つて、私共の祖先が為《し》たであろういろんな野蛮な習慣や風俗やそれにそうた法律や道徳の痕跡は、充分に私共の生活の中にもあります。しかし進んだ理知や感情は、私共の生活の中にある悉ゆる不合理を残すところなく駆逐しようと努力しています。そして其の努力は相応に報われて私共の生活は一日一日に向上しているのです。今、私共の姉妹の大半が、まだ奴隷的境涯に満足してはいますがしかし少数の勇敢な人達は此の屈辱から逃れようと努力しています。そして現在私共の知る限り、世界一般の文明国の婦人達は略《ほ》ぼ男子と同等の位置にまで近づいて来ました。結婚も、もう奴隷契約ではありません。娘達の選択も大分自由になって来ました。

貞操と云う檻も、女を無理往生に捉えて妻にし、奴隷としていた間は充分必要であったに違いはありません、しかし、人間と人間が信じ合って一緒になったものに何んの必要がありましょう。私が貞操を不必要だと主張するのは、結婚が先ず当人同志の自由合意の上でなくてはならない、と云う事を前提としての事です。貞操と云うものがどんな動機から、どんな事情の下に生れて来て、どんな役目をつとめていたかが本当に理解されるなら、そして女が本当に自由で男と同等な人間として許されるのなら、私の此の主張は当然の事なのです。それが決して男を不自由にする事でもなければ、又女を放縦にする訳でもありません。私は思います、若しも此の主張に対して甚だしい不安を感じたり、或は憤慨する人は必ず自分が女に対して持つ思想に不純なものをもっている人間です。守銭奴が金を大事にしまっておくように、女をしっかりとしまっておきたい人です。

七

併《しか》し斯うは主張しますものの、私はこれが決して多くの人に受け容れられる思想だとは思いません。何故なら私は現在のままで、女の正しい自由が絶対に許されるものだとは信じ得ないからです。そして、その第一の理由は、女が男の奴隷である事から解放されるのが容易な事でないからです。

蒙昧野蛮な時代からきまっているように、女はひとりで生きてゆくことが出来ないのが原則になって居ります。今日世界の文明国では多数の婦人が男子と同様に働いて自分を養っています。しかしそれ等の婦人達がどれ程『完全にひとりの力』で暮しているでしょう。そしてその職業婦人が果して世界中の妻君の何割にあたるでしょう？　経いくらどうしても、現制度の下にあっては、多数の労働者と共に婦人は弱者です。

済的には全くの無力者です。

何んと云っても男の庇護の下に一生の保証を得るのがさしあたっての利巧な方法だと云う事に帰着します。たまたま親の庇護男の庇護を受ける事の出来ない娘達は、働こうとすれば、丁度蒙昧人が姉妹を一と束にして家畜を買うように買ったと同じに、資本家によって牡牛一匹の値の半値位で買いとられるのです。文明も進歩も、弱者には、何の変化も来ないと同様です。娘達は奴隷として酷使される上に、その大切にする『純潔』までも犠牲にしなければなりません。又どれ程立派な伎倆を持った職業婦人でも男の気紛れを峻拒する気概をもった人には充分な報酬は与えられないのです。資本家等は、やはり蒙昧人の傲慢な亭主共のように、彼女の体を享楽し、同時にまたその才能を利用しようとするのです。

斯うして、考えて来ますと、人類社会はその蒙昧時代が現在の恐るるべき文明にまで、非常な進歩発達をして来ました。そして女の位置もそれにつれて向上はして来ました。しかし男が女に対して持つ力には何の変りも来ないのです。そして女は、その思想の向上からその思想と実際の矛盾の上に大きな窮境が襲って来ています。その窮境に最も苦しむのは自覚した職業婦人です。

此の職業婦人の窮境は、婦人問題にとっては実に重大な注意を要する点です。婦人は、男の保護の下にある間は到底真に従属的な地位から解放される事は出来ないのです。そして、すべての考えも決断も何も彼もがやはり従属的な習慣からのがれる事が出来ません。たまたま此の従属的な境地から逃れようとしても、彼女を使役してその金を払うものは、やはり男なのです。彼は勿論婦人の独立に賛成するような顔をして、その技倆を出来るだけ安くふみ倒して、その上に充分に恩をきせて使います。その上にどうかすれば、その体までもおかそうとします。結局、婦人は、その労働に堪え得ず、その窮境に堪え得ないで、やはり男の庇護にかくれる事を余儀なくされます。

此の窮境から婦人が救い出されるにはどうすればいいのでしょう？　すべての婦人が男の庇護を受けなくても自分の正しい働きによって生きる事が出来るようになるには、どうすればいいのでしょう？　それには、私の答えはただ一つしかありません。即ち小数の人々が多数の人間の労力を絞りとって財産をつくり上げる、そして其の財産の独占がまた権力を築き上げる、と云うような不当な事実がある間は、人間は決して真に自由な境涯へはなり得ないと云う事です。財産の独占と云うことが多くの人々にとってたまらない誘惑である間は、とても男も女も自由な気持にはなり得ません。他人の上に勝手に権力をもっているのが偉いこととされている間は、男にも女にも自由は来ません。

八

繰り返して云います。道徳も法律も宗教も何んにもない混沌たる蒙昧野蛮の時代から男は主人で、女は奴隷でした。男は所有主で女は財産でした。そして今日の文明でも、女は其の従属的な屈辱的な位置から救い出すことは出来ませんでした。女は今もやはり蒙昧時代からのように、其体を提供して男から生活の保証を得るより他に生きる道はないのです。一人の男に一生を捧げるか、そうでないかの差異はありますが、しかし、女の体が男の野心や金や権力やの為めに自由にならねばならぬ場合が沢山あるのは全く当然な事だと云わねばなりますまい。

もっとも、文明国の法律や道徳や宗教や哲学やいろんなものが、女のおかれた地位の露骨さを、よほど覆うて弁護はしています。しかし、それは政治、法律、道徳、宗教、哲学、その他、悉ゆる知識がすべて資本主義の為めに働いて、それに都合のいい基礎をつくり上げたように、やはり在る事実に基いて、その庇護の為めに築き上げたものは、その在る事実の本質を少しも変えはしません。

此の意味で、私は今日実際にある貞操と云う言葉の中には、人によって、いろんな人のいろんな思想感情によって、可なり複雑な内容を与えられている事も充分に知ってはいますが、其等には一切頓着せずに、此の主張をつづけて来ました。私共はただ、そのむきだしな本来の性質を知る事が出来ればいいのです。その動機、その役目を知ればいいのです。そして若し辛抱して下すった読者には略ぼ貞操と云うものが何物かが解って頂いた事と思います。猶又、屢々貞操が経済問題の為めに苦境におとされる理由も不充分ながらも、解って頂いたことと思います。

（一九二一、四、二四）

無政府の事実

伊藤野枝

一

私共は、無政府共産主義の理想が、到底実現する事の出来ないただの空想だと云う非難を、何《ど》の方面からも聞いて来た。中央政府の手を俟《ま》たねば、どんな自治も、完全に果たされるものでないと云う迷信に、皆んなが取りつかれている。

殊に、世間の物識り達よりはずっと聡明な社会主義者中の或る人々でさえも、無政府主義の『夢』を嘲笑《あざわら》っている。

しかし私は、それが決して『夢』ではなく、私共の祖先から今日まで持ち伝えて来ている村々の、小さな『自治』の中に、其の実況を見る事が出来ると信じていい事実を見出した。

所謂《いわゆる》『文化』の恩沢を充分に受ける事の出来ない地方に、私は、権力も、支配も、命令もない、ただ人々の必要とする相互扶助の精神と、真の自由合意による社会生活を見た。

それは、中央政府の監督の下にある『行政』とはまるで別物で、また『行政機関』と云う六《むずか》ケしいもののない昔、必要に迫られて起った相互扶助の組織が、今日まで、所謂表向きの『行政』とは分々《べつべつ》に存続して来たものに相違ない。

二

私は今此処に、私が自分の生れた村について直接見聞した事実と、それについて考えた事だけを書いて見ようと思う。

見聞の狭い私は、これが日本国中の何処にも遍在する事実だと断言する事は出来ない。が、そう信じても恐らく間違いではあるまいと云う事は信じている。何故なら、此の事実は、或る一地方のみが持つと云う特異な点を少しも持っていない。万事に不自由勝な生活を営んでいる田舎の人には何の地方の、何んな境遇に置かれている人にも一様に是非必要な一般的な性質のものだ。そして悉《あら》ゆる人間の生活が、是非そう云う風でなくてはならぬと云う私共の大事な理想が、其処に確《しっ》かりと織込まれている。

私の生れた村は、福岡市から西に三里、昔、福岡と唐津の城下とをつないだ街道に沿うた村で、父の家のある字《あざ》は、昔陸路の交通の不便な時代には、一つの港だった。今はもう昔の繁盛のあとなどは何処にもない一廃村で、住民も半商半農の貧乏な人間ばかりで、死んだような村だ。

此の字は、俗に『松原』と呼ばれていて戸数はざっと六七十位。大体街道に沿うて並んでいる。此の六七十位の家が六つの小さな、『組合』に分れている。そして此の六つの『組合』は必要に応じて聯合する。即ち、一つの字は六つの『組合』の一致『聯合』である。

しかし、此の『聯合』はふだんは解体している。村人の本当に直接必要なのは、何時も『組合』である。『組合』は細長い町の両側を端から順に十二三軒か十四五軒位ずつに区切って行ったもので、もう余程の昔からの決めのままらしい。これも、聯合とおなじく用のない時には、何時も解体している。型にはまった規約もなければ、役員もない。組合を形づくる精神は遠い祖先からの『不自由を助け合う』と云う事のみだ。

三

組合の何の家も太平無事な時には、組合には何の仕事もない。しかし一軒に何か事が起れば、直ぐに組合の仕事がはじまる。

家数が少いのと、ふだん家と家とが接近し合っているのとで、何の家にか異った事があれば直ぐに組合中に知れ渡る。知れれば、皆んな直ぐに仕事を半ばにしてでも、其の家に馳けつける。或は馳けつける前に一応何か話し合う必要があるとすれば、直ぐ集まって相談する。

相談の場所も、何処かの家の門口や土間に突っ立って済ます事もあれば、誰かの働いている畑の傍ですむ事もあり、或は何の家かの屋敷に落つく場合もある。人が集まりさえすれば、直ぐに相談にかかる。此の相談の場合には、余程の六かしい事でなくては黙って手を組んでいる者はない。みんな、自分の知っている事と、考えとを正直に云う人が意見に賛成するにも其の理由をはっきりさせると云う風だ。少し六ケしい場所に出ては到底満足に口のきけないような人々でも、組合の相談には相当に意見を述べる。其処には、他人のおもわくをはかって、自分の意見に対して臆病にならねばならぬような不安な空気が全くないのである。

事実、組合の中では村長だろうが其の日稼ぎの人夫であろうが、何の差別もない。村長だからと云って何の特別な働きも出来ないし、日傭《ひよう》取りだからと云って組合員としての仕事に欠ける処はない。威張ることもなければ卑下する事もない。年長者や、家柄と云うものも田舎の慣わしで尊敬されるが、感心に組合の仕事の相談の邪魔になるような事はない。

四

相談の最後の結論は誰がつけるか？　それも皆んなできめる。大抵の相談は具体的な、誰の目にも明かな事実に基く事であって、それに対する皆んなの知識と意見が残りなく其処に提出されれば、結論はひとりでに出来上る。誰がつくり上げるまでもない。誰に暗示されるまでもない。

大抵の事なら直ぐに相談がきまる。しかし、どうかして、意見がマチマチになってどうしても一致しない事がある。

例えば、組合員の何の家族かが内輪喧嘩をする。其の折り合いをつける為めに組合のものが皆んなで話し合う、と云う場合などは、家族の幾人もの人達に対する幾人もの観方がそれぞれ違っていて、それに対する考え方も複雑で、容易にどれが真に近いかが分らなくなるような事がある。

そんな時には、皆んなは幾晩でも、熱心に集まって話し合う。幾つもの考えを参酌《さんしやく》折衷して纏《まと》めるにも、出来るだけ、皆んなが正しいと思う標準から離れないように努める。

もし又、此の相談の席上で、皆んなに納得の出来ないような理屈を云ったり、それを押し通そうとしたりするものがあれば、皆んなは納得の出来るように問い糺《ただ》す。そして、何うしても納得が出来ず、それが正しい道でも方法でもないと分れば、皆んなは正面から其人間をたしなめる。

五

或る家に病人が出来る。直ぐに組合中に知れる。皆んなは急いで、其の家に馳けつける。そして医者を呼びに行くとか、近親の家々へ知らせにゆくとか、其の他の使い走り、看病の手伝いなど親切に働く。病人が少し悪いとなれば、二三人ずつは代り合って毎晩徹夜をしてついている。それが一週間続いても十日続いても熱心につとめる。人が死んだと云う場合でも、方々への知らせや(これは以前には十里もある処へでも出掛けて行ったそうだ)其の他の使いは勿論の事、墓穴を掘ること、棺を担ぐ事、葬式に必要な一切の道具をつくる事、大勢の食事の世話、其の他何から何まで組合が処理する。

子供が生れると云う場合には組合の女達が集る。産婦が起るようになるまで、一切の世話を組合の女達が引きうける。

其の他、何んでも人手が必要だと云う場合には何時でも文句なしに組合で引きうけてくれる。

組合の中の家でも、勿論皆んなから好かれる家ばかりはない。何かの理由から好く思われない家が必ず二軒や三軒はある。けれども、そんな家の手伝いをする場合でも、皆んなお互いに蔭口もささやき合えば不平も云う。しかし手伝っている仕事を其の為めに粗末にすると云うような事は決してない。其の家に対して持つ銘々の感情と、組合としてしなければならぬ事とは、ちゃんと別物にする。

六

組合の事務、と云うようなものはないも同然だが、ただ皆んなで金を扱ったと云う場合に其の出入は、皆んなで奇麗に其の時其の折にキマリをつける。

組合員は時々懇談会をする。それは大抵何処か一軒の家に集まって午餐の御馳走を食べたり飲んだりする会で、米何合、金幾何《いくら》ときめて持ち寄る。

一年に一度は、此の会食が二三日或は四五日も続く風習がある。そんな時の後始末は可なり面倒そうに思われるが実際には割合に故障なく果される。集めた丈《だ》けの金で足りなければ皆んなで出し合う。あまればみんな其の場で使ってしまうか、何かの必要がある迄誰かが預って置く事になる。

酒飲み連がうんと酒を飲んだ、そして割合いに酒代がかさんで、予定の金では足りない場合がよくある。そんな時には飲む者は飲まない者に気の毒だと云うので其の不足分を自分達だけで出そうと云う。しかし、そんな事は決して取りあげられない。飲む者は、御馳走を食べない。飲まない者は盛んにたべる。それでいいじゃないかと云うので結局足りない金はみんなで等分に出す。

他家の葬式、病人、出産婚礼、何んでも組合で手伝った場合には大抵の買物は組合の顔で借りて済ます。其処で、何時でも手伝いの後では計算がはじまる。この計算には皆んな組合中の者が集まる。そして一銭の金にも間違いがないように念入りに調べる。それで、いよいよ間違いがないと決まれば、はじめて其の調べを家の人に報告する。それで、組合の仕事は終ったのだ。こうして何があっても其の度びに、事務らしい事は関係者総てが処理する。

たまに、何か連続的にやらなければならぬような仕事があっても、大抵一番最初に相談をする際に、順番をきめ置くから、何んの不都合もない。

此の皆んなが組合に対して持つ責任は、決しておしつけられて持つ不承不承のものではない。自分の番が来てすべき事、と決った事を怠っては、大勢の人にすまないと云う良心に従って動いている。だから何の命令も監督も要らない。

七

火の番、神社の掃除、修繕、お祭と云うような、一つの字を通じての仕事の相談は、六つの組合が一緒になってする。此の場合にはどの組合からも都合のいい二三人の人を出して相談する。相談がきまれば、組合の人達にその相談の内容をしらせ、自分達だけできまらない事は組合の皆んなの人の意見を聞いて、又集まったりもする。

相談が決って、いよいよ仕事にかかる時には、組合の隔てはすっかり取り除かれる。小さな組合は解体して、聯合が一つの組合になってしまう。聯合の単位は組合ではなく、やはり一軒ずつの家だ。

みんなで代りあって火の番をしよう、と云う議が持ち上る。一つ一つの組合でするもつまらないから字全体でやろうと云う相談がきまる。すると直ぐ、各組合の代表者達が、大凡《おおよ》そ何時から何時まで位の見当でやろうと云う事を決める。毎晩何軒ずつが組んで、何回まわるか、北側から先きにするか南側から初めるか、西の端からか、東の端からか、と云うような具体的な事をきめる。若《も》し、北側の西の端から三軒ずつ毎晩三回と云う事にでもきまれば幾日と云う最初の晩に、その三軒の家からは誰かが出て村中を太鼓を叩いたり、拍子木を打ったりして火の番をする。

翌日になると、其の太鼓や拍子木や提灯が次ぎの三軒のどの家かに渡される。そしてだんだんに、順を逐《お》うて予めきめられた通りに間違いなく果される。

八

神社の修繕費などは、なかなか急には集まらない。其処で皆んなで相談して貯金をする。一つの箱をつくって、字全体の戸主の名を書いた帳面と一緒に、毎日一戸から三銭とか五銭とか云うきめた金高を入れる為めにまわされる。これも、毎日間違いなく隣から隣へとまわって行く。

学校へ通うのに道が悪くて子供達が難儀する。母親達がこぼし合う。すると、直ぐに、誰かの発議で、暇を持っている人達が一日か二日がかりで、道を平らにして仕舞う。

一つの家でそれをやれば他の家でも又、お互いに誰が通るときまった道でもないのに、彼処の人達にだけ手をかけさせては済まないと云うので、各自に手近かな処を直す。期せずして、みんな道が平らになってしまう。

斯《こ》うしてすべての事が実によく運んでいる。大抵の事は組合でする。他との協力が要る場合には組合の形式は、撤回されて字全体で一つになる。

此の組合や家の自治に就いて観て見ていると、村役場は一体何をしているのだろう？と不思議に思われる程此の自治と行政とは別物になっている。組合や家の何かの相談には熱心に注意をする人達も、村会議員が誰であろうと、村会で何が相談されていようと、大部分の人は全く無関心だ。

役場は、税金の事や、戸籍の事や、徴兵、学校の事などの仕事をしている処、と云うのが大抵の人の役場に対する考え方だ。

九

村の駐在所や巡査も、組合のお蔭で無用に近い観がある。

人間同志の喧嘩でも、家同志の不和でも、大抵は組合でおさめてしまう。泥棒がつかまっても、それが土地の者である場合は勿論、他所《よそ》の者でも、成るべく警察には秘密にする。

最近に斯う云う事があった。或る家の夫婦が盗みをした。度々の事なので大凡の見当をつけていた被害者に、のっぴきならぬ証拠をおさえられた。

盗まれた家では此の夫婦を呼びつけて叱責した。盗んだ方も盗まれた方も一つ組合だったので、早速組合の人も馳けつけた。彼方《あっち》でも此方《こっち》でも、此の夫婦には余程前から暗黙の中に警戒されていたので、皆んなから散々油を絞られた。

しかし、兎《と》に角《かく》、以後決してこんな事はしないからとあやまるので、被害者の主人も許す事になった。組合では再びこんな事があれば組合から仲間はずれにすると云う決議をして、落着した。

此の事件に対する大抵の人の考えは斯うであった。

『盗みをすると云う事はもとよりよくない。しかし、彼等を監獄へやった処でどうなろう。彼等にだって子供もあるし、親類もある。そんな人達の迷惑も考えてやらなければならぬ。彼等も恥を知って居れば、組合の人達の前であやまるだけで充分恥じる訳だ。そして此の土地で暮そうと云う気がある以上は、組合から仲間はずれになるような事はもう仕出かさないだろう。そして、みんなは又、彼等にそんな悪い癖があるならば、用心して機会を与えない様にする事だ。それでうまく彼等は救われるだろう』と云うのだった。

十

実際彼等は慎しんでいるように見える。警戒はされているが、彼等に恥を与えるような露骨な事は決してしない。其処は又、田舎の人の正直なおもいやりがうまくそれを覆っている。

此の話は、字中の者の耳には確にはいっている。が巡査の手には決してはいらないように充分に注意されている。どんなに不断巡査と親しくしていても、他人の上に罪が来るような事柄は決してしゃべらない。若し、そんなおしゃべりをする人間があれば、忽ち村中の人から警戒される。

斯ういう事も、ずっと遠い昔から、他人の不幸をつくり出す事ばかりねらっているような役人に対して、村の平和を出来るだけ保護しようとする、真の自治的精神から来た訓練のお蔭げだと云っても、間違いはあるまいと私は信じている。

組合の最後の懲罰方法の仲間はずれと云う事は、その土地から逐われる結果に立ち到るのである。

一つの組合から仲間はずれにされたからと云って、他の組合にはいると云う事は決して出来ない。

組合から仲間はずれにされると云うのは、よくよくの事だ。事の次第は直ぐに其処ら中に知れ渡る。此の最後の制裁を受けたとなればもう誰も相手にしない。結局は土地を離れて何処かへ出掛けるより他はない。

が、みんなは此の最後の制裁を非常に重く考えている。だから、余程の許しがたい事がない以上は、それを他人の上に加えようとはしない。私の見聞の範囲の私の村では此の制裁を受けた家の話を聞かない。その位だから、若し此度何々したら、と云う条件で持ち出されるだけでも非常に重大だ。従って効目は著しい。

十一

実際田舎の生活では、組合に見放されてはどうする事も出来ない。組合の保障がありさえすれば、死にかかった病人を抱えて一文の金もない、或は死人を抱えて一文の金もない、と云う場合でも少しも困る事はない。当座を切り抜けるのは勿論の事、後の後まで心配して事情を参酌して始末をしてくれる。

組合の助けを借りる事の必要は、殆んど絶対のものだ。殊に、貧乏なものにとっては猶更の事だ、貧乏人は金持よりは何んな場合でも遥かに多くの不自由を持っている。その大から小までの悉ゆる不自由が、組合の手で大抵は何んとかなる。

私はこれまで、村の人達の村のつまらない生活に対する執着を、どうしても理解する事が出来なかった。一たん決心して村を離れた者も大抵は又帰って来る。都会に出て一かどの商売人になる事を覚えた青年達までが、何んにもする事のない村に帰って来て、貧乏な活気のない生活に執着しているのを不思議に思った。

けれども、此の村の組合と云うものに眼を向けた時に、私は初めて解った。村の生活に馴れたものには、他郷の、殊に都会の利己的な冷やかな生活にはとても堪え得られないのだ。成功の望みはなくとも、貧乏でも、此の組合で助け合って行く暖かい生活の方がはるかに彼等には住み心地がいいのであろう。

辻潤（つじ・じゅん　一八八四〜一九四四）

自分を捨てろ、人間さえも捨ててしまえ

栗原康

辻潤は、東京の浅草出身で浅草そだち。開成中学を中退、その後、正則国民英学会で英語をまなび、上野高等女学校につとめるのだが、そこで教え子だった伊藤野枝にであってしまう。そのあとのくだりは、さきほどもふれたとおりだ。ただ、ひとついっておきたいのは、よく野枝が大杉栄のもとにはしったからっていうんで、辻は恋愛の敗者だとか、カワイソウだっていういわれかたをするんだが、そんなヤワなひとじゃなかったってことだ。だいたい野枝とつきあっていたころから、ガンガン浮気をしまくっていたわけだし、なにより野枝とわかれたあと、辻は辻潤として覚醒していくんだから。

じゃあじゃあ、どうなったのか。その後、辻はしばらく浅草下谷の長屋にすんで、尺八英語塾をひらいていたのだが、うまくいかない。訪問客と浴びるように酒を飲んでおわってしまう。でも、そんな辻がおもしろいってんで、武林無想庵や佐藤春夫、

谷崎潤一郎らがたずねてきて、いい飲み友だちになった。日夜、いつ正気なのかわからないくらい、ひたすら飲んで泥酔する。酒を飲んで正気をうしなうなんて、ウソっぱち。ひとは酒を飲んでいないとき、正気をかくしているんだよ、なんてね。とはいえ、たまにはちゃんとやろうということで、無想庵に紹介され、比叡山の宿院にこもって、マックス・シュティルナー『唯一者とその所有』の翻訳にいそしんだ。この本は、アナキズムの古典としてもしられているもので、辻がもっとも影響をうけたものだ。一九二一年には、改造社から『自我経』と題して全訳をだしている。といったら、マジメに仕事をしていたようにきこえるかもしれないが、そんなことはない。たいがい、たずねてきた友人と飲んだくれ、しかもまた白蛇姫こと、野溝七生子さんってのと恋におぼれていたんだ。オレは永遠の女性とであい、命がけの恋をしたみたいなことをいっているから、よっぽどだったんだろう。うらやましい。

まあまあ、そんなこともあってから、東京にもどってくると、シュティルナーの翻訳が評判になり、いろんな雑誌から原稿依頼がくるようになった。本書でとりあげた「浮浪漫語」「ですぺら」はそのころの文章だ。しかも本ってのはだしてみるもんで、『自我経』をよんだ高橋新吉が、辻の自宅をたずねてくる。で、ダダイズムのはなしをおしえてもらってハマるわけだ。そっから辻はダダイズムを紹介していって、ダダイズムの教祖なんていわれるようになる。そしてそしてだ。辻のファンだった小島清とつきあって、同棲さ。だから、このころは、ほんとにイケイケだったんじゃないかとおもう。

その後、辻はパリにいったりもしているのだが、ずっと部屋にひきこもってタバコをすっていたらしく、とくになにもせずにかえってくる。むしろ、転機になったのは、一九三二年三月のことだ。辻潤、天狗になる。これ、調子にのったってことじゃないよ。マジで天狗になったんだ。なんか、とつぜん「とうとうオレは天狗になったぞ、天狗に羽がはえてきたぞ」とかいいながら、自宅の二階からとびおりたんだという。やるね！　で、精神病院にいれられたりするのだが、でてくると、全国放浪の旅をするようになった。一升瓶をかかえ、酔っ払いながらフラフラとあるいてまわり、ときに子どもたちに「この乞食！」とか罵声をあびせられながら、旅をつづけていた。すごいのは、ほんとに戦時中、一九四〇年代にもこれをやりつづけていたってことだ。すごいね。さいごは一九四四年一一月、落合のアパートにもどってきて餓死。遺体のそばには、一升瓶が転がっていたという。

さいごに、ちょっとだけ思想にもふれておこうか。辻が人生をかけて、問いかけようとしていたのはなにか。それは、このオレが、自我が、マジでなんにもしばられないで生きていくのは可能なのかってことだ。それをやっていくには、まずなによりも、社会人になるんじゃダメだ。だってそれだと、よりよくはたらくためにっていって、目的や責任を負わされてしまうのだから。不自由だ。そして、社会主義の活動家になるんでもダメなんだ。だって理想のためには、自己犠牲すらいとわないときがあるんだから。ダメ、ダメ、ダメ。なにかのために動員されて生きるのはもうやめた。

じゃあ、どうしたらいいか。辻は、なんにももたなくていいんだという。ルンペンだ、ルンペンにひらきなおれ。カネも地位も名誉も、家も子どもも捨ててしまえ。そうすれば、なにかのために、ああしたい、こうしたいという発想がなくなっちまう。自由だ。でもね、でもねなんだ。それで自由になったとおもっていたら、なんか気づいたら、自分がルンペンになるためにはああしろ、こうしろと考えていて、いつのまにかそれにしばられてしまう。不自由だ。

じゃあ、どうしたらいいか。辻の結論はこうだ。ルンペンである自分さえも捨ててしまえ。人間としての自分すら脱ぎ捨てるんだと。ケモノになれ、天狗になれ、そして仏になっちまえ。一升瓶をかかえたまま餓死してしまえ、成仏だ。わたしなんかからすると、このへん、鎌倉時代のお坊さん、一遍上人にちかいんじゃないかとおもうのだが、どうだろうか。「身を捨つる捨つる心を捨てつれば、おもいなき世に墨染めの袖」。あらためて問いかけておこうか。辻潤って、どんなひと？　なむあみだぶつ！

浮浪漫語

辻潤

自分はなによりもまず無精者だ。面倒くさがりやである。常に「無為無作」を夢みている。従ってこれまで自分で進んで自分を表現（文字をかりて）しようとしたことは殆どないといってもいい。まったく今の世の生活には不適当に出来あがっている人間であることをしみじみと感じさせられる。よしまた自分を表現しようという欲望が偶々起こって来たところでそれは到底今の社会制度の下では許されそうもないことばかりだ。つまり今の世の中、少なくとも自分の生活している世の中には言論の自由がないようだ。そう思うと自分はスグと厭気がさしてくる。それに無理にもそれをシャべらなければならないという程のパッションが起こって来ないから、そのまま抑えつけて黙ってしまったことになる。同じ人間でありながら、お互いに思っていることを充分いうことさえ出来ないとはなんという窮屈な世の中だろう。近頃ではあまりいわれないようだが、しとしきり、「危険思想」という言葉が大分流行した。自分には今もってその言葉のわけがよく呑み込めないでいる。そして自分の低能を自ら憐れんでいる。

僕は時々出来るなら国籍をぬいてもらいたいものだと思うことがある。つまりどこの国の人間にもなりたくないのだ。自分以外になんらのオーソリティなしに暮らしたいのだ。色々な責任から脱却したいものだ――随分虫の好い考えかも知れない。まずそれが出来るのは乞食か浮浪人になるより仕方がないらしい。だが聴くところによると乞食にも色々な集団があって、縄張を争うようなことがあるそうだ。こうなると、無人島へでも一人で移住するより仕方がなくなるかも知れない。そして無人島で「無為無作」を続けることになると、その当然の結果として餓死してしまうだろう。

だから自分の生活は俗にいう不徹底極まりない生活である。しかし考えると所謂徹底ということにどれ程の価値があるかそれさえ自分にはわからない程、自分はグラグラしているのだ。まことにフヤケたダラシのない生き方である。意気地なしの骨頂である。僕のような代物がもし今の労農露西亜に生まれていたとするなら、とうに打ち殺されているにちがいない。それを思うと現代のありがた味をつくづくと眼の醒めたように感じさせられるのである。そして、少しばかり自分の想っていることのいえない位は我慢しなければならないという殊勝な心持ちにもさせられるのである。

無目的にまったく漂々乎として歩いていると自分がいつの間にか風や水や草や、その他の自然の物象と同化して自分の存在がともすれば怪しくなって来ることはさして珍しいことではない。自分の存在が怪しくなってくる位だから、世間や社会の存在はそれ以前にどこかへ消し飛んでいる。そんな時に、どうかすると「浮浪人の法悦」というようなものを感じさせられる。が、その時は無論そんなことさえ全然無我夢中である。こうやって原稿紙という紙の上になにか書きつけようとする時にやっとその時の心持ちを思い浮かべて、そんな言葉ででもその時の心持ちを表わしたらと考えるに過ぎない。

物を書こうという気の起こる時にはもう既に自分ははなはだしい束縛の囚人である。少なくともそういう意識の下で自分は物を書くのである。だから、書いたりしゃべったりした後ではキット余計な無駄なことをしたように感じる時が多いのだ。従って自分の霊魂はあまり物を書くことを欲してはいないのらしい。それにも拘わらず自分はこれまでに、またこれからも幾度となく物を書くという動作をやるだろう。

浮浪の衝動は静止の不安から起こってくるらしい。その癖、あまり自動的ではない自分がとにかく腰を落ちつけていられなくなるところを見ると、その不安はよほど自分にとって恐ろしいものに相違ない。もっとも空想や幻想が頭の中に蔟《むら》がり起こっている場合、もしくは強烈な官能の悦楽に耽っている場合などはそれを忘れてはいるが、まったくそれらのものを奪われるか失うかしてしまった時の自分は必ず激しい焦躁と倦怠とに苛まれて、どこかに動き出さずにはいられなくなるのである。そんな時、忽然として目の前に蜃気楼かキネマでも現われてくれたなら一時的に救われるようなことにならないとも限らない。だがそんな註文の不可能なことはわかりきった話である。

金があって道楽に名所旧蹟でも見物して歩くなどという旅行とはまるで雲泥の差である。ただ滅茶苦茶に眼先が変わりさえすればいい。だから歩くところは全然見ず知らずの土地に限る。都会の中でもかまわない。一度も歩いたことのない町や路地をウロウロしてさえちょっとフレッシュな気持ちにさせられる時がある。疲《くた》びれたら休む、腹が空いたら食う、まったくの行き当たりバッタリでなければ浮浪の法悦は味わえない。いわば、「身軽片片渓雲影。心朗瑩瑩山月光。馬麥因縁支命足」というような境地にならなければ駄目らしい。そして、更に「大千沙界一筒自由身」になり「無底併呑尽十方」になれば申し分がないのであろう。

「酔生夢死」という言葉がある。僕はこの言葉が大好きである。願わくば刻々念々を酔生夢死の境地をもって始終したい。また「浮遊不知所求。猖狂不知所往」の如きは自分のようなボヘエムにとっては繰り返せば繰り返す程、懐かしみの増して来る言葉である。「酔生夢死」は自分のようなヤクザ者には至極嬉しい言葉である。ところが、実際なかなかそれが出来かねるのである。人生そのものに酔っていられるなら、なにもわざわざ酒や阿片の御厄介にならなくてもすみそうなものだ、夢死が出来れば、死の恐怖に襲われる憂いもあるまい。ボオドレエルの詩に「いつでも酔っ払っていろ。

その他のことはどうだっていい、これこそ唯一の問題だ」というのがある。自分はそれを読んだ時に、彼もまた「酔生夢死」の讃美者だなと独りできめたことだ。そして、本人はそれが思うように出来なかった苦しまぎれにあんな詩を作ったにちがいない。たとえ日常生活そのもの、つまり働くことに酔えないまでも、せめて異性になり、酒になり、なんになり、夢中に酔っ払うことになったら、さぞや幸福なことであろう。僕の周囲には社会運動に酔っ払っている元気のいい人達が沢山にいる。たとえ必要に迫られて「止むに止まれない」心持ちからでも、そういう運動に酔うことの出来る人は羨望に価すると思う。さらに「大本教」なぞに酔うことが出来たら、ますます幸福だろうと思う。

「酔生夢死」はしばしば軽侮の意をもって僕のようなヤクザ者の形容詞に用いられてきた。「国に奉仕し」「社会に貢献し」「人類の愛に目ざめ」「意義ある生活を送り」（など）――というような言葉の正反対が、どうやら「酔生夢死」にあるらしい。

少なくとも自分はこの世の中に自分の意志で生まれてきたのではないらしい。いくら考えてみてもそうは思われない。しかしまた父母の意志によって生まれてきたものとも思われない。父母は子供を欲しいと思ったかも知れない。しかし生むにしても自分のようなヤクザ者をわざわざ生みつけようとは思わなかったにちがいない。仏教の説くように因縁ずくで諦めがつけば世話はないが、僕のような低能児にはそんなことではなかなかあきらめがつきそうもない。生まれてくるといつの間にか前から連続している世の中の色々な種々相や約束を押しつけられて、否でも応でもその中で生きることを余儀なくせしめられる。自分の意志や判断がハッキリつかない中にいつの間にか他人の意志を意志として、他人の生活を生活するようにさせられてしまっている。そして親達は「誰のお蔭で大きくなったのだと思う」といって恩をきせ、国家はさも国家のお蔭でお前を教育してやった、知識を授けてやったというような顔をして恩にきせる。なる程自分が今迄生きてこられたのは、少なくとも自分のような蒲柳の質の生活力の弱いヤクザ人間が生きておられたのはまったく自分以外の人々のお蔭だということは一応わかりはするが、僕は別段これを自分の意志からお願いした覚えは毛頭ないのである。つまり、よってたかって自分を今のような自分に作りあげてくれたまでである。僕は、むしろ、それをありがた迷惑だと思い、大きなお世話だと思ったところで、別段、なんの差し支えもなさそうである。まして「酔生夢死」を望むような心持ちにさせたのは全体、何人の仕業なのであろうか？　考えてみるとなんとなくわけがわからなくなってしまうのである。

考えると自分にはこの世のどこを見廻しても安住の場所というものが見当たらない——第一これこそ自分の物だとハッキリいえそうなものは一ツもない。強いて理屈をつければ自分の霊魂と自分の身体位なものだと思えるが、それも両親から受け継いだのだと思うとその所有権を父母に主張されても、あまり威張ってそれに反対も出来そうではない。そして自分のこれまでの生長してきた現在の存在を考えて、自分以外の自然や人力に助けられていることがどれ程多いものであるかという風に考えてくると、まったく自分は無一物で他人から自分の所有権を主張されてもそれに対して立派な反対をすることは覚束ない。なんという惨めな存在なのだろう！――と考える度毎に自分はつくづくなさけなくなって来る。

空気と太陽の光線とはどうやら文句もいわれずに黙って頂戴が出来るが、――その他の物でなに一ツ自分の物らしいものは一ツだってありはしない。毎日歩いている地面も人のものであり、雨露を凌ぐ家も勿論人の物、知識も借り物、衣物も他人の拵えた物――まるで自分の存在は自然や他人の恩恵の真中で辛うじて保たれているとしか思われない。けれど、かほどにまで周囲の恩恵を蒙ッている自分は果たして幸福なのであろうか？――ところで、少しも幸福ではないのはなぜであろう。一切が他人の恩恵から来る幸福で、決して自分が真に自分から要求して獲得した幸福ではないからだ。なぜ土地は人の物で自分のものではないか？　なぜ家は人の物で自分のものではないのか？――持てる人と持たざる自分とは人として果たしてどれ程の相異があるのか？なぜ他人が所有権を持って自分にはそれがないのか――こんなことを漠然と考えてくると、僕はいい知れぬ不安に襲われて、また今さらのようにこの世に自分の安住の場所のないことをしみじみと感じさせられるのである。それはお前にお金というものがないからだ、と教えてくれる人がある。金はどうして得られるのか？――と訊ねると、それは働くことによって得られるといわれる。しかし単に働くことによって人は果たしてどれ程の金を獲ることが出来るであろうか？――そして働かないではどうして金を獲ることが出来ないであろうか？――働くとはそもそもどういうことなのか？――

自分は考えると頭が混沌として来るので、いつでもそれをうやむやに葬ってしまう――そしてところ定めず目的なしにフラフラと歩き出す――歩いている間、動いている間はいつの間にかはなはだ呑気になって、目前の周囲の移り変わりに心を惹きつけられ気をとられて一切を忘却してしまうのである。そして、人間の姿の一人もいない広々とした野原などを青空と太陽と白雲と山と林と草と樹と水などにとりかこまれて悠々と歩いていると、それらの物象がいつの間にかことごとく自分の物であるかのような気がしてきていささか自分の心が気強くなり、落ちつきを得たように思うのである。つまり先にもいった通り、それらの物象と同化して自他の区別がつかなくなるところから一切が自分の物であるかのようなイリュウジョンを起こすことになるのであろうか？

近頃、僕は自分の求めている幸福という物の正体がややほんとうにわかってきた様な気がしている。それはなにか？　真理を体得するというようなことか？　自由に生きるということか？　芸術に生きるということか？　巨万の富を得て物質的に充足した生活をすることか？　知識を出来るだけ多く獲得するということか？　小説でも書いて有名になるということか？　社会運動に従事して献身的に働くことが出来るということか？――なる程それらの欲望もそれぞれに容易に充たされることが出来、それに生き得られたら相応に自分は幸福を感じることが出来るであろう。しかし自分の真に求めている幸福はそれらの物が束になって来ても決して充たされないのである。それならばなにか？　一人の女性の全部の愛である。そして自分もその一人の女性を自分の全部をあげて愛することである。それが出来さえしたら、その他の欲望はなに一ツ充たされないでも自分は幸福に生き得られると思う。この考えをある友達に打ち明けたらそれは世の中で一番贅沢な要求だそうである。しかし僕はそのゼイタクを望むのである。それさえ出来れば僕は立ち所に幸福人になり得ると思う。それが満たされない限り、如何にその他の欲望が満たされてもそれは決して自分を満足させることは出来ないと思う。僕はかかる異性を求めて的《あて》のない流浪を続けようと思う。

　僕は省みて自分がなに一ツ持たない人間だということを痛切に感じる。名誉も地位も財産も、知識も腕力も美貌も技能もなんにもない男だ――それでもせめて年でも若いなら未だしも、もはや不惑の年に手が届きそうになっている。それにも拘わらずなお一ツ若く美しくやさしい女性の愛を（しかも全部の）要求しているのだ。――なる程無理かも知れない、出来ない相談かも知れない。しかし僕はそういう女性を見出すまでは頭髪がことごとく白くなり、顔面が皺苦茶になり、身体が痩せさらばえるまでこの地上を七転八倒しながら、呻吟《うめ》き苦しみながらのたうちまわって浮浪しようと思う——恐らくそのような女性の片鱗をさえ仰ぐことが出来ずにどこかの野末か陋巷に野垂死をすることになるだろう——そうなったらそれまでの話である。死んでから先のことは今から考えても追いつかない。

もしそんな女性を発見し得たなら、どんな苛酷ないわゆる資本主義制度の中ででも、どんな残酷な国家制度？の下でも、どんな不自由な窮屈な目に遇わされてでも自分はそれらの一切を耐え忍んで幸福に生き得られると思う。あるいは自分達の愛の生活が充ち溢れて、まるでそんなことを意識することさえ不可能になるかも知れない。そんなことを考える余裕さえなくなるかも知れない。それが出来ない間は、いくらこの世にユウトピヤが実現されても真の幸福を感じることは出来ないであろう。三分や四分や五分や六分や七分や、八分や九分の愛では決して自分は満足することは出来ない。考えると自分という人間は自分の身分不相応ななんという欲深い人間なのだろう——つまりこの地上では永久に出来そうもない、不可能な要求を勝手にしながら、そのために強いて自分を苦しめ苛んでいる不幸な妄想者といわれても、自分はそれに対して弁明することは出来そうもないのである。いっそ真実の狂人になって世界中の女がことごとく僕にその全部の愛をそそいで生きているのだというような妄想を持ち得たら、自分はどれ程幸福になることが出来るだろう。――こんな空想をするだけでも、自分はなんとなく自分が少々それに接近しかけているのではないかとも考えられるのである。

それさえ出来たら、自分はどうやら世界中の人類をことごとく愛し得られるように思う。また、如何なる労作も少しも苦痛ではなく、喜んでなし得られるような気がする。一切の物がことごとく他人の所有でも、決してそれを羨望するようなこともなくなることと思う。ただ自分の生活がその女性を愛し、彼女から愛されることをもって始終するのである。それが生活意識の中心になる、アルハになり、オメガになり、神になり、仏になり、天国になり、芸術になり――一切になり切るのである。

つまり、自分の生活はその妄想の充たされない、苦しまぎれの生活なのだと思う。酒におぼれ、音楽に慰めを求め、女を買い、知識の世界に遊ぼうとするのはことごとくその変形なのである。そして遂にそれらの一切は自分の真の欲望を充たしてはくれないのである。しかし僕は絶望はしたくない。その無理な欲求を背負いながら闇黒な流浪の旅を続けるだけである。そして前にもいったように、精根が尽き果てたら死ぬだけの話である。なんというわがままな惨憺たる生活だろう。しかしその妄想の執着が存する限り僕は生きる力がその執着から湧き出してくることと信じている。

この妄想こそ僕の唯一のイリュウジョンである。それ以外の人生の一切は僕に激しい幻滅を与えないではおかないのである。たとえ一切は虚無でもかまわない。僕はこの妄想に取り縋って生きて行こうと思う。稀代の色狂人と嗤う人は嗤い給え！　自分の自我は今、その妄想で恐ろしく燃焼している。自分の自我はその妄想を食って生きている。僕はこの妄想に不断の燃料を加えて、いよいよますますそれを白熱化し絶えず溶岩を虚空に向かって奔出させる物凄いヴォルカノの姿にしてみたいと思っている。

書いている間に「浮浪人の法悦」などはいつの間にか姿を失って、どうやら「色狂人の法悦」になってしまったようである。そして指定の枚数も尽きたようである。筆による自己表現の欲望が近頃萌しかけていることはまず自分としてはいい傾向だと思う。自分はまたさらに題でも改めて色々な問題に向かって自分独自な考えを発表したいと思っている。この漫語はひとまずこれで切りあげよう。

（一九二一年五月二十九日）

ですぺら

辻潤

人は誰でもみんなめいめいになにかしら人生観を持っている、意識的にあるいは無意識的に。持たなければならないものではないが、みんな自然に持っている。人生はただ一ツ、それを見る眼は千差万別だ。そこで色々様々な人生がその色眼鏡に反映する。

各人が各自の人生の中に生きている。そして各自は他人の色眼鏡の反映に相互に影響され合う。時代によって色眼鏡の全体の色彩がちがってくる。色の配合と混合とは絶えず移り変わっている。

人はその各自の性格や、知能や、習性や、その他の色々から各自の個性を持つ、その色彩が薄ボンヤリしているのもあれば、強烈に光っているのもある。

みんな自分のかけている眼鏡が最上で正しいと考えているらしい。しかし、中には自分の眼鏡を信用せず、他人の眼鏡をも信用しない人間もいる。その信用しないというのも、彼の持つ一ツの人生観なのである。

この世は地獄で、どこか他の世界に極楽があると信じている人間、この世は今は地獄だが、今に天国が出現すると考える人間。現在は仮の世で、霊魂が肉体の牢獄に呻き苦しんでいると思う人間——数え立てれば際限がない、それらをまた一々各自にわけて分類し始めたなら、大変に厄介至極な話である。

うるさいのは自分のかけている色眼鏡をやたら他人に押し売りをしようとする奴だ。自分が考えて、信じているだけでは満足せずに他人にまでそれを押しつけようとする奴だ。

人はみんな自分の好き勝手な人生観を持つことが出来る、しかしそれを他人に押しつける権利はどこから考えてもありそうもない。しかし押しつけなければ人生観ではないように考えている奴に遇ってはやりきれない。己れが今彼奴とケンカをするからお前も一緒になってケンカをしろという奴程厄介な奴はない。

ケンカはケンカのしたい奴だけがすればいいのだ。

どんな長い小説を書こうがそれは勝手だ、十年かかっても読み切れない小説を書こうとそれは勝手だ。しかしその長い小説が世界で一番の大傑作だから、人間と生まれた者はみんなその小説を十年がかりで読破しなければならないなどといわれたらどうだろう。

読まないと死刑の宣告を下すなどといわれたらどうだろう。

六法全書をことごとくそらんじなければ国民の資格がないなどといわれたらどんなものだろう。

文芸とはなんぞや？――そんなことが気がかりになる奴は勝手に気にして、その原因なり発生的理屈なりなんなり考えるがいい、考えたい奴に考えさせておくがいい。変態性欲だといって解決していられるならそれでもいい。

なんのために小説や詩を造るのだ？

己れが芸術家だからだ、――それでもいい。

己れの気持ちをラブさんに知らせたいから小説に書くのだよ。

己れは詩人として天下に名声をはせて、自分の存在を明らかにしたいから詩を造るのだ。

実は楽に坐って金と名声とを両《ふた》つながら得たいから芸術家になったのだ。

それは御随意だ、動機が不純だともなんだとも私はいわないだろう。

小説を書いて女を惚れさせるのも一ツの立派な才能だ――ヘタクソな小説ではなかなかいい女は惚れやしない。

誰が金と名声とを欲しがらない奴がいるだろう。博士になって巨万の富を得て好きな熱を吹いていたら結構至極の御身分である。

タゴールでもメタリンクでもインヴァネスでも、みんなノーベル賞金をもらっている。——だから世界的な文豪なのだ。ホメロスの『イリヤス』、ゲエテの『ファウスト』、シェークスピアの『オムレツ』——はいずれも千古不朽のマスタアベーションだ。それらを読まない奴は以て文学を語るに足りない。

歌をつくるなら『万ニョウ集』——ことだまがさきわっているので読むのに恐ろしく骨が折れる——一体、字を覚えるだけで人生の半分暮らさなければ文学者になれない国などは随分と厄介なものだ。その他、色々と異人の言葉まで覚えさせられる——自分の国の文学だけじゃ駄目で、西洋人の物まで色々と研究しないとエライ文学者になれない。

写実主義、自然主義、ローマン派、ヒュウマン派、ソシャル派、ブルジョイ、プロレ、表現主義からタダ派などと、名前を覚えるだけでもウルサイ。自然主義の小説でもサンボリズムの詩でもローマン派のドラマでも階級意識に目覚めた文学でもなんでも、みんな各自が好きなようにやるがいい。しかし読むと読まないはコチラの勝手である。

私にはだがどうも今の日本で製造される文学が大半なくなっても別に苦にはならない。なにを読んでも面白くないのだから。

みんな相応に努力して書いているのにちがいない。おまえには書けまいといわれれば一言もない。私はもはやこれ以上に僕の小説などをつけ加える必要がないと思う。私はただ自分の勝手なことをいっているだけだ。私が読まないからといってそれらの文学の存在理由が消失するわけじゃない。私は誰が読まないまでも、物を書きたい時は書くだろう。

無意味な文学を並べてダダイズムだといって新しがりもしよう。だが、意味があるということは必ずしも価値のあるということにはならない。千年も前に腐れ果てたような意味を今さらながら繰り返したところで、別段値打があるわけじゃあるまい。

文芸は道楽じゃないといってしきりに真剣がる人もいるが、道楽がなにがわるいのか私にはわからない。なんによらずその道に溺れて夢中になるからこそ面白いのだ。イリュウジョンのある間が花だ。

文芸ばかりが道楽じゃない。政治だって宗教だって道楽だ、――みんな気狂い染みている。女に夢中になる奴はややもすると心中もしかねない、みんな道楽の結果だ。夢中になる物が存在している間は人間は生き甲斐を感じもするだろう。

みんな自分の好きな道楽に夢中になるがいい、惚れればアバタもエクボになる。好きな文芸がなにかしら高尚な精神的なものに思われたりするのは無理もない、――それで結構だ。側からとやかくいう必要はない。

みんな自分の書いた小説や詩が素バラしい傑作だと思っていればいい、――他の奴がなんといおうが問題じゃない。

自惚れが強い人間程おめでたく、その人は幸福だ。昔は自分が神の子で人類を救うために天降ったと信じた奴もいる。これなどは最大幸福人だ。まったく羨望に価する。酒だって煙草だって初めからうまいものじゃない、それに中毒するようにならなければその味はわからない。

中毒するのが恐ろしければ初めから小説や詩などは読まない方がよかろう。

酒や煙草だってのまなければならないものじゃない。しかしのんだからといって別にわるいものでもなかろう。

人間は各自好きずきな人生観を持ち、道楽を持つ、まるで道楽のない奴もいる。しかし金をためることを道楽にする奴もいる。

みんな自分の好きなように生きるがいい、――それ以外にはなんにもありはしない。

諸君は僕の人生観や文芸観に同意する必要は毫もない。

（一九二四年三月、日向宮崎にて）

中浜哲（なかはま・てつ　一八九七〜一九二六）

それがいかがいたしましたか？

栗原康

中浜哲は、一八九七年、北九州の門司うまれ。二〇歳で上京。勉学にはげもうとおもっていたのだが、徴兵にとられ軍隊へ。で、やっと二年の兵役をおえたとおもったら、一九一八年、運わるくシベリア出兵で除隊できない。ムカついた中浜は、反戦ビラをつくって、軍隊でまきまくった。憲兵につかまり、軍の監獄にぶちこまれる。

このとき、中浜は心の底から自由を欲した。軍隊じゃ、上からいわれるままに他人を殺し、ときに自分の命すらバンザイっていいながら捨てなくちゃいけない。おまえはお国のおかげで、天皇陛下のおかげで生きてこられたんだから、そうするのがあたりまえなんだといわれてね。それを拒否したら、おまえはつかえない、非国民っていわれて処分される。なにも考えずにひとを殺せ？　よりよき臣民になれ？　ちぇッ、ただの奴隷じゃねえか、こんちくしょう。

一九二〇年、中浜はようやく除隊。しばらく東京をフラフラしていると、この世界のしくみが軍隊とおなじってことがわかってきた。労働者は資本家にカネをもらっているから、コキつかわれるのはあたりまえ？　妻は夫に食わしてもらっているから、ご奉仕するのはあたりまえ？　できなきゃつかえないだの、恩知らずだの、もういわれほうだい。おまえだれのおかげで生きていられるとおもってんだよっていわれてね。がんばってたえていれば、よりよい将来がまっている？　よき市民になれ？　クソしてねやがれだ。そんなのただの奴隷じゃねえか。ああ、こんな世界おわってる。

そうおもっていたら、実家の兄が亡くなって、父もキトク。実家にもどると、年老いた母が家をついでほしそうだ。どうしたものか……。中浜は家を捨てて、放浪の旅にでることにきめた。どうせひとは死ぬのである。だったら家だの、カネだの、そんなものに縛られて生きているんじゃダメなんだ。よりよい将来のためにっていっていたら、一生、やりたいことなんてできやしない。よりよくなれはクソくらえ。いつだって、いま死ぬつもりで生きなきゃダメなんだ。

でも、いまだにおおくのひとがこの世界に縛られたまま生きている。自分だってちよくちょくカネにとらわれたりするくらいなんだから、そりゃそうさ。どうしたらいいか。そうおもっていたときに出会ったのが、埼玉で小作人問題にとりくんでいた古田大次郎だ（「いざ往かん焉！」は古田に贈った詩だ）。古田は、こうおもっていた。貧農たちはみんな、権力者ってのはとんでもなくすごいものなんだ、かれらに庇護してもらわなくちゃ生きていけないんだ、かれらにしたがわなくちゃいけないんだ、それが人生なんだ、将来なんだっておもっている。

でも、ほんとはそうじゃない。権力者なんてたいしたことないぞ。いま死ぬ気でうごいてみれば、たいていのことはなんとでもなる。それをわかりやすく世に知らしめよう。いまこの身を捨てて権力者をぶっ殺し、こんなやつら、いつでもだれでもぶったおせるぞってのをみせてやれ。この世界の象徴をぶっこわし、そこにとらわれている自分のこともぶっこわすんだ。刹那を喰らえ、テロルを生きろ。

ふたりはすぐに意気投合。ともに命を賭けよう、好兄弟《ハオ》。じゃあ、やるんだったらだれにしようか？　そりゃ天皇だろう。あいつ、オレは現人神《あらひとがみ》だとかいって、臣民を赤子のように庇護しているんだとか、だからおまえらなんでもしたがうのはあたりまえなんだとかっていっている。この世界の象徴だ。でも、大正天皇は病弱ですぐに死ぬから殺すにおよばず、やるなら息子のヒロヒトにしようということになった。

中浜は仲間をつのった。それこそ、労働運動で待遇を改善するとか、そういう回路すらもたない日雇労働者たちに声をかけていく。一九二二年八月、アジトにあつまったメンバーで、ギロチン社を名のった。ヒロヒトをギロチンにかけろって意味だ。まずは資金集めにと、はじめたのがリャク、掠奪《りやくだつ》の掠《りやく》である。会社まわりをして、ナイフやピストルをちらつかせ、カネをおどしとっていく。けっこうな額をぶんどったのだが、カネはすぐに消えちまった。酒と女郎屋で使っちまったからだ。そりゃ、いま死ぬつもりで生きているんだから、貯めるよりはつかっちまえだ。

そうこうしているうちに、東京ではリャクのやりすぎで官憲のマークがきびしくなった。一九二三年の夏ごろから、大阪に拠点をうつす。で、またリャクをやっては放蕩しちまって、資金が貯まんねえっていっていたら、九月、関東大震災。中浜と古田が慕っていたアナキスト、大杉栄が憲兵隊の甘粕正彦に虐殺されてしまった。だったらかたき討ちがてら、もういちど当初の理念にたちもどろうか。で、甘粕の弟を襲撃したが失敗。資金集めのために、古田が銀行強盗をするも失敗、誤って銀行員を刺殺してしまう。これでギロチン社のほとんどが逮捕。中浜と古田は逃げて朝鮮にわたり、爆弾入手をはかったが、カネがたりない。中浜は大阪にもどって、ふたたびリャクをやるも失敗し、逮捕された。その後、古田は自力で爆弾をつくり、大杉の仲間とともにかたき討ちをやろうとするが、これも失敗。しばらくして逮捕された。ふたりとも裁判にかけられ、処刑されてしまう。

中浜たちの行動はうまくいかなかった。でもだいじなのはそこじゃない。暗殺者としてつかえるかどうかなんて、どうでもいいんだから。よりよい将来のためにっていって、のぞんでもない生きかたをするのはもうやめよう。いまをめいっぱい生きるんだ。それをさせてもらえないのなら、こんな世界、自分の人生ごとふっとばしちまえばいい。やるならいいましかねえ、いつだっていましかねえ。自分の人生を爆破せよ。犬死上等、みんな鬼に喰われちまえだァ！

とまあ、そんなおもいがつたわってくる詩をいくつかえらんでみました。ちなみに、「杉よ！　眼の男よ！」は亡き大杉栄をおもってつくった詩だ。ご堪能あれ。

浜鉄独嘯

中浜哲

俺かい？
俺は『俺』だそうだ！
俺は『浜鉄』だそうだ！
俺は『中浜哲』だそうだ！
俺は『富岡誓』ってんだそうだ！
檀那寺の過去帳に転寝《ごろね》してるんだそう
だ！
村役場の戸籍面に欠伸してるんだそう
だ！
其筋の黒表の中を徘徊《ぶら》ついてるんだそう
だ！
ギロチンの前で跳躍ってるんだそうだ！
名前は面《つら》の符牒じゃねえか⁉
面は身体の符牒じゃねえか?!
身体は存在の幻影だ⁉
幻影は虚無だ?!
虚無は総有だ⁉
それが如何か致しましたか？
私は『富岡誓』ってんだそうです⁉

私は『中浜哲』ってんだそうです?!
私は『浜鉄』ってんだそうです⁉
私は『私』ってんだそうです?!

オヤジとオフクロとの悪血の塊です⁉
『セイ坊！』です?!
『誓チャン！』です⁉
『オイッ！』です⁉
『コラッ！』です⁉
『貴様ア！』です⁉
『上等兵ドノ！』であります⁉

『立ン坊！』だア⁉
『テツ公！』だア⁉
『ゴロツキ！』だア⁉
『鉄チャン』だア⁉
『奪還屋《りやくや》！』だア？
『浜鉄！』だア⁉
『此の野郎！』だア⁉

それが如何か致しましたか？

アヤツとコヤツとの苦い接吻です⁉
万年筆の月経です⁉
ペンネイムです⁉
バイメイです⁉
三文です⁉
蜂の頭です⁉
虫が喰います⁉
屁をチクハクにタレル積りです⁉
それが如何か致しましたか？

俺は俺だア！

ムムム――だア!
好し好し好し――
ハハハハハ――だア!
ハーマーテーツーだアよ!
それが如何か致しましたか?

――一九二五、一〇、三〇――

いざ往かん焉!——大さんに贐る

中浜哲

1

一千九百二十五年九月拾日——
東半球は黄昏れて行く
鉄の格子は経度か緯度か
四角の旻天は暮れて往く
俺は東方を凝視めて居た

黒い翼が舞い飛び込んだ
×××××××××——
噫矣!

俺の眼頭は炎に輝く
而も心裡は冷く涸れて
露は一滴も零れない
同志よ!
心の乾く秋、眼も亦共に乾くのか?

遣り居ったなア!
またしても——
苦笑—微苦笑—黒い微笑——

定めし君も今頃は
冷く宣告を頬張って
暖く温和しく味って居るこつだろう?!
嗚呼！　光の静重！
嗚呼！　是の清澄！
此の底に湧く相互扶助の泉！
悠々乎と溢れる革命《いずみ》の源泉！

2

大さん！
大さん！　大さん！
会ったかと憶えば両人は直ぐに
別れなければならなかったね！
待ち―待つ―待ち憔がれる
恰度許されない恋人の様に
漸く工面して再び逢えたかと憶えば事情は無情に獄吏よりも凄く、三度容赦なく俺達を離して了う――
『鉄君！無理をしないようにね！』
『ああ！では大さんも充分、身体に気を附けて待っててくれ！
屹度吉報を齎すからね！』
『ああ頼むよ！』
『…………』
『…………』
京城の夜――三月――
北面山から襲って来る
白い手の嵐の厳しい余寒も
若い焔を凍らすことは出来なかった
両人の握手は闇に燃えて居た

噫!!
あれが生別であろうとは!?
そうして死別になろうとは?!

3

『鉄君!』と呼ばるれば
『何んだ?大さん』と答える
『…………』
『大さん!』と呼べば
『何んだい?鉄君!』と――
『…………』

縦令言外の意味が他の誰にも
皆目解らなかったにせよ!
両人の間ではそれで充分だったね!
何時もそれ以上語る必要はなかったね!

夫れ以上語る言葉を
俺達は何も持ち合さなかったね!
君の『イエス』は俺の『イエス』
俺の『ノウ』は君の『ノウ』――

同志よ!
これ以上の信があるなら見せてくれ!
これ以上の愛があるなら聞かせてくれ!
俺達は『信』の兄弟だった!
俺達は『真』の愛人同志だったのだ!

同志よ!
信愛の深い聡明な
而も沈毅な勇敢な
同志以上の同志を有つということとは、
　革命家のハシクレの俺にとって

これ以上恵まれた特権が有ったろうか?!

両人が一緒に居る時は
何時でも頭から家を捨てて居た!
無論!無国境だ!
国籍なんか要らなかった!
畏らく両人の生命も
俺達の間には他人であった!

大杉が俺に言ったことがあったけ——
たった一人!
唯の一人でいいから——
真底から理解し合った同志を得たなら、
其の時こそ味のある運動を始めるこ
つだ!

屹度現れが見れるだろう!

応!
クロポトキンの同志
ステプニアクが言ったよう——
革命家は皆其の生涯の間に於て夫れ自
身は大した事でもない、何等かの事
情で革命の為めに進んで一身を献げ
るという誓を立てた尊い一瞬を持っ
て居るものだ!
その尊い瞬間の連鎖を
俺達両人が無言の裡に持って居ることを、
否定し得る天があるなら墜落ちて来
い!
お目にブラ下ったその上で何とか梟を着
けて遣るから!

××××××××××××!
畏らく女の膚の味を知らなかった!!
骨の髄からのニヒリストだった!!!

其の他に何も言う事は無い!!!

渠が×××××××遮られて
慈母の臨終にさえ間に会わなかった痛恨
　や
卒業間際に大学の課程を
惜し気もなく抛げ棄てた真情や
最愛の恋人?を失くした沈みや
等等等等を俺は今茲で
　一々数え挙げ度くは無い!
だが今俺の冷たい心裡の裏に
追憶は追憶を産み育み
追憶は又新しく追憶を生む!

4

兎に角
俺達は人間でありたかったのだ!
二足獣《にんげん》は闘わなければ生きられないか!?
人間なれば闘わなければ生きられまい
　か!?
俺の想念《おもい》は
ふと法廷の渦巻の中に漂う!

彼処の空気は息苦しい!
どうも俺には不向きのようだ!
総べてが四角の尊厳を強いる!
俺は四角が大嫌いだ!
桝に量られた空気なんか

俺達二足獣の飲料じゃねえ！
偉大なる法律よ！
活字の翼よ！その羽搏きよ！
偉大なる正義よ！
お前は神を追っかけてるのか？

俺は何しろ臆劫だった！
俺は二足獣を廃業したかった！
俺は四つん這いになって其処辺中跳ね廻
　って誰にでも咬みついてやりたかっ
た！

俺は思ったなア——
ナポレオンやカイザアみたいに
俺も減縮しちまったのかなア？
何故にバクウニンやクロポトキンみたい
に

伸長して飛び出せないのかなア？

所が如何だ?!
俺の心理は伸びも縮みもしちゃ居なかっ
た！
命運の骰子の目の転んで行くのを
冷く静かに眺めて居たのだ！
××××××裁き
××××××裁かれる——
必然の××××××××××捺される
　へイ有難うございました——か
　チェッ！畜生！覚えてろ！？
二つに一つだ！
其の他に何も得るものはねえ?!
二足獣の与り知る所じゃねえ?!
堪らねえ！

×××××××××××××××
×××××××××××
愚かしくも虫の好い考慮に耽ったことよ
——
時を得ずして咲こうとした花！
雷や氷や霰や雹のために枯れ萎んだ！
而もその昔は貿易風に送られて
総有人類の鼻口から心臓へ——肺臓へ
その心奥に眠って居る心眼を
必ず開かせずには措くまい！

足跡を辿る者よ！
後に至る者達よ！
国境を超えて世界を覆え！
時は来るのだア！
総ては秋だア！

だがそれが如何したア⁉
馬鹿なア！
成る様に為るのだア！
成る様に成るのだア！

灰色の壁に冷たく刻まれた俺自身の浮彫
——
偽らぬ俺の想念の反射を
今判乎とその映像の中に瞠た！

俺は自身に問うて見た——
××××××××××××
只、徒らな青春の客気がさせた
事とでも言うのか？
俺達の前に幾百千の人達が
×××××××××××××

事が？
否々！
×××××於て
×××××依って
今其の為めに此所に亡びようとも
些の悔ゆる所も無い筈だア！
だがそれにしても実に寂しい！
嗚呼！
此の寂寞は何処から湧くのか⁉
信ずることが厚ければそれだけ
其の信念は世に容れられるのが当然だ
ア！
と惟えるが事実は逆だア！
其の正反対だア！

信念の為めに闘う場合
迫害を加えらるればそれだけ
確信の核心は益々固く
動揺することは無いにしても
其の寂寥は口に表れ難いものだなア！
已むを得ない事実か⁉
事実か⁉　屈従か⁈
屈従か⁉　事実か⁉
現実だア！
正義だア！
理想だア！
自由だア！
悉皆《みんな》鬼に喰われっちまえだア！
だが
絶望は決して滅亡じゃないぞ！
極に至れば却って真箇の

積極的希望の一切を有つ！
鵠沼の家で吹雪の夜
両人は同じ枕に語ったね
『釈迦や老子や
スティルネルやトルストイの弟子達は
なんとかかんとか言った所で矢ッ張り
真如だとか　　虚無だとか
自我だとか　　無抵抗だとか
種々の亡魂を担ぎ廻ってるんだね?!
ちゃんちゃらお可笑いや！ふふふ』

『いいじゃないか!?
そんな事は彼奴等に委せとけば
口で誓ったって何になる?!
俺達は唯
俺達の仕事を遣りさえすれば

それでいいんだア！
あんな屁理窟は知らなくともいいよ！』
『然うだア！
全くだア！
それでいいんだア！

これでいいんだよ！
遣りさえすれば――

古い力、新しい力、相食む
××××××××燃ゆる！××××
××××××××+××××××××
××××××××××××××
真の民衆は必ずそれを記憶してるか？
××××必ずそれを知っているか？

真の民衆は旗色に頼って

共同戦線を崩壊しはしないか？
××××は虎視眈々と
特権の獲得にのみ腐心しないか？
裏切る指導者は居ないというか？
誤魔化される民衆も居ないというか？

信念実に明るく寂しい！
だが
寂寞の底に湧き漲る力は全く尊く強い
ぞ！
迸り出ずる真力の堆積！
これこそ××××一途か?!

見ろ！
黒土の上、霜に枯れる草
新芽は春に萌黄出ずる――
其の若草を迎える為めに

寧楽《なら》の都の嫩草山《わかくさやま》は
年に一度の焼き祭！
はっは、これやこれや！
××××来い！
闇も来い！　だア！

（未完）

立ン坊の叫

中浜哲

視察来

貧民窟！
どん底！
彼方から——此方から
何処からか持ち寄せて来た
『不幸』が
うず高く散らばっているのに
過ぎない——塵捨場のよう
にと、いうのかい？

社会学を科学として
存在の理由を証明する為に
研究室から街頭へ——
概念の煩悶から脱れる為に
下宿屋から木賃宿へ——
と、いうのかい？

チャンチャラお可笑いやい
角帽の若造めら——

なぜ、手めえらは
そんなに無駄骨を折りたが
るのかい？

あの、コンクリの化石から
集って来た
木偶の坊よ！
そんな、ひからびた概念の
化け物で
生血の滴る此方徒等の社会
が、解ってたまるかい。
腕だよ！
力だよ！
動いてるんだぜ――絶えず
流転の世の中だぜ。
食わにゃ死ぬんだぜ。
せっぱ詰った師走の暮に、
姐さん！　尻馬に乗って、
目白から、素見しに来たの

かい？
御苦労だなあ――。
気に入った若けえのが見つ
かったかい？
何！
貧乏を覗きに来たって？
それや、耳寄りだ。
素通りしたって分るものじ
ゃねえや、
まあ、寄って行きな。
安い授業料だ、
俺らとカシワで寝ろよ。
貧乏の伝授は
一晩泊って、二貫三百だ
よ――たった。

運命じゃねえ

佐世保から——北九州から
呉から、
神戸——大阪——舞鶴から
名古屋、横須賀、浜からさえ
職にアブレの大流れが来る
朝鮮から来る、
支那からも渡って来る。

大島製鋼所の戦！
三田土——芝浦——石川島
の戦からも落ちて来る。
来春は、
砲兵工廠のお払箱が来る。
又、再来年は？

斯うした流れの数万余騎。
職にアブレて人市に立てど
やはりアブレで、
おでんが一串——
塵函に震えて寝る——
餓死！
凍死！

旨く釣られて
雪国の監獄部屋か
砂金に担がれて
荒波の海賊の手下か。

湯銭が上がろが下がろうが、
十日に一度行けるじゃなし、
芝居の見料が高かろうが
安かろうが、

警視庁の地下室から
帝劇を眺めるのが落ちだい
銀行が取付に会おうが——
勝手にしやがれ！

だが、兄弟！
これや、俺達の運命じゃ
ねえんだぞ——。
力が不足なのだい。力が！
結ぼうぜ、兄弟！
起とうぜ、兄弟！

杉よ！　眼の男よ！

中浜哲

『杉よ！
　眼の男よ！』と
俺は今、骸骨の前に起って呼びかける。
彼は黙っている。
彼は俺を見て、ニヤリ、ニタリと苦笑して
いる。
太い白眼の底一ぱいに、黒い熱涙を漂わ
して時々、海光のキラメキを放って俺の
顔を射る。
『何んだか長生きの出来そうにない
　輪劃の顔だなあ』
『それや――君
　――君だって――
　そう見えるぜ』
『それで結構、
三十までは生き度くないんだから』
『そんなら――僕は
　――僕は君より、もう長生きしてるじゃ
ないか、ヒッ、ヒッ、ヒッ』

ニヤリ、ニタリ、ニヤリと、
白眼が睨む。

『しまった！
　やられた！』

逃げようと考えて俯向いたが
『何糞ッ』と、
今一度、見上ぐれば
これは又、食いつき度い程
あわれをしのばせ
微笑まねど
惹き付けて離さぬ
彼の眼の底の力。

慈愛の眼、情熱の眼、
沈毅の眼、果断の眼、
全てが闘争の大器に盛られた
信念の眼。

眼だ！光明だ！
固い信念の結晶だ、
強い放射線の輝きだ。
無論、烈しい熱が伴い湧く。
俺は眼光を畏れ、敬い尊ぶ。

彼に、
イロが出来たと聞く毎に
『またか！
　アノ眼に参ったな』

女の魂を攫む眼、
より以上に男を迷わした眼の持主、

『杉よ！
　眼の男よ！』

彼の眼光は太陽だ。
暖かくいつくしみて花を咲かす春の光、
燃え焦がし爛らす夏の輝き、
寂寥と悲哀とを抱き
脱がれて汚れを濯ぐ秋の照り、
万物を同色に化す冬の明り、
彼の眼は
太陽だった。
遊星は為に吸いつけられた。

日本一の眼！
世界に稀れな眼！
彼の肉体が最後の一線に臨んだ刹那にも、
彼は瞑らなかった。
彼の死には『瞑目』がない。
太陽だもの
永劫に眠らない。

逝く者は、あの通りだ——
そして
人間が人間を裁断する、
それは
自然に叛逆することだ。
怖ろしい物凄いことだ。
寂しい悲しい想いだ。
何が生れるか知ら？

凄愴と哀愁とは隣人ではない。
煩悶が、
その純真な処女性を
いろいろの強権のために蹂躙されて孕み、

それでも月満ちてか、何も知らずに、
濁ったこの世に飛び出して来た
父無し双生児だ。

孤独の皿に盛られた
黒光りする血精に招かれて、
若人の血は沸ぎる、沸ぎる。
醱酵すれば何物をも破る。
死を賭しての行為に出会えば、
俺は、何時でも
無条件に、頭を下げる。

親友、平公高尾はやられ、
畏友、武郎有島は自ら去る。
今又、
知己、先輩の

『杉』を失う――噫!
『俺』は生きてる。

――やる?
――やられる?
――自殺する?
自殺する為に生れて来たのか。
やられる為に生きているのか。
病死する前に――
やられる先手に――

瞬間の自由!
刹那の歓喜!
それこそ黒い微笑、
二足の獣の誇り、
生の賜。

『杉よ！
眼の男！
更生の霊よ！』
大地は黒く汝のために香る。
――一九二三・一一・一〇――

金子文子（かねこ・ふみこ　一九〇三〜一九二六）
朴烈（パク・ヨル　一九〇二〜一九七四）

栗原康

テメエの不逞を武器にしろ

金子文子は横浜うまれ。ド貧乏。両親は籍をいれておらず、文子も出生届がだされていない、無籍者だ。お父さんはお母さんの妹とデキて、でていってしまい、お母さんはたびたびあたらしい男をつくるが、どれもクソ野郎。文子はろくにメシも食わしてもらえないし、せっかくお母さんが稼いできても、男に学費をつかいこまれて、しかも無籍者でカネもはらわないからってんで、学校でも先生に差別された。ひどい。その後、父方のおばあちゃんにひきとられ、朝鮮忠清北道の芙江にいくのだが、ここでまた奴隷みたいなあつかいをうける。やさしくしてくれたのは、おなじくひどい目にあっていた朝鮮人の一家だけ。文子はいちど自殺でもしようとおもったのだが、ハッとわれにかえってひきかえした。どうせ死ぬんだったら、すでに死んでいるっておもって、死ぬ気で、この腐った社会に復讐をしてやろうと。魔界転生だ。

その後、おばあちゃんからこんなやついらねえっていわれて日本にかえされ、浜松にいた父にひきとられるが、その父にすすめられた縁談をことわったら、「この畜生め！　ばいため！」っていわれてブッたたかれた。もうこうなったらと、父の反対をおしきり、ひとり東京にでる。で、新聞屋とか、露天商とか、社会主義おでんのお店とか、いろんな仕事を転々としながら勉強をつづけているうちに、アナキスト、ニヒリストの友人ができていく。そんななか、ホレちまったのが朴烈だ。

朴烈は、朝鮮慶尚北道聞慶郡麻城面のうまれ。もともと親は地主だったが没落し、小作人に。朴烈はひっしに勉強をして、官立の京城高等学校にはいったが、一九一九年、三・一独立運動がおこり、これにビリッビリきてしまう。なかまといっしょに新聞をつくり、檄文をまいた。その後も、こうしちゃいられない、革命だァとおもいたち、高校をやめて東京にやってくる。新聞配達や製ビン工場の職工なんかをやって食いしのぎ、おなじ志をもった仲間たちと交流をしていく。一九二一年には、義拳団に加入。親日分子に鉄拳をくらわしてやれっていう団体だ。押忍！

そんでだ。一九二二年、文子とであい、四月から同棲しはじめる。七月にはふたりで雑誌『黒濤』をだしている。じつはその前年、朴烈は日本にいた朝鮮人アナキスト、社会主義者たちとともに黒濤会ってのをたちあげていて、日本帝国主義をぶっつぶしてやるぜっていっていたのだが、そのおもいを日本人にもしらせていこうということで、文子とこの雑誌をだすことにした。でも、黒濤会がアナ・ボル論争の余波をうけて、やいやい対立がおこるようになり、機能しなくなってしまったので、朴烈はそこからはなれて、もっと素で日本に敵対心をむきだしにしているゴロツキたちとつるもうとおもう。それでたちあげたのが、不逞社だ。雑誌『太《ふて》い鮮人』ってのもだしている。でも、それでよっしゃ爆弾をゲットして、皇太子ヒロヒトでもふっとばしてやるかとおもっていたら、一九二三年九月一日、関東大震災だ。三日には、保護拘束っていう名目で、文子も朴烈もパクられてしまう。そこでとりしらべをうけているうちに計画が発覚。さいしょ、ふたりは爆発物取締罰則違反で起訴されていたが、一九二五年五月には、大逆罪もくわえて追起訴。本書でとりあげた文子の文章は、このときの尋問調書だ（ラストの朴準植は朴烈の本名）。読んでもらうと、なんでふたりがヒロヒトを殺ろうとしたのか、そして文子の思想がどんなものだったのかがよくわかるんじゃないかとおもう。あっ、そうそう。ふたつ目の訊問調書が「第一回」となっているのは、追起訴されてから一回目ということだ。よろしく。

さて、一九二六年三月二五日、ふたりに死刑判決。でも四月五日、天皇の慈悲とかいわれて恩赦がくだり、無期懲役になった。朴烈はいちど恩赦を拒否したものの、のちにうけいれ、戦後まで生きのびている。でも、それじゃなっとくいかなかったのが文子のほうだ。天皇のご慈悲だ？　ふざけんじゃねえぞ、あたしゃそんなもんうけい

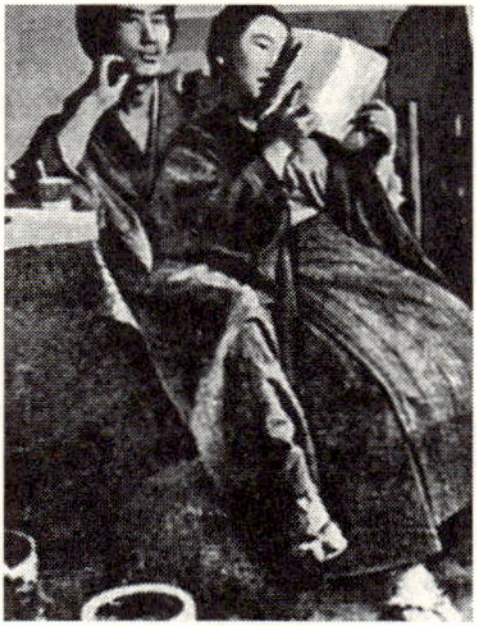
朴烈と金子文子

れやしないよと啖呵をきって、その場で恩赦状をやぶりすて、さいごは抗議の意志をこめて、獄中で首つり自殺をしてしまった。享年二三歳。なむあみだぶつ！

そうそう、あとさ、朴烈の文章なんだが、どうだろう。わたしなんかはもうタイトルだけでもシビれてしまう。「働かずにどんどん食い倒す論」。ウヒョオ！　サイコーだね。しかも当時、日本にはむかう朝鮮人は不逞鮮人とよばれていて、おまえらゴロツキなんだよと差別されていたわけだが、じゃあじゃあといって、朴烈はみずから不逞社を名のったわけさ。ゴロツキ上等、不逞好し。ひらきなおってなんでもやってやれってね。しかも、だした雑誌の名前が『太い鮮人』。不逞じゃねえよ、太えだよ。チャッハハ！　そんなネーミングセンスもふくめて、ぜひ朴烈の文章をご覧いただけたらとおもう。あっ、ちなみに[redacted]は官憲による黒塗りです。どうぞ！

働かずにどんどん食い倒す論

朴烈

一部の露西亜風に吹かれた社会主義者や労働者が、『働かざるものは食うべからず』と云うモットーを使い出したら、近頃は猫も杓子も例の福田狂二も是をソット拝借する様になって来た。

併し彼等が如何に働かずに食い倒すものの多い現在の社会に向って『働かざる者は食うべからず』と、云って悲鳴を上げても、現在の資本主義社会の文明を支えて居る労働を止めない限り、働かずに食うものの種は、決して今の世の中から尽きないだろう。現に是を熱心に主張して居る社会主義者、労働者の中や、是の標語の本元たる、ロシアのボルセヴィキの中にさえ斯う云う部類が少くないではないか?

今の世の中に於て貧乏人の一人が労働に従事すれば、それだけ資本家共の懐は肥え、又其れ丈嫌やな現社会の命は延びるのだ。

であるから貧乏人が今の社会で働くことは、彼の資本家共に完全に征服されて居ることを意味すると共に、又貧乏人にとって此の上も無い強い恥辱であると云うべきだ。

又今の世の中にゴロツキや喰い倒しものが一人殖えれば、其れ丈今の社会は腐敗したことになり、又其れ丈今の社会の礎は傾いたことになるのだ。[redacted]労働者は現社会の文明を其の手に依って支えて居ることを誇る前に、先ず自らを恥じねばならぬ。[redacted]一日も早く其の従事して居る労働から離れて、片ッ端から働かずに食い倒して行くべきだ、単に其れ丈でも現在の社会で働いて強慾飽くなき資本家共の腹を肥すことよりはましだ。[redacted]又『働かざるものは喰うべからず』と云う標語がよし真理であるにしても、万人周知の彼のゴロツキ福田狂二迄が此のモットーを染め抜いた絆纏を着て何の彼のと囀えずり廻るに至っては、イヤハヤドウモ世の中も変れば変ったものだ。ブルジュアは藝者を載せて自働車を飛ばす。猫は鼠を捕る、杓子は熱い釜の中へ出入りする、狂二は雑誌を担いで会社をノタクリ歩るく。此の調子で行ったら、今にセッチン虫（便所の虫）も『働かざるものは喰うべからず』とか何とか云いながら染抜きの絆纏を着用に及び空気銃でも担いでアマリ芳んばしくも無い糞の上を『進め』『進め』と号令しながら足並揃えてズンズン進むであろう。

朴　烈

右の者は確なる証拠に依り其の筋のスパイなりと認む以後御注意を乞う。

○年○月○日

日本労働協会

福　田　狂　二㊞

諸君！此の雑誌が諸君の手元に届く頃、或は斯うした活版刷りの端書が、諸君の後を追掛けるかも知れぬが、其の節はよろしく御注意を乞う。桑原桑原。

第十二回訊問調書

〔一九二四年五月一四日　市谷刑務所〕

金子文子（訊問書）

（冒頭省略）

一問　被告が朴と相談の上、金重漢に対して爆弾入手のことを頼んだのは、皇太子殿下のご結婚期にそれを使用する考えからであったとの前回の申し立ては相違ないか。

答　そうです。

二問　被告らが金翰に対して爆弾のことを頼んだのも、やはり殿下のご結婚期を期していたのではないか。

答　私は朴が金翰と連絡をとるために京城に行った頃には、その近い将来に坊ちゃんの御結婚式が挙げられるということを知っておりました。

その当時、坊ちゃんの結婚式の時日はしっかりきまっていなかったと記憶します。とにかくその近い将来に結婚式の行列の実現されることが予想されておりました。それゆえ私はその最も好い機会の行列にまでに爆弾を間に合わせるために、朴が京城に行ったのであったと記憶しております。

三問　朴が京城に出発するに際して被告は朴との間にご結婚式までに間に合わせることを協議したか。

答　私は朴とご成婚御式の際には坊ちゃんに爆弾を献上しようということで始終、話し合っておりました。それが朴の京城に出発する以前のことであったか、以後のことであったか、ただいましかと記憶しておりませぬ。とにかく私は朴が京城に出発する頃から、御結婚式に爆弾を使用することが一番好いと思っておりましたので、朴も金翰に対してはそれまでに爆弾を間に合わしてくれるようにといったはずだと思っております。

四問　朴は京城から帰って後、被告に対して金翰との間にお式までに爆弾を間に合わすように協議して来たと告げたか。

答　私は朴からそのような話があったとは聞いておりませぬ。朴は京城から帰って来てから、私にいよいよ金翰から爆弾を分けてもらうようにして来たと申しただけでありました。

五問　それでは朴が京城から帰ったという大正十年暮頃より、金相玉事件のために金翰から爆弾を入手することができなくなったという、大正十二年春頃迄の間に被告は朴と金翰から爆弾が来た以上はそれをお式の時に使用することを協議したか。

答　私と朴との間には御結婚式にそれを使用しようという話は幾度もありましたが、それがその頃のことであったか、どうであったかどうもしっかりとした記憶が残っておりませぬ。

六問　金重漢との関係についての時はどうか。

答　その時には明らかに私と朴との間に行列に使うという話がありました。

七問　その爆弾を誰れに投げるというのか。

答　つまり坊ちゃん一匹をやっつければよいのであります。

天皇をやっても好いのでありますが、行列の機会が少ないのと天皇は病人ですから、坊ちゃんをやるのとは宣伝価値が違って甲斐がありませぬ。それで坊ちゃんを狙ったのです。

八問　爆弾入手の上はそれを誰が投げるはずであったか。

答　むろん私も朴もそれを投げるはずでありましたが、そのほか同志の新山や崔圭悰、山本勝之にもそれを頼む心算でありました。

それは新山と山本とはかねて肺病に悩んで死を覚悟しており、崔は煽られればどんな直接行動でもする人でありますから、私と朴とはこの三人を使って私らが爆弾を投げると同時に、議会や三越、警視庁、宮城等に手を分けて爆弾を投げてもらう心算でありました。

もっとも新山については新山が金重漢と恋愛的関係に陥った頃から、私らは新山の性格がこの種の直接行動をすることに適していないことを感じましたので、その以後は同人を使う計画を捨てました。

九問　被告は皇太子殿下に爆弾を投げることを唯一の目的としていたのか。

答　つまり坊ちゃん一人に爆弾を投げれば好いのでありますが、もしできるなら坊ちゃんと一緒に、大臣等の政治の実権者もやっつけたいと思っておりました。

もっとも爆弾を手に入れてからその機会を狙ってまごまごしていたため、お役人につかまってしまえば、それこそ今の私の身の上のように馬鹿を見ますから、どうしても機会がなかったら今度は宣伝方面に着目して、メーデー祭の時とか議会の開会式のような時にその爆弾を投げようと考えておりました。

一〇問　朴も被告と同じように主として殿下に爆弾を投げる心算でいたのか。

答　そうであります。

一一問　被告はなぜ皇太子殿下にそのような危害を加えようとしたのか。

答　私はかねて人間の平等ということを深く考えております。人間は人間として平等であらねばなりませぬ。そこには馬鹿もなければ、利口もない。強者もなければ、弱者もない。地上における自然的存在たる人間としての価値からいえば、すべての人間は完全に平等であり、したがってすべての人間は人間であるという、ただ一つの資格によって人間としての生活の権利を完全に、かつ平等に享受すべきはずのものであると信じております。

具体的にいえば、人間によってかつて為された、為されつつある、また為されるであろうところの行動のすべては、完全に人間という基礎の上に立っての行為である。したがって自然的存在たる基礎の上に立つこれらの、地上における人間によって為されたる行動のことごとくは、人間であるというただ一つの資格によって一様に平等に人間的行動として承認さるべきはずのものであると思います。しかしこの自然的な行為、この自然的の存在自体が、いかに人為的な法律の名の下に拒否され、左右されつつあるか。本来平等であるべき人間が現実社会にあってはいかにその位置が不平等であるか。私はこの不平等を呪うのであります。私はつい二、三年前まではいわゆる第一階級の高貴の人々を、いわゆる平民とはどこかに違った形と質とを備えている特殊の人種のように考えておりました。ところが新聞で写真等を見てもいわゆる高貴のお方は少しも平民と変らせられぬ。お目が二つあってお口が一つあって歩く役目をする足でも動く手でも少しも不足する処はないらしい。

いやそのようなものの不足する畸形児《ママ》はそうした階級には絶対にないことと考えていました。

この心持つまり皇室階級とし《ママ》聞けば、そこには侵すべからざる高貴なある者の存在を直感的に連想せしむるところの心持が、恐らく一般民衆の心に根づけられているのでありましょう。語をかえていえば日本の国家とか君主とかはわずかにこの民衆の心持の命脈の上に繋がりかかっているのであります。

もともと国家とか社会とか民族とかまたは君主とかいうものは、一つの概念に過ぎない。ところがこの概念の君主に尊厳と権力と神聖とを付与せんがために、ねじ上げたところの代表的なるものは、この日本に現在行われているところの神授君権説であります。いやしくも日本の土地に生まれた者は小学生ですらこの概念を植つけられているごとくに、天皇をもって神の子孫であるとか、あるいは君権は神の命令によって授けられたものであるとか、もしくは天皇は神の意志を実現せんがために国権を握る者であるとか、したがって国法はすなわち神の意志である、とかいう観念を愚直なる民衆に印象づけるために、架空《かくう》的に捏造《ねつぞう》した伝説に根拠して、鏡だとか刀だとか玉だとかいうものを神の授けたものとして祭り上げてしかつめらしい礼拝を捧げて、完全に一般民衆を欺瞞している。こうした荒唐無《こうとうむ》稽《けい》な伝説に包まれて、眩惑されている憫《あわ》れなる民衆は、国家や天皇をまたなく尊い神様と心得ているが、もしも天皇が神様自身であり神様の子孫であり、日本の民衆がこの神様の保護の下、歴代の神様たる天皇の霊の下に存在しているものとしたなら、戦争の折に日本の兵士は一人も死なざるべく、日本の飛行機は一つも落ちないはずでありまして、神様のお膝元において昨年のような天災のために何万という忠良なる臣民が死なないはずであります。

　しかしこのあり得ないことがあり得たという動かすことのできぬ事実はすなわち神授君権説の仮定に過ぎないこと、これに根拠する伝説が空虚であることをあまりに明白に証明しているではありませぬか。全智全能の神の顕現であり神の意志を行うところの天皇が、現に地上に実在しているにかかわらず、その下における現社会の赤子の一部は、飢に泣き、炭坑に窒息し、機械に挟まれて惨めに死んで行くではありませぬか。この事実は取りも直さず天皇が実は一介《ママ》の肉の塊であり、いわゆる人民と全く同一であり、平等であるべきはずのものであることを証拠立てるにあまりに充分ではありませぬか。ね、お役人さんそうでしょう、日本は連綿として絶ゆることなき天皇を戴き、世界に比類なき国体であるこの国に生れ合わせたことは、人間として唯一の誇りであるから、それを発揚するために努力せねばならぬとは、小学校時代に私の教えられたところでありました。しかし一つの血統それは嘘か真かわかったものではないが、とにかく一つの系統の統治者を戴くということがそれほどにも大きな名誉でありましょうか。かつて私は海に沈んで魚の餌食となったという安徳天皇とやらはわずかに二歳で日本の統治者としての任を負っていたと聞いております。こうした無能な人間を統治者として祭り上げておくということが果して被統治者の誇りでありましょうか。むしろ万世一系の天皇とやらに形式上にもせよ統治権を与えて来たということは、日本の土地に生れた人間の最大恥辱であり、日本の民衆の無知を証明しているものであります。

天皇の現に呼吸しているそばで多くの人間が焼死したという昨年の惨事は、すなわち天皇が実は愚かな肉塊に過ぎないことを証明すると同時に、過去における民衆の愚かさお目出度さを嘲笑しているものであります。

学校教育は地上の自然的存在たる人間に教える最初において「ハタ」(旗)を説いて、まず国家的観念を植つけるべく努めております。等しく人間という基礎の上に立ってもろもろの行動もただそれが権力を擁護するものであるか否かの一事を標準として、すべての是非を振り分けられている。そしてその標準は人為的な法律であり道徳であります。

法律も道徳も社会の優勝者によりよく生活する道を教え、権力への服従をのみ説いている法律を掌《つかさど》る警察官はサーベルを下げて人間の行動を威嚇し、権力の塁を揺がす虞《おそれ》のある者をば、片っ端から縛り上げている。また裁判官という偉い役人は法律書を繰っては人間としての行動の上に勝手な断定を下し、人間の生活から隔離し、人間としての存在すらも否認して権力擁護の任に当っている。

かつて基督教が全盛であった時代には、その尊厳を保つためにその説くところの神の迷信的な奇蹟や因襲的な伝説の礎の揺がざることを虞れて、科学的な研究を禁止したと同様に国家の尊厳とか天皇の神聖とかが一場の夢であり、単なる錯覚にすぎないことを明かにする思想や言論に対しては力をもって之を圧迫する。

かくして自然の存在たるすべての人間の享受すべき地上の本来の生活は、よく権力へ奉仕する使命を完《まっと》うし得るものに対してのみ許されているのでありますから、地上は今や権力という悪魔に独占され、蹂躙されているのであります。

そうして地上の平等なる人間の生活を蹂躙している権力という悪魔の代表者は、天皇であり皇太子であります。私がこれまでお坊ちゃんを狙っていた理由はこの考えから出発しているのであります。

そうして地上の自然にして平等なる人間の生活を蹂躙している権力の代表者たる天皇、皇太子という土塊にも等しい肉塊に対して、彼らより欺瞞された憫れなる民衆は大袈裟《おおげさ》にも神聖にして侵すべからざるものとして至上の地位を与えてしまって搾取されている。そこで私は一般民衆に対して、神聖不可侵の権威として彼らに印象されているところの天皇、皇太子なる者が、実は空虚なる一塊の肉の塊であり、木偶に過ぎないことを明かに説明し、また天皇、皇太子は少数特権階級者が私腹を肥す目的の下に財源たる一般民衆を欺瞞するために繰っている一個の操人形であり愚な傀儡《かいらい》に過ぎないことを現に搾取されつつある一般民衆に明らかにし、またそれによって天皇に神格を付与している諸々の因襲的な伝統が純然たる架空的な迷信に過ぎないこと。したがって神国と迄見做《みな》されている日本の国家が実は少数特権階級者の私利を貪るために仮設した内容の空虚な機関に過ぎないことゆえに、己を犠牲にして国家のために尽すという日本の国是とまで見做されて讃美され鼓吹されている、かの忠君愛国なる思想は、実は彼らが私利を貪《むさぼ》るための方便として美しい形容詞をもって包んだところの己の利益のために他人の生命を犠牲にする一つの残忍なる欲望に過ぎないこと。したがってそれを無批判に承認することはすなわち少数特権階級の奴隷たることを承認するものであること等を警告し、そうして従来日本の人間たちの生きた信条としていた儒教に基礎を求めている他愛的な道徳、現に民衆の心を風靡《ふうび》しややもするとその行動をすらも律しがちな権力への隷属道徳等の観念が、実は純然たる仮定の上に現れた一つの錯覚であり、うつろなる幻影に過ぎないことを、人間に知らしめ、それによって人間は完全に自己のために行動すべきもの、宇宙の創造者はすなわち自己自身であること、したがってすべての「もの」は自分のために存在し、すべてのことは自分のためになされねばならぬこと等を民衆に自覚せしむるために私は坊ちゃんを狙っていたのであります。

私らはいずれ近いうちに爆弾を投擲《とうてき》することによって、地上に生を断とうと考えておりました。私が坊ちゃんを狙ったということの理由としてただいま申上げました、外界に対する宣伝方面、すなわち民衆に対する説明は、実は私はこの企、私の内省に稍々《やや》着色し光明を持たせたものに過ぎないのであって、取りも直さず自分に対する考えを他に延長したもので、私自身を対象とするそうした考えがすなわち今度の計画の根底であります。

私自身を対象とする考え、私のいわゆる虚無的思想についてはすでに前回詳しく申上げておきました。

私の計画を突き詰めて考えてみれば、消極的には私一己の生の否認であり、積極的には地上における権力の倒壊が窮極の目的であり、またこの計画自体の真髄《しんずい》でありました。

私が坊ちゃんを狙ったのはこうした理由であります。

一二問　被告の身体の都合はどうか。

答　身体の都合ですか。それはとっく前に済みました。

一三問　被告は改心してはどうか。

答　私は改悛せねばならぬようなことは断じてしておりませぬ。なるほど私の思想や行動、計画は他人の迷惑となるから悪だとも言えましょうが、しかしこれと同時にそれは私自身を利するものであります。自分の利のために計る事は決して悪ではなく、かえってそれは人間の本性であり、生きることの条件であります。もし自分のために計る事が悪であるとするなら、その責任は人間自体にある「生きること」にあります。私にとっては自分を利することはすなわち善であると同時に自分を不利にすることはすなわち悪であります。

しかし私は善なりと信ずるがゆえに計画を行って来たのではありませぬ。したいからして来たに過ぎないのであります。他人が悪なりとして善なりとしてどのように批難しようとも、自分の道をまげ得ないと同様にお役人が善なりとしてどのように私を煽《おだ》てて下さいましても、自分がなしたくなければ致しません。

私は今後もしたいことをして行きます。そのしたいことが何であるかを今から予定することはできませぬが、とにかく私の生命が地上にあらん限りは「今」という時における最も「したいこと」から「したいこと」を追うて行動するだけは確かであります。

第一回訊問調書

〔一九二五年七月一八日　市谷刑務所〕

金子文子（訊問書）

右被告人に対する刑法第七十三条の罪並びに爆発物取締罰則違犯被告事件については、大正十四年七月十八日市谷刑務所において、大審院特別権限に属する被告事件予審掛東京控訴院判事立松懐清は同裁判所書記奥山軍治立ち会いの上、右被告人に対し訊問を為すこと左のごとし。

一問　氏名は。

答　金子文子。

二問　年齢は。

答　お役人用は二十四年ですが、自分は二十二年と記憶しています。しかし本当のことをいえばどちらのことも信じていませぬ。また信ずる必要もありませぬ。年が幾つであろうと、私が今私自身の生活を生きて行くことには何の関係もありませんから。

三問　族称は。
答　神聖な平民です。
四問　職業は。
答　現にあるものをぶち壊すのが私の職業です。
五問　住居は。
答　東京監獄です。
六問　本籍は。
答　山梨県東山梨郡諏訪村杣口千二百三十六番地だそうです。
七問　出生地は。
答　横浜市だそうです。
八問　位記、勲章、従軍記章、年金、恩給または公職をもっているか。
答　そんなものをくれもしまいし、またくれても貰いま〔せ〕ぬ。
九問　刑罰に処せられたことがあるか。
答　近い将来において頂戴するでしょう。
一〇問　被告は被告らに対する管轄違いの決定謄本を読んだか。
答　読みました。
一一問　同決定謄本に記載されたる事実について間違いないか。

答　事実には間違いありませぬ。
一二問　その点につき検事総長はこの趣をもって被告及び朴準植を起訴し、大審院に対して予審を請求したが、意見があるか。
この時判事は予審請求書中起訴事実と題する部分を読み聞けたり。
答　意見弁解することはありませぬ。
一三問　当職は大審院長よりその予審を命ぜられたからその積りで。
答　異議ありませぬ。
一四問　被告が治安警察法違犯並爆発物取締罰則違犯被告事件につき東京地方裁判所の予審において申し述べたことは間違いないか。
答　間違いありませぬ。

被告人　金子文子

右読み聞けたるところ相違なき旨申し立てたるをもって署名拇印せしむ
大正十四年七月十八日
於市谷刑務所

東京控訴院
裁判所書記　奥山軍治
判事　立松懐清

第二章

石川三四郎（いしかわ・さんしろう　一八七六～一九五六）

栗原康

地はだれのもの？　土民起つ！

石川三四郎は、埼玉県本庄うまれ。上京し、東京法学院を卒業したあと、官吏試験と弁護士試験におちて、毎日、なにもせずにプラプラしていたところ、たまたまちかくに住んでいた堺利彦が、キミいいねっていって『万朝報《よろずちょうほう》』の記者にしてくれた。ラッキー！　この新聞社は、わりとリベラルな新聞で、幸徳秋水や内村鑑三なんかも、記者としてはたらいていたところだ。

一九〇三年、日露戦争をまえにして、社の方針が開戦支持にまわると、これに抗議して堺と幸徳が退社。これからは社会主義の立場から反戦をうったえていくぞといって、平民社をたちあげ、週刊『平民新聞』を創刊した。ふたりをおうように、石川も退社、これに合流し、ガンガン文章をかいていくようになった。でも、石川は社会主義者といっても幸徳や堺とはちがって、キリスト教の影響がつよく、帝国主義がどうこうとか、そういうはなしをするんじゃなくて、人道主義の立場から戦争はダメでしょうみたいなことをかいていた。まあ、それでも権力に弾圧されたりするんだけどね。そして、弾圧はさらにエスカレートし、一九一〇年、大逆事件で幸徳ら、仲間の社会主義者がヤラれてしまう。このとき、石川は別件でパクられていて、事件にまきこまれずにすんだのだが、こんなんじゃなにもできねえっておもい、一九一三年、日本脱出。あっ、一説によると、愛人関係にあった福田英子からのがれるためだったってのもあるんだけど、まあまあ、それはひとまずおいておこう。

まず、ブリュッセルにわたった石川は、なんどもなんども手紙をかいて、イギリスのミルソープにすんでいたカーペンターをたずねる。そのまま、イギリスにすみたかったが、なかなか定職がみつからない。いちどブリュッセルにもどって、カネもねえし、どうしたものかとおもっていたら、ポール・ルクリュとその夫人が、ユー、きちゃいなよっていって家にすまわせてくれた。ありがとう！　ポールは世界的に有名なアナキスト、エリゼ・ルクリュの甥っ子だ。

その後、ポールの友だちの紹介で、ペンキ職人としてはたらきはじめ、ひとりだちできるようになったのだが、ちょうどそのタイミングで第一次大戦がおこる。で、仕事が激減。にっちもさっちもいきやしない。石川は、フランスにもどっていたポールをたよった。たすけてくださいと。すると、ポールはこころよくうけいれてくれて、いっしょにドルドーニュ県のドムに住むことになった。石川は、夫人の介護をしたり、敷地内の畑をたがやしたりしていたそうだ。

その後、夫人の療養のためにモロッコまでつきそったりしているのだが、そろそろさすがにとおもって、一九二〇年秋に帰国。すぐに帝大新人会の講演会によばれて、はなしたのが本書に収録した「土民生活」だ。いわく、人間は地に生まれ、地をたがやし、地に還る。ただそれだけでいい。大地に根ざし、自然のみのりを活かすことができれば、それだけで自ずと生きていくことができる。だれにたよることなく、自分の力で、自分たちの力でね。地はだれのものでもない。地はわれわれそのものである。逆にいえば、ベンリでカイテキな文明生活をとかいって、電気、ガス、水道などのインフラに飼いならされてしまうと、それを整備してくれる国家なしでは生きていけなくなってしまうし、その国家に税をはらうためには、カネ、カネ、カネだ、カネのためにはなんでもいたしますといって、資本家に支配されてしまう。人間は地からはなれればはなれるほど、他人に支配されて生きざるをえない。どうしたらいいか？　三四郎はこういった。土民起つ、ヒャッホイ！

まあまあ、そんなことをいっていたら、しだいにとりまきができてきて、一九二七年には、アナキスト、望月百合子といっしょに、いまの世田谷あたりに土地と畑をかりてうつりすみ、共学社ってのをたちあげた。そこにあつまってきた連中と勉強会なんかをやりながら、雑誌『ディナミック』を創刊。一九三四年に休刊するまで、好きなことをかきまくった。その後は東洋史の研究に没頭する。でだ。一九四五年、ようやく敗戦をむかえると、石川は満をじして「無政府主義宣言」ってのをかくのだが、なんとね、そこには天皇擁護ってかいてあったんだ。「我ら全部が天皇を中心に和合して自治する」。ガーン!!! ジジイ、なにいってんスか……。まわりのアナキストたちはドンびきだ。どうも石川のじいさん、古事記を研究しているうちに、天皇が好きになっちまったらしい。うーん、石川らしいといえば、らしいだろうか……。三四郎!

土民生活

石川三四郎

一

今より丁度八年前、私が初めて旧友エドワアド・カアペンタア翁を英国シェフィールドの片田舎、ミルソープの山家に訪うた時私は翁の詩集『トワアド・デモクラシイ』に就いて翁と語ったことがある。そして其書名「デモクラシイ」の語が余りに俗悪にして本書の内容と些しも共鳴せぬのみならず、吾等の詩情にショックを与うること甚しきを訴えた。スルと其時、カ翁は「多くの友人から其批評を聞きます」と言いながら、書架より希臘《ギリシヤ》語辞典を引き出して其「デモス」の語を説明して呉れた。其説明によるとデモスとは土地につける民衆ということで、決して今日普通に用いらるる様な意味は無かった。今日の所謂「デモクラシイ」は亜米利加《アメリカ》人によりて悪用された用語で本来の意味は喪われて居る。ソコで私は今、此「デモス」の語を「土民」と訳し、「クラシイ」の語を「生活」と訳して、此論文の標題とした。即ち土民生活とは真の意味のデモクラシイということである。

人間は、自分を照す光明に背を向けて、常に自分の蔭を追うて前に進んで居る。固より其一生を終るまで、遂に其蔭を捉え得ない。之を進歩と言えば言えるが、又同時に退歩だとも言える。長成には死滅が伴う。門松は冥途の旅の一里塚に過ぎない。人間は、生きよう、生きよう、として死んで行く。人間は、平和を、平和を、と言いながら戦って居る。人間は、自由よ、自由よ、と叫びながら、囚われて行く。上へ、上へ、とばかり延びて行った果樹は、枝は栄え、葉は茂っても遂に実を結ばずして朽ち果てる。輪廻《りんね》の渦は果し無く繰返えす。エヴォリュションというも、輪廻の渦に現わるる一小波動に過ぎない。進化は常に退化を伴うものである。夜無しには昼を迎え得ない。日の次には夜が廻て来る。

二

人間は、輪廻の道を辿って果しなき旅路を急いで居る。自ら落着くべき故郷も無く、息うべき宿も無く、徒らに我慾の姿に憧憬《あこが》れて、あえぎ疲れて居る。旅の恥はかき棄てと唱えて、些かも省みる処なく、平気で不義、破廉恥を行う。今の世の総ての人は、悉く異郷の旅人である。我が本来の地、我が本来の生活、我が本来の職業、という如き思想は、之を今の世の人に求めても得られない。彼等の生活は悉く是れ異郷の旅に外ならぬ。総ての職務と地位とは腰掛けである。今の世の生活は不安の海に漂よう放浪生活に外ならぬ。放浪生活に事務の挙る訳が無い。教師も牧師も官吏も商人も百姓も大臣も、我が故郷を認め得ずして生涯旅の恥をかき棄てて居る。旅の恥をかかんが為に競い争うて居る。疲れ果てて地に倒れたる時、我蔭の消ゆると共に人は幻滅の悲哀に打たるるであろう。国家、社会が、幻滅の危機に遭遇したる時、乃ち○○○○○〔大変革が来る〕のである。

三

国民共同生活の安全と独立と自由とを維持する為に軍隊は造られたものである。其れが、隣国の同胞の共同生活の安全と独立と自由とを破壊する為に用いられる。個人と個人との間の、地方と地方との間の、国民と国民との間の、物資の有無を融通し、需要と供給とを調和する為に商業は行わるべきである。其れが、其有無の融通を妨害し、供給を壟断《ろうだん》する為に行われる。暴力の横行を防禦して人民の自由、平安を保護せんが為に設けられたる警察は、自ら暴力を用いて人民の平和的自由を妨圧する。人民の熱望と熟慮によりて選択せらるべき筈の代議士は、自ら詐欺、脅迫、誘惑の「選挙運動」を敢てして省みない。政府も、学校も、工場も、賭場も、女郎屋も、淫売屋も、教会も、寺院も、悉く是れ吾等自ら幻影を追うて建設したる造営物に過ぎない。かくて偉大なる近代的バベルの塔は科学と工学の智識を傾倒して築かれた。

四

人間は自ら建てたバベルの塔に攀《よ》じ登らん為に競い苦しむ。されど其塔は吾等自らの蔭である。幻影である。吾等疲れ果てて地上に倒るるの時、吾等自身の蔭も亦自ら消滅し去る。幻滅の悲劇とは即ち是れである。吾等は生れながらにして無明の慾を有って居る。身を養わんが為の食物を過度にして、吾等は却て其胃を毀《そこな》う。徳に伴うべき名声を希うて、吾等は却て吾が徳を損う。美に誇るより醜きものは無いであろう。無明の慾を追うて、吾等自身の蔭を追うて生きるものは、幻滅の悲劇を見ねばならぬ。抑《そもそ》も吾等は地の子である。吾等は地から離れ得ぬものである。地の回転と共に回転し、地の運行と共に太陽の周囲を運行し、又、太陽系其ものの運行と共に運行する。吾等の智慧は此地を耕やして得たるもので無くてはならぬ。吾等の幸福は此地を耕やすにあらねばならぬ。吾等の生活は地より出で、地を耕し、地に還える、是のみである。之を土民生活と言う。真の意味のデモクラシイである。地は吾等自身である。

五

地を離れて吾等如何にか活きん？　地を離れて吾等何処にか食を求めん？　地は吾等に与うべき総てを産む。私が仏国ドルドオニ県に土民生活を営んで居た時、私は一九一七年五月五日の日記に次の如く書いた。

「芽が生えた。昨夕まで地の面に一点の緑も見えなかったのに、今朝は翠《あお》い芽が一面に地からハジけ出て居る。右はアリコ（インゲン）左はポア（豌豆）何という勢いであろう！　意気天を突くというは、ホンとに今の彼等のことである」。

「芽が俄かに生えた。人が眠って居る間に、地面を突破して現われた。アの新鮮な大気を呼吸する前に！　種子は私が蒔いたのだ。インゲンには肥料をウンと置いてヤッた。二週間前に蒔いたのが今日生えたのだ。蒔いた私は芽の生えるのが待遠しかった。アの元気ある萠芽を見ると今更ら希望に充される」。

「昨日は馬鹿に暑かった。木も草も芽も種も枯れ果てるであろうと気づかわれた。種子は地下にあって定めしもがいたであろう。ケレども熱い日の夜には露が降りる。ソウだ、昨夜の露、アの無声の露が、地を潤おして、軟かにしてくれたので、稚《わか》い芽は自らを延ばし得たのだ」。

「昨日の日光の熱さは、実にタイラントの暴政の如く吾々を苦めた。柔かい種子も地下でモガイたに相違無い。然しアのタイラントは却って若い種に活動の元気を与えた。夜露の降りたのも、実はアのタイラントの御蔭である。昨日はアのタイラントの烈暑の為に枯れ果てるであろうと思われた種が、今朝は鬱勃たる希望に充ちて萠え出て居る。ミラクルの様だ。併し是れが自然だ」。

「種が無ければ芽は生えぬ、蒔いた種は時を得て生える。花を愛し実を希うものは、先ず種を蒔かねばならぬ。恐るべきタイラントも却て地層突破の動機たることを思えば、不幸の間にも希望がある。恐怖の間にも度胸が坐る。種を蒔く者は幸いだ」。

然り、種を蒔く者は幸福である。地は吾等に生活を与うべく、吾等に労作を要求する。地は吾等自身であることを忘れてはならぬ。

六

地は吾等に生活を与えるばかりで無く、吾等の心を美に育む。一九一七年四月廿六日の日記に、私は次の如く書いて居る。

「マルゲリトの小さな花が一面に咲いて居る。清らかな、純白な、野菊に似た無数のマルゲリトは、柔かい青芝生の広庭一面に、浮織の様に咲き揃うて居る。私は今、其自然の美しい生きた毛氈の上に身を横えて暫し息うて居る」。

「稚い緑りの草の葉は、時々微風に戦《そよ》いで幽《かす》かに私語《ささや》くことさえあるが、マルゲリトは何時も静かに深い沈黙に耽って居る。其小さな清らかな、謙遜な面を揚げて、高い大空と何かしら、無語の密話を交わして居る。空には一点の雲も無い。色彩を好む我々には頼りない程澄み渡って居る。彼の際涯無き大空に対して、アの細やかなマルゲリトは抑も何事を語るであろう」。

「マルゲリトの沈黙の深いこと！　彼女の面は太陽の光を受けて輝やいて居る。無数の姉妹が一斉に輝やいて居る。天の星が太陽の光に蔽われて居る間、彼等は地の星の如く光り輝いて居る。大空の深きが如く、彼等の沈黙の深いこと！　其美しい沈黙！　其美しい輝やき！　マルゲリトは地の子である。謙遜なる地の子である」。

七

コウした自然の中に、井を掘りて飲み、地を耕やして食う。人間の生活は其れにて充分である。其れが人生の総てである。人間は地と共に生きるの外に、何事をも為し得ぬものである。地の与うる美の外に、人間は些かの創作をも成し得ぬものである。吾等は地に依りてのみ天を知り、地によりてのみ智慧を得る。地独り吾等の教育者である。地独り真の芸術家である。地を耕すは、即ち地の教育を受くるに外ならぬ。地の養育を受くるに外ならぬ。而して地を耕すは、又、地の芸術に参与することである。然り地を耕すは、即ち吾等自身を耕す所以である。

八

社会の進歩、とは、社会と其個人とが、地の恩沢を正しく充分に享受すると言うことで無くてはならぬ。希臘《ギリシャ》は地の利を得て勃興した。而して希臘人が其地利を乱用して却て地を離れ地を忘れたる時、頽廃に帰した。強大なる羅馬《ローマ》帝国も、土臭を厭える貴族や富豪の重量の為に倒潰したのである。ヨリ多くの地をヨリ善く耕すことは吾等の名誉、吾等の幸福である。其れと同時に、自ら耕さざる地面を領有するのは、不名誉にして罪悪である。領土の大を誇る虚栄心は、即ち多くを耕すという名誉の幻影に過ぎない。

九

吾等が地に着き、地を耕すのは、是れ天地の輪廻に即する所以である。工業も、貿易も、政治も、教育も、地を耕す為に、地を耕す者の為に行わるべき筈のものである。吾等の理想の社会は、耕地事業を中心として、一切の産業、一切の政治、教育が施され、組織せられねばならぬ。換言すれば、土民生活を樹つるにある。若し土民生活者の眼を以て今日の社会を見んか、如何に多くの無益有害なる設備と組織とが大偉観を呈して存在するかが、分るであろう。そして其為に如何に多くの人間が無益有害なる生活を営むかが分るであろう。そして其為に如何に多くの有為の青年壮年が幻影を追うて生活するかが分るであろう。今や、世界を挙げて全人類は生活の改造を叫呼して居る。されど其多くは幻影を追うてバベルの塔を攀《よ》じ登るに過ぎない。ミラアジを追うて喧騒するに過ぎない。幻滅の夕、彼等が疲れ果てて地上に倒るるの時、地は静かに自ら回転しつつ太陽の周囲を廻って居る。そして謙遜なる土民の鍬と鎌とを借りて、地は彼等に平和と衣食住とを供するであろう。

十

然り、地の運行、ロタションとレボリュションの運行、是れ自然の大なる舞曲である。律呂《りつりょ》ある詩其ものである。楽其ものである。俗耳の聴く能わざる楽、俗眼の見る能わざる舞、俗情の了解し能わざる詩である。梢上に囀ずる小鳥の声も、渓谷を下る潺閑《せんかん》たる流も、山端に吹く松風の音も、浜辺に寄する女波男波のささやきも、即ち是れ地のオーケストラの一部奏に過ぎない。地は偉大なる芸術者である。

吾等は地の子、土民たることを光栄とする。吾等は日本歴史中「土民起る」の句に屢々遭遇する。又、世人革命を語るに必ず「蓆旗竹鎗」の語を用いる。蓆旗竹鎗は即ち土民のシムボルである。其「土民起る」の時、其蓆旗竹鎗の閃めく時、社会の改造は即ち地のレボリュションと共鳴する。幻影の上に建てられたるバベルの塔は其高さが或る程度に達したる時、地の回転運動の為に振り落されるのである。其幻滅のレボリュションは即ち地のドラマである。

十一

地のロタションは吾等に昼夜を与え、地のレボリュションは吾等に春夏秋冬を与える。此昼夜と春夏秋冬とに由りて、地は吾等に産業を与える。地の産業は同時に又地の芸術である。芸術と産業とは地に於ては一である。地の子、土民は、幻影を追うことを止めて地に着き地の真実に生きんことを希う。地の子、土民は、多く善く地を耕して人類の生活を豊かにせんことを希う。地の子、土民は、地の芸術に共鳴し共働して穢れざる美的生活を享楽せんことを希う。土民生活は真である、善である、美である。

八太舟三（はった・しゅうぞう　一八八六〜一九三四）

経済はいらない

栗原康

八太舟三は、三重県津市のうまれ。もともと神戸商業学校にかよっていたのだが、カネがなくて中退。下級船員としてはたらいて台湾へ。そのまま日本にはかえらず、郵便局ではたらきはじめる。このころプロテスタントになった。でも、すぐに郵便局長とケンカをして退職。ならばと、一九〇五年、東京にでて、明治学院普通部五年に編入した。翌年には高等部、一九〇八年には神学部にすすんだのだが、ここでも教員とケンカして大学を中退してしまう。しかしそれもキリスト教に熱心なため。八太は長老教会の神戸神学校にかよい、一九一二年に卒業した。

その後、八太は長老教会の牧師として、全国各地をまわっていく。一九二〇年には広島へ。いくぜ、実行伝道！　でも、このころはもう八太の関心は、この腐った世のなかをどう変えるのかということにあった。明治学院時代、寄宿舎でいっしょだった賀川豊彦をよんで、労働講座をひらいたりする。とうぜん保守的な信者からはガンガン、クレームがくるが、そんなことはおかまいなしだ。まなべばまなぶほど、八太はアナキズムにひかれていく。そうこうしているうちに一九二三年九月、大杉栄がぶっ殺された。チクショウ！　がまんができない。八太は教会で大杉栄の追悼会をひらいた。これで、なんか国賊の追悼をしている牧師がいるぞっていわれて、信者と町会のみんなから総スカン。教会からおわれることになった。チクショウ！　こうなったら、もうなんだってやってやる。オレはこれからの人生すべてをアナキズムにかけるんだ、実行伝道！　八太はそういって妻とわかれ、ひとり東京にむかった。いくぜ、アナキズム！

東京にでてきた八太は、純正アナキズムの理論家になっていく。純粋にアナキズムだけでいくぞってことだ。だれにもなんにも支配されない。自分のことは自分でやる、自分たちでやる。食っていくために、わるいやつと闘うために、必要におうじてつるめるやつらとつるんでいく。自由連合だ。でも、それでいくためにはマルクス主義の「階級闘争」じゃダメだ。だって、にっくきブルジョアをたおして、プロレタリアが権力をにぎったとしても、あたらしい権力ができるだけなんだから。

じゃあ、サンディカリズムみたいに、ブルジョアをたおしたら、議会にも政党にもたよらずに、労働組合の力で経済をコントロールしようとすればいいのか？　それが労働者の解放は労働者自身の手でってことなのか。あっ、いちおういっておくと「サンディカ」ってのはフランス語で労働組合のこと、「サンディカリズム」は労働組合主義のことだ。でもね、八太はそれじゃダメなんだという。ちゃんと経済をまわさなきゃっていっていたら、けっきょく、ひとはカネがなけりゃ生きていけないっておもわされてしまうし、ひとのよしあしがカネではかりにかけられてしまう。ちゃんとはたらけ？　カネかせげ？　できなきゃ、おまえクズやろう？　クズはみんなのめいわく、つまみだせ？　いつもみはっているぞ？　とりしまれ？　とりしまれ？　みんなの力でとりしまれ？　警察みたいだ。経済は尺度のポリスである。だから、アナキストはこうよびかける。経済はいらない。Fuck the Police!

さいごに、ちょっといっておきたいのは、八太がいっていることはわかるんだけど、そうはいっても、純粋なアナキズムにこだわっていちゃダメなんだということだ。たとえアナキズムのためだとしても、そのただしいことのためにひとをしたがわせようとしたら、それはもう支配である。アナキズムでもなんでもない。こいつまだカネにとらわれた生活をしているぞ、サンディカリストなんじゃないのか、ほらシバいてやれとかいっていたらキリがないし、そんなにいきぐるしいことはないだろう。アナキズムの倫理をまもれ？　不純分子を排除しろ？　アナルコ・ポリスの誕生だ、ドヒャア！　じっさい、八太のおかげで、アナキズムとサンディカリズムのちがいははっきりしたのだけれど、そのかわり血みどろの内ゲバがくりかえされることになってしまった。教訓だ。アナルコ・ポリスはクソくらえ。経済はいらない。Fuck the Police!

※編註　「階級闘争説の誤謬」はページ数の関係で抄録版です。

階級闘争説の誤謬——増補『サンジカリズムの検討』（抄）

八太舟三

序論

労働組合には一面労働者の利益擁護を目的として組織せられたるものと、他面共産主義の手段となって働くべく組織せられたるものとの二種あるのであるが、その何れにも属しないで、資本主義と真向から戦うことを主義としたるものが自由聯合主義の組合であったのである。

然《しか》るに、自由聯合主義をサンジカリズムと同一であると考えた人があったために、自由聯合主義が漸く曖昧《あいまい》なものとなり、一方には改良主義へ傾いて行く連中と他方には弁証法へ走る奴輩とが出でて、一時は非常な混乱を来たしたのである。然《しか》るに今以って自由聯合主義とサンジカリズムとを同一であると考えている人があり、サンジカリズムとアナルキズムとが一身同体であると思っている人も尠《すくな》くないので、茲《ここ》にサンジカリズムに対して検討を加えねばならないのである。

一 サンジカリズムとアナルキズムの相違

スチルネル一派の哲学的無政府主義とゴドウィンの政治学的無政府主義の外に、労働運動の勃《ぼつ》興に結びついて興起したアナルキズムに集産主義的アナルキズムがあった。これはプルードンとバクーニンのアナルキズムである。共に階級闘争を主眼として、一般社会主義と方式を一にしていたものである。即ち第一インターナショナルの精神と帰一したアナルキズムであった。唯それがアナルキズムとしての真の特徴を発揮したのは、それが徹底的に中央集権と強権とを否定して、自由聯合組織を高調した点にあった。然し彼等は一時はマルクスとも提携したことすらあったほどであるから、彼等の思想と方式とには社会主義乃至はマルクス主義と共通した点も相当にあった。階級闘争と労働価値説とは即ちそれである。従って、アナルキズムとしては相当欠点のあったものである。この第一インターナショナル式アナルキズムの欠点を全然除去したのがクロポトキンであって、彼は猛烈に労働価値説に反対をした。若し労働価値説を採り、階級闘争説を採るならば、それは当然マルキシズムに陥らざるを得ないのである。何故なれば、労働価値説と階級闘争説の最も発達した、最も精巧なものはマルキシズムだからである。アナルキズムが労働価値説と階級闘争説とを採り入れるならば、それは早晩マルキシズムになってしまうのである。第一インターナショナル当時はアナルキズムとマルキシズムとが同じ店先きで開店したような趣きがあった。アナルキズムが此の一大危機から救われたのは実にクロポトキンのお蔭であって、若《も》しクロポトキンが出でなかったならば、思想の上に於《お》いても行動の上に於ても、アナルキズムはマルキシズムに克服されてしまったであろう。然るに、この第一インターナショナル式のアナルキズムを復興せしめようとし、而かも、アナルキズムを標榜せず、無思想、無哲学を標榜して立ったのが、サンジカリズムであって、これはマルキシズムの面前には最も無力な主張であり、アナルキズムの強味を捨ててしまった主義である。

アナルキズムはクロポトキンを通して一大転回をなした。クロポトキンは、プルードン、バクーニンの労働価値説を捨ててしまった。そして地方分産制度（分業否定、消費基本）を提唱した。これが真のアナルキズムである。然るにサンジカリズムはプルードンまで逆行して行った。これは必ずマルキシズムに克服さるべき運命のものである。果せる哉《かな》、サンジカリストから多くのマルキシャンと改良的漸進主義者が出たではないか。

サンジカリストは労働価値説を採る（労働価値説を捨てればサンジカリズムは無意義となる）サンジカリストは階級闘争説を採る（階級闘争説はマルクスのが最も完全なるものである）サンジカリストは労働者農民の社会管理を主張する。（労働者農民

の社会管理はソヴィエット主義である）

以上の三点がサンジカリズムとアナルキズムとの相違を劃する要点である。而して、以上の三点はマルキシズムに於て初めて完成するところのものである。故に真のアナキストの断乎として否定するところのものである。

これより更に精細にサンジカリズムを検討しよう。

（※編註「二　サンジカリズムの歴史的意義（A）」「三　サンジカリズムの歴史的意義（B）」「四　サンジカリズムの思想的意義（A）」「五　サンジカリズムの思想的意義（B）」約十一ページ分を中略）

六　階級闘争批判

サンジカリズムが階級闘争説を根拠としている点に於てマルキシズムと結び合っていることは前に述べたる通りである。この点に就いて厳密なる論断を下すに先だちて吾人は階級闘争説を批判する必要がある。

先ず第一に階級闘争説の根拠と出所とを確めねばならない。抑々階級闘争説に謂う所の階級とは何を指して言うのであるか。

階級闘争説に謂う所の階級とは無産階級と有産階級とを指して言うのである。「有産階級とは社会的生産の機関の所有者にして賃銀労働者の傭主たる近代資本家の階級を意味する。無産階級とは生産機関を自己の所有とせざるが故に、生活のためその労働力を売るべく強制せられたる近代の賃銀労働者の階級を意味する。」（共産党宣言、第二章）とあるによりて明かであろう。

然るに階級闘争なる語を使用する人々で、往々この点の明瞭になっていない者が、貧乏している者ならば、労働者であれ、小売商人であれ、将又役場の小使であれ、誰れでも無産階級の仲間に投り込んでしまうのであるが、無産階級なる語は生産機関を私有せざるがため生活の方便として、労働を売るべく強制されたる人々のみを言うのであって、一言にして言うならば工場労働者のみを言うのである。若し左様でないならば、事実分類が出来なくなるであろう。例えば前に述べたホールの分類のごとく、貧富の階級と言ったのでは分けようがない。又、支配階級と被支配階級とに分けても同様である。一体、何処までが支配階級であって、何処からが被支配階級であるか、線が引けないのである。大臣と重役だけが支配階級なのか、課長や局長までが支配階級なのか、何株持った株主までが支配階級なのか、何円以上の預金者が支配階級であるか、判明しない。判明しないものが闘争の出来る道理がない。故に相対立せる二階級と言う場合には、マルクスの分類以外では分類が出来ない。マルクスの分類法ならば、工場主と工場労働者との対立だからはっきり判かるのである。従って対立して喧《けん》嘩《か》も出来るのである。故に階級闘争と言うことはマルクス説以外にはあり得ないのである。これ我々が絶対に階級闘争なる語を用いない所以《ゆえん》である。

サンジカリズムは階級闘争によりて革命を招来すると言うが、それが大なる誤りである。階級闘争と革命とは相反する二つの行動であって、一方が他方を生むものではないのである。今、階級闘争と革命とは、因果関係をもたないものであって、両者が全然相異れる二つのものであることを明かにするため、左の諸点を挙げて考察しよう。

闘　争

一、両階級の対立存在の認許。

二、反覆と漸進。

三、両階級が相対的に競うため類似の戦術を生ずる。

四、決勝後の状態は位置の顚倒に過ぎない。

×《革》×《命》

一、両階級の対立存在を許さず。

二、準備と実行あるのみにて、常則なく突発による。

三、無対立なるが故に、驀進する側にのみ破壊力ありて対手側に戦術なし。

四、決勝後の状態は対手の死滅あるのみ。

今少しく以上の諸点を詳説するならば、

一、闘争の場合には両階級の相対立して存在することを認許してかかるのであるが×《革》×《命》の場合には認許しない。勿論両階級が事実存在していることは何人も認めざるを得ない。然しこの事実を踏台として進むのが闘争であり、この事実を蹴飛ばしてかかるのが××《革命》である。例えば、路傍に石が横われる場合に闘争ではその石を踏台として進まんとするに対し、××《革命》はその石を破壊して進まんとするのである。換言すれば闘争は階級対立の事実に従って出立し、革命は階級対立の事実に逆って出立するのである。

二、闘争は幾回も反覆が出来る。一週一回でも一箇月十回でも、或は一年に二百回でも反覆して行えるのであるが、××《革命》は只一回限りしか行えない。又、闘争は漸次に進むのであって、一回限りに生死を賭してやるのではない。従って闘争には力を競う上に常則が出来て来て、それに従って秩序正しく行い得る。恰も相撲と同様である。これに反して××《革命》は反覆しないから漸進がなく唯一回限りに生死を決するのであって常則がなく突発である。

三、闘争の場合は両方が対立しているのであるから、両方が戦術を用いる。而して戦術が対立的となれば、それは同時に類似となる。例えば日本とロシヤと対立して闘争する場合に、ロシヤで機関銃を用うれば、日本でも機関銃を用い、ロシヤが英国式の海軍を用いれば日本も英国式の海軍を用いるので、両方が類似の戦術を用いなければ対立戦は出来ない。欧洲戦乱の時には仏蘭西の兵法は何時の間にか、独乙式ヒンデンブルグ兵法に変ってしまっていたと言う。ロシヤが独乙式兵法を用うるのに日本が武田信玄式の兵法では戦争にならない。斯く対立戦に於ては両者が類似の戦術を用うるのである。資本階級が政治を用うれば、無産階級も政治を用い、資本階級が資本を集中すれば、無産階級も労働力を集中する。資本階級が国家を建設すれば無産階級も労農国家を建設する。

これに反して××《革命》は両者の対立を認容しないのであるから、資本階級の虚を衝くのであって、当方には戦術があっても先方には戦術がない。従って敵と類似の戦術は無用で、当方の創造的独特の××《革命》力があればそれでよいのである。如何なる政治家も無産大衆の××《革命》の戦法を知らないから、予防の途がつかない。これに反して闘争では、資本家が労働者の戦法を知っていて予めこれを防ぐのである。

四、決勝後に於て闘争の場合は、敵と味方と位置が代るだけである。有産階級が被支配階級となり無産階級が支配階級となるに過ぎぬ。何故ならば、戦争は階級対立から出立して反覆と漸進とにより常則の類似戦術で戦うのであるから、勝っても位置の顚倒以上には出られないからである。

斯く観ずれば、闘争と××《革命》とは違った二つの行動であって、この両者は到底同一の道には出られないことが判る。故に階級闘争によりて真の××《革命》に進むことは絶対に出来ないことを知るのである。二つの異れる途が如何して帰一し得らるるか。東へ行くものと、北へ行くものとは経と緯の相異りたる途を辿《たど》るが故に一致する筈はないのである。闘争をやれば××《革命》とならず、（真の）××《革命》をやれば闘争は無用である。闘争が××《革命》の手段であるということは大なる錯誤と言わねばならぬ。斯くも相異りたるものが、如何にして互に手段たり目的たり得るであろうか。

以上、階級闘争と××《革命》とは異りたるものであることが判れば、サンジカリストのごとく階級闘争によりて××《革命》を招来すると言うことは大なる誤りと言わなければならぬ。若し階級闘争によりて社会に変化が来ても、それは真の××《革命》が行われたのではないのである。

然し今転じてマルクスの階級闘争説を批判しよう。マルクスの謂う所では、人間はブルジョアジーに属するか、然らずんばプロレタリアーに属するか、何れか一つであって、その中間は間もなく消失してしまうのである。資本主義がそれ自体に進展するところに両階級の対立は愈々明白となり、両者の利害が相反するがため階級戦が開始せられる。これは資本主義制度の内部分裂となって、その崩壊を来たすのである。而して労働者は漸次その搾取者に対抗して結束することを学び、先ず地方的に、次いで国家的に、最後に世界的に行われると云う具合に段階があるのである。

然しマルクスの階級闘争説が事実と符合しないことは明かであって、資本主義が進展しても中間階級は決して消滅することなく、社会は資本階級と労働階級とに二大別されはしない。社会には多くの他の階級があって、然かもそれらの人々が労働階級以上に社会の変革を望み、また努力もしているのである。

現代の社会時相を見れば、××《革命》の烽火は資本主義の発達していない国、両階級の対立の明瞭でない国に起るではないか。又資本主義の発達したる国では労働階級は他の階級よりも生活条件が良くなっているため、彼等は叛逆心を起さず、労働条件の維持改善だけしか考えていない。これに反し、斯かる国の知識階級に非常なる叛逆者のあることを見れば、マルクスの学説は事実に合わないことが判かる。

階級闘争は真の解放道ではなく、又マルクスの学説が誤れるものでありとすれば、何を苦しんで階級闘争説を握り込む必要があるであろうか。

（※編註　「七　サンジカリズムの矛盾」「八　サンジカリズムの理想とその危険性」約七ページ分を中略）。

九　自由聯合主義

自由聯合主義は、個人の意志の自由と独立性とを基本として、個人はその利害と興味と傾向とに従って、他の個人と自由合意によりて聯合し、その聯合体は個人に次いで自由と独立とを有ち、そして、その利害と興味と傾向とに従って他の聯合体と聯合する。かくて、次から次へと聯合して行くのが自由聯合主義であって、この主義の基本は個人の自由と独立性とにあるので、これは当然アナルキズムである。バクーニンはこの聯合主義を人定法に対する自然法であると称した。人間の制定したる勝手な規則ではなく、自然の法則であると言った。バクーニンはこの自由聯合主義の創唱者であると言ってよい。然るに第一インターナショナル当時の関係やバクーニンをサンジカリズムの開祖と誤認する人々の錯誤から、サンジカリズムと自由聯合とを同一視する人のあることは遺憾である。真の自由聯合主義はアナルキズム以外のものではない。然るに労働組合にアナルキズムの精神を入れれば、それがサンジカリズムであると考える人がある。これも大なる錯誤であって、労働組合にアナルキズムを鼓吹しても、それは労働価値説とはならない。階級闘争説にはならないのである。即ち、サンジカリズムにはならない。

我々はボルシェヴィズムに非ず、サンジカリズムに非ず、アナルキズムによって労働運動の転向を促すものである。我等は教育者の間に、商人の間に、官吏の間に、×《軍》人の間に、入り込んでその転向を促さねばならぬ。そのごとくに労働者の間にも入り込むべきことを主張するのである。

九　基調の問題——結論

日常闘争を基調とする人々と、自由聯合を基調とする人々と何処が違うか。

日常闘争とはいうまでもなく、労働組合を結成して、その団結力により、直接資本家に掛合することを意味するのである。然し、労働組合を造って、団結力により資本家と直接抗争すると云えば、それは大変良いように聞えるが、事実、労働組合の日常事項は資本主義組織内の一商的行為であって、抗争でも闘争でもないのである、それは直接掛合である。

労働者が生活するためには、資本主義組織内では商的行為、即ち売買によらねばならない。そうでなければ生活が出来ないのであって、その点は資本家も商人も労働者も同一である。何人も資本主義組織内では売買を離れて生活が出来ないのである。労働者も亦同じく労働を売って生活資料を買うから生活が出来るのである。この意味から、一人一人の労働者が一人一人労働を売っていては高く売り付けることが出来ず、従って生活が安定されないから、生活安定の直接方法として、団結によって労働を高く売ることは、善いことであり、又当然なすべきことであって、労働者でありながら、労働組合を結成せず、これに加入しない者は、自分の生活を低下し、自分で自分を裏切ることであるから、何人も、労働組合に加入すべきである。今日まで、資本家は労働者に対してその当然の報酬を払っていなかった。

労働者は現今の賃銀の更に数十倍の報酬を受けて、然るべき理由は経済学の上からも立証出来る。故に、須らく、労働者は労働組合を結成して、これに加入し、労働の真価に相当するまで賃銀の値上げと、労働時間の短縮とを計らねばならない。

この意味に於て何人も労働組合の無用を論ずるものもなく、寧ろ従来の奴隷根性に甘んじていた労働者には、労働組合加入の必要を力説したくなるのである。

然し、この労働組合の意義は、飽くまでも商的行為であって、労働者の解放には何等の使命をも持たぬことを忘れてはならない。資本家は労働者に決して絶対価値、即ち資本の全部を譲渡する筈はなく、又、労働組合も資本家から資本全部の譲渡を要求することは許されない。その時は官憲の弾圧を受けて、労働組合行為、即ち日常闘争、以外の手段に出でねば、貫徹の出来ないことになるのは明かである。

然し、労働組合の日常行為に当っている人々は、その中の少数者の外は斯かる手段に出ずることを好まず、斯かる手段に出ずる決心をもつことが出来ないのである。そのことは争議に関係せる人々の熟知せるところで、事実労働に従事していない人々が、サンジカリズムを称え、労働に従事している人々がサンジカリズムを否定するのを見ても明白である。

労働組合の日常行為は、商的であって、闘争ではない。小売商人が売買によって日常闘争をしていると云えば、可笑しいと同じく、労働組合の日常の商的行為が闘争であると云うのも可笑しい話である。

資本家の命令通り午前六時から午後六時まで働き、資本家の規定通りの賃銀を受けて、時々、資本家に対し、賃銀値上げを要求していたとて、それは闘争でも何でもない。それは商的懸引であって、解放運動ではない。

然らば、吾人は労働組合と解放との関係を如何に見るか。

吾人は労働組合の日常行為に解放の基調を置くのではなく、自由聯合主義を鼓吹して、労働者の間から解放の闘士を見出そうとするのである。自由聯合主義は決して組織の名目ではなく、一つの思想である。思想を離れて解放の基調は得られない。「疑いもなく思想は力である。」とフーレイが云った時、クロポトキンは「然り」と答えた。思想は力である。解放である。自由聯合思想は労働組合へも、小売商人間にも、官吏にも、女房連にも、鼓吹すべきだ。バクーニンはフランスでは国際労働運動に従事したが、自国のロシアでは一切の民衆の間に宣伝した。労働組合の中に当人が入り込んで大いに自由聯合主義を鼓吹すべきであると共に小学教員間にも、商人間にも、否、××《軍隊》にも自由聯合主義を鼓吹すべきだ。労働組合に自由聯合主義を鼓吹したから、それはアナルコ・サンジカリズムだと云うならば、軍隊内に鼓吹すれば、それはアナルコ・ミリタリズムになるか。

サンジカリズムは、根本に於て労働価値説をとり、将来社会に分業と交換とを認むるが故に、クロポトキンの地方分産制度へ進む途ではなく、一種のソヴィエット主義である。彼等は労働者の社会管理を主張するソヴィエット主義者であって、消費基本の経済学を知らないのである。

吾人は日常の商的行為に闘争と云う名をつけて、マルクス的イデオロギーを輸入する人々とは一致し得ない。それは妥協への近道であってソヴィエット主義からボルシエヴィズムに堕する近道であると思う。

又、中には、毎日の生活や行為にアナルキズムの精神を表わし、日常生活を通してアナルキズムを宣伝するのが日常闘争であると言う人もある。然しこれは日常叛逆と名づくべきもので日常闘争とは区別すべきである。

言葉は大切である。ボルの用語や社会民主主義の用語と我々の用語とを区別することは一つの大なるアナルキズムの宣伝となるのである。これに反してボルの用語を借用しているならば、我々は既に用語に於てはボルに降服しているのである。

（※編註　伏せ字のルビも出典によった）

高群逸枝（たかむれ・いつえ　一八九四〜一九六四）

家庭をケトバセ！

栗原康

高群逸枝は熊本県宇城市うまれ。熊本女学校を卒業後、鐘紡の紡績工場ではたらいたり、小学校の先生をやったりしていたが、じょじょに短歌や詩がみとめられるようになる。上京して、ガンガン詩集を発表していった。アナキストとして注目をあびたのは、一九二八年。とつぜん、『婦人公論』にのっていたマルクス主義の論客、山川菊栄の文章にかみついたんだ。山川はこんなことをいっていた。世間じゃ、女性の自立、自立ってさわがれているけれど、タイプライターでもデパートの売り子でも、けっきょくやすい労働力として買いたたかれているだけのことだ。経済的に自立なんてしていない。

それに、いまの女性は自分の意思で恋愛結婚ができるようになったから、自立してるみたいなこともいわれているけど、ひとたび家庭にはいれば、家事に育児と無償労働をしいられつづける。これって、すすんでやすく買いたたかれているだけのことでしょう。だから好きなひとと結ばれたとかいってよろこんでいるのは、ちゃんちゃらおかしい。わたしは特価品ですよっていっているようなもんだ。じゃあ、そんな境遇をかえるためには、どうしたらいいか。経済をかえるしかない。まずは社会主義を実現して、女性がまじめな仕事につけるようにしていきましょうと、そんなことをいっていたわけさ。

で、高群がなにをいったのかというと、経済、経済ってうるせえんだよってことさ。たとえ、いまの経済を平等なものにしたところで、そもそも、それが男中心にできているんだとしたら、女が男の付属品であることにかわりはないんじゃないですか。かりに、女も工場ではたらいていいですよとか、オフィスではたらいていいですよとか、男と対等にはたらいていいですよとかいわれたとしても、それってけっきょく、女が男のやりかたにあわせているだけのことじゃないですか。だいたい、まずは経済が優先だとかいっていたら、いまこの家庭でおこっている問題がないがしろにされるだけなんだ、おまえら女の苦しみは、経済とくらべたら二次的なものにすぎないんだ、とりあえずがまんしてろっていわれているのと、かわりないでしょうと、そういったんだ。

じゃあ、どうしたらいいのか。高群は、自分たちがいちばんこまっているところから、いちばん身近な場から、男にしたがわねえぞってのを実践していきましょうってことだ。家庭をケトバセ。そんでもって、さらにってことで高群がもちだしてきたのが母性だ。えっ、あやしいんじゃないのってひともいるかもしれないが、高群がいわんとしているのは、男とはちがう女なりの生きかたをみいだしていこうってことさ。夫が妻や子どもを所有物とみなしているのとちがって、女は子どもをモノだとはおもっちゃいない。とうぜんだ、主人と奴隷の関係じゃないんだから。そういうただただ慈しんでいるというか、支配のないひととひとのつながりを、いまこの場からじゃんじゃんつくっていきましょうよ、よっしゃ自由連合じゃあと、そういっているのだ。アナキズム！

そんなことをかいていたら、しだいにアナキストの仲間がついてきて、『婦人運動』『女人芸術』じゃ、平塚らいてう、八木秋子、望月百合子、松本正枝らとタッグをくんで、ふたたび山川らを相手どって、アナ・ボル論争をやることになった。一九三〇年一月には、そのメンバーで無産婦人芸術連盟を結成し、三月には『婦人戦線』を創刊している。スローガンは、強権主義否定、男性清算、女性新生。いいね。本書でとりあげた「家庭否定論」は、この雑誌にかかれたものだ。家庭をケトバセ、オーレイ！

でも一九三一年七月、つかれはてた高群は世俗とのつきあいをいっさいたち、自宅にひきこもってしまう。その後は、女性史学の研究に没頭し、『母系制の研究』、『招婿婚の研究』なんかをだしている。がんばった！　しかしだ、戦時中になると高群は皇国史観にたち、『女性二千六百年史』ってのをかきはじめる。その後も『日本婦人』っていう雑誌に、軍国主義を鼓舞する文章をかきまくった。しかも各地をまわって、よっしゃ、戦争やったれみたいな講演会をガンガンうっていたそうだ。チクショウ、ババア、日本死ね。まあまあ、そんな思想的な変化があったからだろう。高群の死後、夫の橋本憲三が『高群逸枝全集』を編纂しているのだが、そのなかにアナキズム時代のものは、ほとんどはいっていない。チクショウ、ジジイ、日本死ね。チクショウ！

家庭否定論

高群逸枝

家庭とは何か

みなさん。

わたしたちが、かりにいま、嘉悦孝子とか、山脇房子女史たちをお訪ねして、「家庭とは何ぞや」と、お訊きして見るとすれば、そのお答えは、たいていきまっていますね。いわく、「家庭とは神聖な場所のことだ。それへの奉仕者としてのみ、婦人の生活はあるのだ」

どうでしょう。この答えに、わたしたち、満足ができましょうか。

家庭とは豚小屋のことだ

家庭とは家の庭と書きます。
まず家という字——古い書物によりますと、この家という字は、豕（豚）の上に屋根のかぶさった字、すなわち豚小屋という意味の字であると書いてある。

みなさん。神聖なるべき「家」が、「豚小屋」を意味するなんて、少しおかしいですね。で、これについて、多くの学者が、種々の説を立てている。

ある人はこういっている。「豚はシナ人の常食だから、豚のいる処すなわち人のいる処だという理由から、転じて人の住居を家というようになったのだ」と。だがこの説はあやしい。

他の学者は「家とは私有財産のことだ」といっている。昔、シナ人の主な財産は豚であった。彼らはそれを初めは共有していたが、権力者の出現とともに、私有が始まり、したがってめいめいが屋根囲いの厳重な小屋を建てて、それらの豚どもを入れて置くようになった。それが家の起こりだ。だから家とは、豚とか、その他のすべての私有財産を、入れて置く建物のことだというのです。

私有財産としての妻子その他

家財という言葉がある。この言葉は、普通の意味では、家具に同じい。しかし、少し立ち入って研究して見ると、「自分の所有物の意。すなわち妻子財産等をいう」とある。

みなさん。

よくここで注意して下さい。家財とは「自分」の所有物の意とある。家（カ）ということが、ここでは自分（または個人）という意味をもっている。例えば家言（カゲン）ということが一個人的言説という意味であるのなども、その一例である。かくのごとく、家（カ）は自分であるから、家財（カザイ）はすなわち自分の所有物という意味になります。

さてまた、その「自分の所有物」なるものは、「妻子財産等をいう」とあるから、その場合の「自分」なる人間はいうまでもなく妻子財産を有する「男」である。「男」のみが、「家（カ）」として立つことができるし、「婦人や子供」は「家財（カザイ）」でしかない。

家庭における男

右にいったことで、家というものは私有財産を入れて置く建物であり、また、他面、その所有者の存在を意味するものであることが分かりました。

早くいえば、一人前の男は家という私有財産をもっていなければならない。それをもっていることによってのみ一人前であるかないかが決定される。

朝鮮などでは独身の男はチョンガーといって軽蔑される。インドでも家をもたない男は男として認めないという風があるとききますが、もちろん、この風は、日本にもある。

それは単なる「独身」を軽蔑するのではなく、「私有財産」のないことを軽蔑するのである。

妻子を私有財産として所有しているということは、男にとっての非常な誇りである。だから、男は、ともすれば、妻子を私有財産的に取り扱いたがる。わが国などにもこんな男がたくさんいる。文士とか、主義者とかの男どもの中にも、かなりこんな男がいる。

家庭の庭の字その他

家庭の庭の字をしらべてみると、「庭は庁と同義なり」とある。庁というのは、「政治を行なう場所」であり、「罪人を検挙し罪状を取り調べる役所」である。

いったい政治、法律等の起源をたずねると、「罪あってしかるのち政治あり法律あり」である。政治や法律は、罪人がなくては成り立たない。モーゼの法律なども、罪人のためにできたもので、人間を罪人であると考える時に、はじめてすべての法律には意義がある。

死んだ高畠素之は、性悪説の主張者で、したがって国家主義者だった。この点、彼は正直であり、徹していた。人間を罪の子と見、悪人とみる見方の上にのみ、法律や政治、すなわち国家は、自己の存在を正当化して主張することができる。

ところが、わが国の古典学者本居宣長は、すべての法律や政治を否定している。彼は「人間は罪の子ではない」という見方の上に立っている。「人間を自然のままに生かしたならば、人間は大した罪などはおかさない。人間は明るい正しい道を、生まれながらに知っているから」と彼はいっている。

では、法律や政治は、何のために人間を罪人であるとしなければならないか。「それは法律や政治」自身が罪人のものだからだ。「つまり、少数の罪人*（物や人を財産として私有しようとしたり奴隷として虐使しようというような欲望を起こした少数の罪人）が、自己の欲望を遂げようとすると、そこには種々の叛逆が起こる。それを彼らは罪悪と称し、それらの叛逆人を罪人と見なして、そこで法律を作ったり、政治を行なったりするのである。だから、政治や法律こそ罪悪そのものであるし、それは少数の罪人によって作られたものである」と宣長はいっている。

家庭の庭の字は庁の字と同じ意味の字、さてまた、その庁の字は「政治を行なう場所」であり、「罪人を検挙し罪状を取り調べる役所」である意味の字である。

そうとすれば、家庭の庭の字は、私有財産として取り扱われている妻や子（すなわち家族）を罪人と見なし、ゆえにそれを取り制え取り締まるための役所である意味の字である。

家法とか、家憲とか、家道とかの文字は、すべて、家庭の庭、すなわち家庭における罪人どもを取り調べ取り締まる役所から発布される法律であることを意味している。

＊性悪説では罪人という意味は、普通絶対的のものとされるが、性善説では相対的――たとえば錯誤とか誤謬とか変態とか狂乱とかの意味に解される。ここでいう少数の罪人のごときも、人類のある期間における変態的、偏奇的の状態の先端にある者を意味し、それらの者がその状態を維持せんがために錯誤的の制度を打ち建てるのやむなきに至ったことを意味する。なお、なぜそうした変態的の状態が生じたかについては、おいおい書いて見ることにしよう。

家庭をケトバセ

みなさん。

文字からみた家庭は、大がいこういったもので、決して神聖な場所どころか、罪悪の巣窟であり、刑務所である。

「文字は一切の哲理だ」といい、「ことばは神なり」というが、全く、文字に現われた家庭の真相は神のように正直で、実際的である。

もっとも、人間の住むところ、そこは常に、相互本能の変形としての、何らかの情緒がある。封建時代の君臣の間には君臣的の情緒があり、君は臣に対して慈、臣は君に対して忠であった。そのように、家庭にも「家庭情緒」があり、家主は家族に対して慈、家族は家主に対して忠であるべきだとされる。

だが、わたしたちが、たとえばお芝居や小説や、たまに実際のそうした君臣の情や、家庭間の愛をみて、「美しい」と感ずるのは、慈だとか、忠だとかの階級的道徳に対してではなく、その道徳の仮面の下から曲がりなりに現われる「相互扶助本能」すなわち階級を超え、法律を絶した原始的平等の相互愛の姿に対してである。

ところがあるひとびとは、それをそうはみないで、仮面そのものをみて直ちに君臣讃美、家庭讃美に走ることがある。だが、その実そうした仮面は、真情を妨げることにのみ役立つものでしかない。

その証拠には、芝居や小説にあるような君臣の情や、家庭の愛は、実際にはごく稀であって、ある婦人雑誌が、知名の文士たちに、「家庭に関する正直な感想」をもとめたところが、その九分七厘まで、「結婚は墓場で、家庭は牢獄だ」と答えているが、そのまた妻君たちは、別の雑誌で、それらの文士たちが家庭にあって、いかに冷酷で、野蛮人で、人非人であるかを暴露している。

とにかく、多くの家庭がうまくいっていないことは事実で、徳川時代に書かれた

「庭訓」とか、「女鑑」とかいう書物を読むと、「女は邪険で、陰険で、姦キツだ」と毒づいてある。古くからの家庭で、女がいかにモテアマされていたかが分かる。つまり女の「人間性」が、家庭というものと、いかに衝突してきたか。

これまでの家庭主義者は、「女よ家庭に従順であれ。そうしてこそ家庭悪はなくなるのだ」といってきたが、なくなるどころか、いつまでたっても、かえって多くなるばかり。

そこで目ざめた婦人は、「家庭をケトバス」ことが唯一の最上の手段であることを知った。

家庭とは何か。元来それは豚小屋と刑務所を意味しているではないか。

現在をいかにすべきか

家庭をケトバスといっても、いますぐ、完全には、そうすることはできない。たとえばわたしたちは現在のこの社会をもケトバシたいのだが、いますぐには、それもできないのと同様に。

では、どうしたらいいか、それはわけはない。第一にはまず意識の上でケトバスことだ。第二には家庭外の職業に目ざめることだ。わが国の職業婦人（労働婦人）が、職業を嫁入り前の一時的の仕事であるとしている間は、家庭は決してケトバセない。

第三には自己の（夫のではない）生活力に確信がない限り、子供はなるべく生まないようにすることだ。第四にはたとい精神的にだけでもいつどこへ投げ出されても平気でいられる、つまりヨクいえば大悟徹底の域、ワルクいえば多少スレている域にあることを必要とする。

これだけの条件を具備していれば、その婦人はもはや、現在の社会においては、最大限の程度に、家庭をケトバスことができる。たとい形の上では家庭らしいものを営んでいるにしても、その実質においては、ユウユウと、ケトバシて生きていられる。

そして、そうした婦人の営む男女生活はかえって非常に純であることが多い。もっともこの純の意味は従来のような意味でのそれではない。淫売的の行為の中にもそれはあるし、いわゆる多夫多婦の関係の中にもある。また、よそめには少し因循だと思われるくらいな平和ないわゆる一夫一婦の関係の中にもある。ただ、そのどれもが、実質的に家庭をケトバシており、したがって、きわめて原始的な相互愛の真諦に触れていることによってのみ、それはすなわち純なのである。

みなさん。

わたしたちに、家庭のことで少しでもホントウなことが正直にいえない、という点があれば、それはわたしたちが、まだ家庭を、ホントウにはケトバシきれないでいるからだとは思いませんか。

婦人が、家庭のことを、はっきりと、正直に、口にすることが、できるようになれば、それだけでも、彼女は偉大な進出をしたことになる。

かつて、わが国の自然主義文士たちは、自分の妻の醜い一面を、さかんに小説に書いた。田山花袋は「フトン」で、徳田秋声は「カビ」で、いずれも、家庭の暗さを、妻のせいにしているのである。

ところが、婦人の文士たちは、喧嘩わかれでもしない限り家庭のことには、故意に触れないようにしている。そこには明らかに家庭婦人の臆病がある。

男の文士たちの「横暴」な態度は、憎んでもあまりあるが、女の文士たちの「卑屈」な態度も、気もちのいいものではない。

わたしたちは、横暴でも、卑屈でもなしに、ひたすら正直に、避けることなく、それらのことを口にする勇気をもちたい。が、それは非常にむずかしいことである。なぜなら、その前に、ちゃんと家庭を、わたしがさきにいったような意味でのケトバシ方で、ケトバシて置かなければ、そうした勇気は、決して出てこないであろうから。

八木秋子（やぎ・あきこ　一八九五～一九八三）
宮崎晃（みやざき・あきら　一九〇〇～一九七七）

窃盗の仁義？　コミューン起つ！

栗原康

八木秋子は、長野県木曾町うまれ。キリスト教徒の影響を受けた八木は、内村鑑三をむさぼりよんだ。勉強がしたい。松本女子職業学校を卒業後、しばらく実家で家事をやっていたが、一九一八年、結婚して上京する。翌年には男の子をうんでいるが、夫がいわゆる家父長さんで、文学や政治のはなしをふっても、なんにもこたえちゃくれなくて、「家庭はオレがまもるから、おまえはついてくるだけでいい」みたいなことをいうひとだったんだ。いばりくさりやがって、このやろう。もう体をさわられるのだってイヤなんだ。家庭をケトバセ、オーレイ！

ということで、一九二一年、八木は子どもをおいて、家をとびだす。それから女中をやったり、いろいろ苦労はしたのだが、一九二五年には東京日日新聞の記者に。で、そのころ、下谷の日本労働学院にまなびにいっていたら、八太舟三や宮崎晃にであった。これでバリバリのアナキストになっていく。一九二七年、ちょっとした縁で、宮崎と同棲。一九二八年には『女人芸術』の編集委員になった。ここで、プロレタリア文学の作家、藤森成吉に公開状をかいて批判し、アナ・ボル論争のきっかけをつくっている。本書に収録した「言葉・表現」は、そのころかかれたものだ。一九三〇年には、アナキズムの女性団体、無産婦人芸術連盟を結成。『婦人戦線』にも参加した。八木は、ウクライナのアナキスト、ネストル・マフノの小説をかいている。力作だ。それでは、ちょいと宮崎晃のはなしにまいりましょう。宮崎は岡山うまれ。北九州の小倉でそだつ。米騒動のころ、世のなかがさわがしかったってのもあるんだろう。情緒不安定になり、東北、北海道を旅してまわる。そのとき、ツルゲーネフやドストエフスキーをむさぼりよんだんだという。北九州にもどった宮崎は、国鉄小倉工場ではたらきはじめる。でも、友だちと労働組合でもつくってやろうぜっていっていたら、それがバレちまってクビになった。チクショウ！　これを機に、おもいきって上京。当時、学生たちがセツルメント運動ってのをやっていて、貧民街にはいって救民事業とか学習会とかをやっていたのだが、宮崎は下谷にあった日大セツルメントをたよる。そこに講師としてやってきた八太舟三にひきつけられ、アナキストたちと交流していくんだ。

一九二六年、宮崎はアナキスト団体の黒色青年連盟（黒連）と全国労働組合自由連合会（全国自連）にはいる。で、その年の一〇月、日立亀戸工場でストライキがあったので、黒連の仲間二〇人ほどで、よっしゃ支援じゃあ、敵のボスをやってやれっていって、実業家、久原房之助の邸宅にのりこんでいった。テンションのあがった宮崎は、久原邸にガソリンをまいて火をつけた。シャーッ！　翌日、逮捕。でも、これでめげないのが宮崎だ。一九二七年一月に保釈されると、そのまま逃亡。このときかくまってくれた縁で、八木とつきあうことになった。宮崎は島崎藤村からカネをもらって中国にわたり、中国人アナキストのネットワークをつくろうとしていたが、うまくいかない。カネもつきて、日本にかえる。

で、ちょうどそのころ大恐慌だったわけさ。農民困窮。やるしかねえ。一九三一年、宮崎は八木や星野準二、鈴木靖之といっしょに農村青年社をたちあげ、農村でアナキズム運動をやりはじめた。このとき撒いたパンフレットが「農民に訴う」だ。農民が食っていくのに、国も行政も資本家も地主もいらないんだよ。おらたちがおらたちで、おらたちの村をつくる。農村コミューンだ。ちっちゃな村ごとにコミューンをつくっていって、必要におうじて、たがいにつながりをもっていく。と、そんなことをいいながら、みんなで全国をまわっていくと、長野でいいじゃんそれっていう農民たちがあらわれた。よし、いけるぜ。でも、この運動を世にしらしめるためには、どうしてもいちど身を賭してたちあがり、大々的にコミューンを宣言するしかない。蜂起だ。

宮崎はこうよびかけた。とりあえず、長野県庁と松本市役所あたりを爆破だろう。警察と軍隊がやってくるとめんどうだから先手必勝だ、さきに武器庫を爆破しよう。それから道路と鉄道を爆破。これで市街地は大混乱だ。さらに各村で地主をおそって米蔵をひらき、貧民にくばってまわる。そこにコミューン建設を宣言するわけさ。そしたら、全国の貧農たちが、おらも、おらも、おらも、ミートゥーっていって、続々とたちあがってくるぞ。ヒャッハー、信州大暴動だァ！

でも、そのためにはカネがいる。カネ、カネ、カネ、されどカネ。で、宮崎たちがやりはじめたのが窃盗団だ。東京でひたすら名家のみ狙ってドロボウをくりかえす。けっこうかせいで、その額、一万数千円。でも、がんばりすぎた。一九三二年四月までに、農村青年社の主要メンバー、全員逮捕。窃盗でね。しかも、それでおわっていたらよかったのだが、みんな刑期をおえて出所したあとのことだ。一九三五年一一月、とつぜん長野で農村青年社とつるんでいた農民、労働者五七名が逮捕される。その後、全国各地のなかまに警察の手がまわり、三〇〇名ほどがとっつかまってしまった。

じつはこの年、無政府共産党事件ってのがあって、銀行襲撃をやったアナキストたちがいっせいに逮捕されたのだが、検察がせっかくだし、そのしりあいものきなみやっちまおうぜっていって、農村青年社もやられたんだ。しかもとりしらべをしているうちに、信州暴動計画が発覚。これ、賛同していたのは数人にすぎなかったし、まだ具体性もへったくれもなかったのに、はなしをきいてテンションのあがった検察が暴走しちまうんだ。おおっ、これは幸徳事件以来の大事件でありますとかいって、すげえおおがかりな計画のようにデッチアゲられた。宮崎は懲役三年、八木は一年六か月。これが農村青年社事件だ。ファックだぜ、チクショイ！

言葉・表現

八木秋子

マネキン・ガールというものが百貨店《デパート》の飾窓《ショーウインド》に現れることになって、また一つ婦人の新らしい職業が殖えたという事である。人形のかわりに生きた女を窓に立たせて衣裳の広告に役立たせるのだそうで、新聞の写真で見るといかにも美容院好みの凝った髪形に、胸高に帯を結んで立った、婦人雑誌の口絵でよく見る女優の着付姿と何のかわりもない派手やかな姿態であった。見て来た友達の話によるとその一人一人の衣裳には金百二十円とか、金九十何円とかの正札がぶら下り中には売約済の赤札も二三あったそうであるが、顔といえばもとより人形を真似るのだからいずれも白く美しいだけで、生きた表情というものを見出すことは出来なかった。ただ、時々退屈を紛わすためにこの生きた人形はゆるやかに歩を運んでピアノに凭りかかって見たり、机の前に坐って見せたりする――。私は飾窓の厚硝子の外に折重ったいくつもの寒そうな顔と、フットライトの上に浮き出た女の無表情な、しかし華かな立姿とを想像して見た。

人間は一個の商品にすぎないというこの社会の理論がこれほど露骨に、これほど実感をもって曝け出されたものはあるまい、寧ろそれは、そうした意味においてより効果的であるかもしれないが――日を趨うて範囲を拡めつつある婦人の職業が次第に生産の方で不熟練的なものからブルジョアの享楽に役立つべき種類のものに移ってゆくのは不思議はないとしても、資本主義の商業主義《コムマーシャリズム》がとうとう婦人をここまで利用するに至った感を深くしないではいられない、中には、人間が一個の商品にすぎないという言葉は娼妓や私娼にこそ適切でマネキン・ガールはなにも体を売ったわけでも、醜業を強いられるわけでもないという人があるかもしれない。成程その人たちは体を売りはしない、併し高々四十円やそこらの月給で自分の所有とは何の関係もない売物の衣裳に美々しく飾り、終日店頭に立ちつくして後から後からと行きずりの男女から皮肉な眸や淫な嗤いを投げられて、何とも感じないであろうか、三百人あまりの志望者の中から選りすぐったそうだから定めし人形のそれのように美しいであろうが、顔が美しいだけにもっと悲惨な感じを呼びおこさせはしまいか。

娼妓や私娼はある意味では無産階級の人達の欲望を満させることに役立っているけれども、これは全くブルジョアのために存在している外の何物でもない、美貌を衆人の前に矜る幾分の自負はあるとしても要するに店曝しものには違いないのである。が、もっと苦痛を想像されることは、それより以上に人形という固形物に生きた人間がならなければならない、若くは装わなければならないことであろうと思う。この点、人形芝居の人形とは逆にいっているので、顔に表情を持たない人形も動きによって生命あるものよりもより高い玄妙な美とこころを表現することが出来るのと反対になっている。人間から表情や動作や言葉を奪ってしまう、いいかえれば表現自由を完全に奪って生きながらの固形した孤独に置くということは、何という惨忍さであろう。私の想像はここで、独房の中にじっと坐りつくす四人の姿が泛んで来るのである。

愧ずべき行為も、それが公衆の面前で行われないということではまだしも忍ぶことが出来る。モデルにしても、そこに在るのは製作者だけであり美術というものが作り出す雰囲気は職業意識の上からは彼女達をみずから卑めることをしないであろうし十分か十五分毎に与えられる休みの時間には彼女達は自由人である。その上日に日に自分が一個の芸術作品の形になって再現されてゆくのを眺めるたのしみもあろう。婦人が衆人の前に姿態をあらわして呼びかけるのは宣伝の意味を含んでいて何かしら生活が背景になっているが、音楽家や女優やスポーツ・ガールなどは自分の有つ力を表現することに悦びを感じるし、講演者や殊に階級戦上に立つ弁士などは興奮と感激とを持っている。物売りや外交などにしてもいく分生産に関係もてば自分達の階級に何かしらの関連はもっていようというものだ、正札つきのマネキン・ガールはどの意味から言っても私達に不愉快を感じさせ、そうしたものを新らしい職業として生み出した社会的の動機について考えさせずにはおかない。

たしかに近代人の表現は洗練されつつあるし技巧も潑剌として自由でエキゾティックな色彩を多分に帯びて来たことは事実である。と同時に内から外へと、街頭へと一切が押し出されてゆく。現代人はいまにラジオをただ耳に聴くだけでは満足出来なくなって、マイクロホンの前に口を開けたり眉をひきつらせたりする放送者の顔や動作を電波で家々の室内にポッカリ映し出すような発明を、或はしないとも想像出来ないこともない、娼妓の人達が眼ざめて部屋着のまま街路へくり出して示威行動でもすることになれば廃娼問題などは立どころに解決されてしまうこと明かである。これは決して悪意をもっていうのではない。みんな醜いものも秘されたものも明るみへ、公衆の前へ出ればいいのだ、現に上海の急進婦人達、革命運動に参加している――は「廉恥打倒」とかいう大旗をおし立てて全裸の示威運動をしようとしたそうではないか、殻を破ろうとする努力にはこうした思いきった行動の現れも強ち不思議ではあるまいと思うのである。

私は近代人の意志感情の表現がどう変ってゆくかに就てこんなことを想像の上にのぼせる。ブルジョアは表現技巧がもっと露骨になり誇張されて来るととてもその煩わしさに堪えられなくなるだろうし、プロレタリアは物言う口を封じられて、ともに無言とまでは行かなくとも少くとも言葉だけはずっと簡潔になり素朴になるのではあるまいかと。それは丁度十九世紀の終り頃帝政ロシアのあの陰惨な恐怖時代を思わせもする、「人民の中へ」という声が耳から耳に囁かれてナロードニキの運動が全国に拡がって行った当時、ニヒリスト達は極端に簡潔な会話によって意志を胸から胸へと伝えて行った。――そこには一切の儀礼や虚飾は排斥され、彼等の簡潔な、しかし重要な言葉は真実の響きと友情をもっていた――という。

私達の住むこの社会からあらゆる饒舌というものが影を絶った後のことを想像すると、とても美しい住みよい世界が彷彿と泛んで来る。映画にしても発声映画《トーキー》などにはどうしたって好感が持てないだろうと思う、静観の中にいきいきと奔躍するスクリーンの美は香り高い音楽のリズムに援けられてああした魅力をもって来るものと思うが、何にしても冗漫な言葉がすべて軽んじられて言葉の価値が尊いものとされるようになれば、人の表情は従っておどろくべき潑剌さに生きて来て花のように咲くであろう。聡明な理智の光が湛えられて、互の感情は眉の動きにも肯くことが出来る。そして言葉は珠玉のように輝きを増して微風にさゆらぐ銀線のように爽かな、または海潮の荘重さを帯びて来るかもしれない。その時こそ真に叡智から溢れ出るユーモアも生れようというものである。簡素なのは独り言葉だけでなく文芸上の表現もそうなるかもしれない。これは私の想像ばかりであろうか。

農民に訴う（抄）

宮崎晃

農村窮乏《きゅうぼう》の声やまことに久しくある。天下万人にしてこれを聞かぬ者はない。救いの手をまつことや既に久しい。されどもその現れぬことや永遠《えいえん》だ。かくして歳月は空《むな》しくながれ農村の窮乏はいよいよ深酷《しんこく》となり、有るかなきかの生命も今や風前の燈火《ともしび》となってきた。坐して以って死をまつ者はおのずから別だ。起《た》とうとする者には自ら道がある、農民の処する方策《ほうさく》があるではないか。然り而して農村新生《しんせい》の方策について語ろうとするのが此の小冊子の目的だ。

第一に言う、救いの手を他に待つを止《や》めよと。ブルジョアの金言さえ云っておるではないか、「天は自ら助くるものを助く。」と。農村を救うものは農民自身のほかにはない。

かの無産党の者どもが説《と》くところは何だ。かれ等は曰く、「諸君よ、諸君の要求《ようきゅう》は政治手段によらなければ解決できぬ。故に吾等に投票せよ。吾等は代議士となって議会に行き百姓に都合のよい法律をつくって諸君の幸福を増進するのだ。」と。

吾人はこれに対して、夫《そ》れはムダなことだと言うのだ。吾人は憲法《けんぽう》によっていわゆる人身の自由を保証されておる筈であるが、今日人身の自由がどこに有るか。一片の個人的憎悪《こじんてきぞうお》のためにさえ、権力《けんりよく》の位地にある者は、無辜《むこ》なる農民を獄裡におくることが出来るではないか。地主は充分に保護せらるる時に、小作人は何等の理由なくして、圧迫せられねばならぬ。しかも、かの法律は両者の平等を規定《きてい》しておる時にだ。いかに立派に見ゆる法律や政治の形が制定《せいてい》されようとも、吾人にとって夫れはムダだというのだ。これに就て適切《てきせつ》な話がある。それは今から三十年ばかり前のロシアで行われた農奴解放《のうどかいほう》の歴史である。当時、ロシアの農民は農民にして農民にあらず、人としての権利はことごとく持主に奪われ、いかなる意志表示《いしひょうじ》を為すことも厳禁《げんきん》されておった。黙々として貴族に仕えねばならぬ奴隷《どれい》であった。それが世の同情者の運動の結果、「自今農奴は解放せらるべし、かれ等は自由民たり」の農奴解放令の発布《はっぷ》となり、法の上からすれば最早かれ等は一個の自由民たるべき筈であったのだ。法は自由民たることを宣言すればそれでよい。それで事は済《す》む。済まないのは農民だ。かれ等ののぞむものは一片の空《くう》なる法文では断じてない、解放の事実、自由農民たることの事実をもとめておるのだ。農民が農民たる所以は土地を耕《たがや》すからだ。耕すべき土地を与えずして何が解放だ、自由農民だ。土地は誰が持っておる、それは富豪《ふごう》どもだ。ここに於てか自由農民であるべき筈のかれ等が、ふたたび新らしき主権者《しゆけんしや》、地主の下に奴隷として生活して行かねばならなくなった、法はインチキに過ぎぬと言うたが夫れはこれでよく判るではないか。

若しも、土地が誰のものでもなく耕す者が自由に使えるならば、農民はあろうとしても奴隷であられぬ。これは強《し》いて奴隷の名を冠するも、事実が自由農民である時にその名称は忽《たちま》ち失われてしまうに違いない。

農民諸君、吾人のもとむるは事実だ、断じて法文でない。若しも、今日、農民が大《だい》同団結《どうだんけつ》して直接に地主の土地を奪いかえしたなら、いかに政治家どもが周章狼狽《あわてふためい》て数多《あまた》の法文をヒネクリ出そうとも、法文の力ではこれを遮《さえぎ》ることは出来ない。この反対に、いかに無産政治家どもが土地の共有《きょうゆう》を論じても、よしや夫れが法文となって現われようとも、法律にしたがって土地を放棄《ほうき》するようなお目出度い地主は夢想するまでもなくただの一人すら有るもので無い。ここが肝心なところだ。無産政治家どもにたより、かれ等が作る法律にたより、その遠き将来において農民の得るものは何もないと、吾人が切言《せつげん》する所以《わけ》はこれだ。しかも無産政治家が法律を作る日はいずくの日だ。刻々窮迫の農村が死滅《しめつ》の前にその日を迎えることが果して可能《できる》であろうか。更に、幸にして農民がその日を迎え得た時、そは一片の無価値《むかち》なる空文ではないか。

この故に吾人は言う。「農村の解放は農民自身の手でやらねばならぬ。」と、換言《かんげん》すれば農村が農村の解放を他人の手に期待《きたい》するかぎり、農民の生活は永遠に改善《かいぜん》できぬということだ。

世の中にはつねに何等かの理由に依存《いそん》して以って特権の位地につこうと為す馬鹿者が絶えない。指導者《しどうしや》という輩《やから》がこれだ。かれ等は農民を愚弄して言う、「百姓諸君は耕作には得手《えて》だ。然しながら耕作と社会改造のことは同日の談たり得ない。諸君は社会科学を知らぬではないか。それ故に諸君は、社会改造のことに就いてはそれに熟達《じゆくたつ》せる吾々の指導のもとに服従せねばならぬ。」と。

諸君、この時に吾人は言う。「農民の要求を知れるものは農民自身だ。」と。自己の要求にもとづいて改造を行えばこそ解放たり得るのだ。盲滅法《めくらめつぽう》に世の中が変りさえすればよいのでは断じて無い。自己の要求にもとづかねばならぬ時に、それを知る者は農民自身だ。故に吾人は言う。「指導原理《げんり》も社会科学も無用の長物にすぎない。」と。指導者のもとむるものは農民の解放ではない。かれ等の指導下に農民をおくところの支配的欲望《しはいてきよくぼう》をとげることだ。指導さえしておれば満足である指導者と、改造なくしては解放のない農民と、この双方の目的はまったく違ったものである。かく違った目的をもつものが一になり、無意味な道を歩んでおるのが今日の農民運動の縮図《しゆくず》だ。

凡《およ》そ社会の変動なるものは、マルクス主義の説くごとく、物をつくる方法によって無意味に変るものでない。社会大多数の人々がもっておる思想《しそう》が次の世に現われるのである。ただそのもてる思想が明確《めいかく》を欠き、無意識的不明瞭《むいしきてきふめいりよう》なる場合には、世の野心家どもの偽瞞《ぎまん》におち入って、折角《せっかく》の社会改造を得るところなく終ってしまうのである。野心家どもに乗ぜられぬことが肝要《かんよう》だ。この為には、その不明瞭無意識的なるものを明らかにすることだ。農民の要求が何であるか、いかなる社会を欲しておるか、確《かく》たる目標《もくひょう》を有たねばならぬ。封建社会《ほうけんしゃかい》を倒《たお》した、倒しただけでは何にもならぬ。いかなる社会がよかろうかと思いまどうておる間に、野心家どもは官僚となり富豪どもと結びつき、金儲けのために万人を犠牲《ぎせい》とする今日の経済組織《けいざいそしき》を社会の中心においた。このこと有ってより七十年、吾人は益々不幸となり疲弊《ひへい》は加わり生活は行うことができぬ。その罪の半は、目標において明確を欠いた吾人自身の罪に帰する。野心家どもをして吾人の虚《きょ》なるところに乗ぜしめたが故だ。されば吾人は言う。「明確なる目標を有《も》て」と。

農民の処する道は一言でつきる、「明雄なる目標」をもち「農民自身の手」で行うこと、これだ。

今日、農村は行きづまった。生活は零落《れいらく》し、農民は所在に流浪せねばならぬ。この時小作人は自己が何であるかを考えるだろう。自分の汗によって田を作ったときに、なに故収獲した米を百姓自身の胃の腑に食わせることが出来ないか。半《なかば》以上を地主に奪われ、その残りさえも自分のものとはならず、それを売って金にせねばならぬ時に、得た金はあまりに僅少だ。故に生活を支えるために借銭せねばならず、その元利は積りつもって今日では二進も三進も首がまわらぬ有様である。これは一体何ごとだ。なに故農民は自分の意志でないかような生活をなすか。なに故農民は自己の意志によって生活を為さないのか。村をつくる者は百姓だ。その百姓が納得《なっとく》できる生活が村で行えない法がどこに有るのだ。なに故機械のごとく温順《おんじゅん》であるのだ。

農民諸君、作った米を金にかえず百姓自身の胃の腑に食わせるがよいではないか。いままで金を出して買ったものは百姓が自分の手で拵《こし》らえるがよい。こうすれば、金の要らぬ世の中が忽ち来るではないか。

これは原理《げんり》でもない、空想《くうそう》でもない、実地だ、現在だ。世の社会組織が何であってもよい、それは他人《ひと》のものだ。他人の社会組織はほっておけ、無視《むし》せよ。吾人は百姓は百姓自身の意志で生活せねばならぬと言うのだ。百姓自身の農村を有《も》てというのだ。言葉を換えて言えば、おらたちがおらたちでおら達の村を今日作ろうと叫んでおるのだ。

百姓の中から代議士を出し、かれ等が政府の大臣どもになって、百姓に都合のよい法律をつくったならば百姓は屹度救われるだろう。こんな何十年さきの悪夢《あくむ》ではない。なに故百姓は自己の意志によって生活を行わぬのだ。この時ある者は平然《へいぜん》として言う。現在の社会組織がそれを許さないからだと。嘘をつけ！農民諸君、奴隷根性《こんじょう》はかくまでに深く人の心に巣喰《すく》っておるのだ。やろう、為そう、行おうという意志がないのだ。社会組織が変らねば百姓自身の村がつくれぬのではなく、作らぬからつくれぬのだ。

今日の社会がいかなる社会組織であるか、それを知らぬ者はない。法律や裁判所や警察が誰の味方であるかそれを知らぬ者はない。地主を憎むことは小作の子供にしてからがそうだ。支配階級《かいきゅう》を倒さねばならぬことは既に衆知《しゅうち》のことではないか。

支配階級を倒さねばならぬ時に、政治的組織によってそれを遂《と》げようとしても駄目だ。フランスは共和国だ、わが国は立憲君主国だ、伊太利はファシズムだ、その政治形態は変っても資本主義たる社会の本質については聊かの異るところもない。いかに法文を変え政治組織を変えても、社会の中心にある経済組織が変らぬかぎり、社会は少しも変るものでない。政治制度を通じては社会組織を変えることは出来ぬ。社会組織を変える方法はただひとつ、社会の中心におかれたる経済制度を衝くほかはない。吾人が以って「経済行動」と言うものは之れだ。而して、経済行動とは組合運動のごときものを指すのではないこと勿論《もちろん》だ。

今日の印度において行われておるガンジー運動なるものは、宗教的であり無抵抗主《むていこうしゅ》義《ぎ》であり全体としては新興《しんこう》印度ブルジョアどもの、本国たる英国の規範《きはん》から独立《どくりつ》しようとする民族運動ではあるが、この運動が今日のごとく旺《さか》んとなり、老英国の運命を左右する大勢力となり得たのは、思うにひとつの理由がある。

それは、ガンジー運動の伝統《でんとう》が政治運動の仲間入りを為さず、また、単に未来の理想を説いて足れりとはせず、現在において英国の勢力を印度から駆逐《くちく》する実行運動をなしておるからだ。ガンジーズムのとった方法は一個の純《じゅん》経済行動であった。印度における英国経済の世話にならず、印度人が印度人だけの自給自足を行うことによって、印度における英国殖民政策の根底を衝《つ》こうとした。乃ち印度人は、何品によらず英国製のものは総てボイコットを行い、必需品《ひつじゅひん》の木綿のごときも不便を忍んで手製の布を織り、英国資本家の紡績会社の立派な布を買おうとしない。また、衆知のごとく、英官憲《かんけん》に抗し、法度《はっと》となっておる塩の製造を強行《きょうこう》し英政府の専売塩を買わない。もとより租税のごときは鐚《びた》一文も支払わない。飽《あ》くまで経済行動によって英国政府の鼻を挫《くじ》き、印度人の印度を目的としてたたかっておるが、この方法は実に有効《こうか》である。経済的に英国を無視するという点においてガンジー運動の実力的な効果《こうか》がある。これでは英国は何んのために印度を殖民地にしたか、一向その有難味が無いではないか。

これがガンジーズムの経済行動である。ガンジーズムは不完全だ、不完全でありながらも、それが経済行動たるが故に、英本国は事実上印度から勢力を駆逐されようとしておるのだ。

若し、ガンジーズムが政治運動であれば、英本国は一片の辞令《じれい》「自今印度は自治領たるべし」と、その殖民地に告げればよい。その実質に至っては、英国人の印度たることに毫《ごう》も変るところが無いであろう。

農民諸君、社会の中心におかれたる経済制度を衝いたならば、支配階級は亡ぶまいとしても亡ばざるを得ないのだ。農民自身の要求にもとづいて農村をつくれというのは、それが世の経済制度を衝き、支配階級はその依って立つ根底を失って必然《ひつぜん》に亡びねばならぬからだ。そは経済行動であるが故だ。

支配階級を倒さねばならぬことは誰でも知っておる。けれども、その方法は屢々《しばしば》知られていない。「おらたちがおら達でおら達の村をつくる」こと、この建設《けんせつ》の実行によって支配階級は倒れ、社会組織は変るまいとして変らざるを得ないのである。吾人が農民諸君に訴えるものはこれだ。

されば茲に実行せねばならぬ経済行動とはなにか。それはもとより農村の自給自足《じきゆうじそく》だ。されども吾人はガンジーズムではない、ガンジーズムのごとく民族運動ではない、解放運動だ。故に、農村が為さねばならぬ三大眼目がある。それは、

一、自給自足の実行
二、共産《きようさん》の実行
三、共存共栄《きようぞんきようえい》、相互扶助《そうごふじよ》の実行

――の三大眼目《がんもく》だ。

第一に百姓の生活は村かぎりでやって行こう。「豊葦原瑞穂《とよあしはらみずほ》の国にうまれ来て米が食えぬとは嘘のような話」米をつくる百姓が米に飢《う》えるという法がどこにある。米を売って金にかえ、要るものを町から買おうとすればこそ生活の零落がある。百姓はこれからは米を売るまい、そして百姓自身の胃の腑に食わすがよい。百姓の要るものは不完全ながら村で作ろう、それから起る不自由にも耐えよう。ガンジーズムの為したように、村の経済生活は百姓の自給自足によって行おうではないか。人間に第一に必要な食うものを作らぬ都《と》会《かい》は自給自足はできないが、食うものを土から作る農村は自給自足の第一要件が備《そな》わっておるではないか。

米も野菜も副業品を売らないで、金が無くて、どうして村の生活が立つか。それは今も言うように、農村は食うものを作っておるからだ。食うものさえあればほかのことはやって行けるではないか。必要なものは百姓の手細工でもできる。

今日の農村は農村の本来の性質から段々遠ざかろうとしておる。抑々《そもそも》農村とは何であったか。人は草や木とことなって土地に根をはり空中に枝葉をさしのべ、じっとしたままで其処から営養《えいよう》分を摂取《せっしゅ》して生きて行くという訳には行かぬ。土地をたがやして食うものを生産せねばならぬ。人間に労働が必要な所以だ。かくの如く、人間は要るものをつくって、直接それを胃の腑《ふ》に食わせる為に土を耕すのである。それが今日では、農民の労働が何のために行われるかと言えば、金を得るためとなっておる。食うものをつくっても、その目的は金に換える為だ。それであるから、相場《そうば》のよかりそうなものを撰《えら》んで畑に蒔く。儲けようが為に過ぎない。食うものを作って金にならぬ時は、食うものを作るが本来の目的である田畑を改造し、北陸のある地方のように和蘭陀《オランダ》に輸出するためにチュリップを村中が栽培《さいばい》し、或は信州や群馬やその他の殆ど全地方において見るように桑を植え蚕を飼うことに夢中になっておるが、それは絹物を百姓がきる為ではなく大半はアメリカに輸出するものであり、一部分は都会のブルジョアどもの贅沢《ぜいたく》な服飾《ふくしよく》となるものだ。また、ある雪国の村のごときは全体が耕作をやめて、金持の息子どもの雪遊びの道具であるスキーのそりをつくって金を儲けようとする。農村は今日では最早昔日の農村でない。人間に欠くことのできぬ米をつくる者を時代後れといって嘲り、農民が農民でなくなろうとしておるところの悲しむべき世相である。かくて人も吾れもひたすら金を得んとして狂奔《きようほん》しておるのだ。

これではならぬ、金の為めには義理《ぎり》人情《にんじよう》は一片の空想にすぎぬ、美しき相互扶助の美徳《びとく》は泥土にゆだねられ、人の世はみにくい争いごとで充ち、万人みな安からぬ心をいだいて生活をせねばならぬ。これが人類の幸福なる姿であろうか。金、金、金をめぐる醜怪《しゆうかい》なる闘争に、明けても暮れても住まねばならぬが人類の自然であろうか。

今日の社会組織が金無くしては生活できぬようにした。けれども農村は、それを無視することが出来るではないか。村の自給自足だ。スキーも蚕もチューリップも止めよう、そして第一に食うものを作ろう。そしてその片手間に、是非要るものを手細工で拵えよう。不自由は脊に腹はかえられぬ、村が亡びるか生きるかという大切な時だ、我慢《がまん》しよう、辛抱《しんぼう》できるではないか。かくすれば金の必要がない。金を儲ける必要もない。金の要らぬ世の中となるのだ。金の為にアクセクする生活は終止し、人はその能《ちから》に応じ、その欲する個処にはたらき、以って共同の生産を自由に享有《きようゆう》し消費すればよい。村で生活するに一厘もいらぬ、こんな住みよい社会はまたと有るまい。

今日の村は極端《きよくたん》に行詰《ゆきづま》った。これでは堪らぬ、何とかせねばならぬ。この声は全国農民の真剣《しんけん》なる叫びだ。吾人が全身全霊《ぜんしんぜんれい》をかけて奮い立つは今だ。この声に応じ、この機に際会し、金の存在を駆逐し、村の自給自足を行うために農村を糾合《きゆうごう》するは、之れ吾人の大なる責務《せきむ》であると共に、その機会は今日を措《お》いてはない。

人類社会の基調が共存共栄、相互扶助にあることは言うまでもない。人の本性はもともと相愛《そうあい》の念にもえておる。金の存在があるによって利害の衝突が起り、人は互に反目せねばならぬ。その金は村から消えた、村が大きなひとつの家族として生活できぬ理由がどこに有ろう。吉凶禍福《きつきようかふく》は万人がわけ合わねばならぬことだ。

俺のもの、他人《ひと》のものと言うまい。田畑は村全体のものだ。村人は一様に野に出で肩をならべて共同で耕作しよう。種も蒔こう、灌漑もつけよう、収獲もしよう。味噌も醤油も共同で作り共同で使う、発動機や精米機や揚水ポンプや噴霧器《ふんむき》や、今までひとりで持っていたものは悉く共同のものにしよう。

農民は、能力に応じてはたらき、要るだけがものは共同倉庫から自由に持ってきて使おう。共存共栄と共産の村にかえろう。

老も若きも男も女も、皆が気をそろえて村をつくるのだ。上下もなければ左右もない、差別もなければ支配もない、協同共存の村だ。村は活気づき、男女は自由で、村の幸福のために種々な創造《そうぞう》が行われ、明るく溌溂《はつらつ》たる農村新生の道をたどらねばならぬ。

（※編註　以下、約二十ページ分後略）

第三章

向井孝（むかい・こう　一九二〇〜二〇〇三）

栗原康

「反運動」の躍動感

向井孝は東京北区のうまれ。一〇歳のとき、お父さんがなくなって大阪へ。天王寺商業学校にかよい、学内の俳句会にはいる。そこで山口英とであう。生涯の友で、アナキストだ。ふたりで「軍服のきちがいがいる紀元節」という句が載るような新興俳句の冊子をだす。タイトルは『鬼』。サイコーだね。一九三八年卒業。はたらきながら、エスペラントをまなんだ。その後、上京して中央大学にかよったり、惚れられた女性といっしょになったりもしているのだが、一九四三年、徴兵にとられる。やばい。でも、泥水をのんだら発病し、すぐに除隊。さすがだね。

敗戦後、山口が姫路に訪ねてきて再会。山口からの情報で、一九四六年五月に結成された日本アナキスト連盟を知り、その後加盟。よっしゃということで、自宅に『平民新聞』姫路支局をひらいている。すごいね。同じ頃、山口と詩の雑誌「ＩＯＭ」を創刊。詩人として、姫路や神戸の文学サークルにでいりしつつ、反戦、反原爆の運動にもとりくむ。

一九五二年には、山鹿泰治の提案に応えてＷＲＩ（戦争抵抗者インターナショナル）日本部にはいっている。山鹿は、かつて大杉栄といっしょにうごいていたひとで、エスペランティスト。世界中をとびまわって、革命のために、アナキズム運動のために駆けまわっていたひとだ。で、このＷＲＩが掲げていたのが「非暴力」。とうぜん、向井にも影響をあたえていく。向井は、このＷＲＩの名で、原水爆禁止運動などに参加していった。一九七〇年、山鹿が亡くなったあとは、向井がその活動をひきついでいる。

さて一九七四年、水田ふうがパートナーに。こっから、やっべえ、おもしれえぞみたいな行動をガンガンうっていく。とくに、チェルノブイリ原発事故のあと、日本でも反原発運動がもりあがるのだが、抗議デモのなかで、とつぜん「えーじゃないか、えーじゃないか」と踊り狂ってみたり、虚無僧のかっこうをして、いきなり念仏デモをはじめたり、関西電力にひとあわふかせてやろうと、みんなで電気料金の不払いをやって、関西電力のひとが家まできたら、よっしゃといって、おもいきりまくしたてやったりとか、札束みたいなビラをつくって、それをビルの屋上からばらまいてみたりとか、とにかく創意工夫をかさねて行動をくんでいった。

じゃあ、なんでそんなに工夫をして行動をうっていたのか？　それは向井が「反運動」の運動をめざしていたからだ。あっ、権力にはむかわないってことじゃないよ。そうじゃなくてさ、ふつう運動っていうと、さいしょに、なにをなすべきかをきめて、その目的のためにいっしょうけんめいやりましょうってなるわけさ。でもそれだと、かならずこの運動で勝つためには、ああしなきゃ、こうしなきゃっていいはじめて、みんなそのためにしたがわされてしまう。もしかりに、そんなのつまんねえんだよっていって、あたらしいことをやりはじめたら、そのひとはソッコウでつまみだされるだろう。組織の論理だ。したがえ、したがえ。国家のミニチュア、いっちょあがり。だから、チョイとまどろっこしいいかたになっちまうが、ほんとに運動をやろうとするんだったら、「反運動」じゃなきゃダメなんだということだ。勝つためにやるんじゃない、組織のためにやるんじゃない、ヘタすると自分のためにやるんでもない。なぜ、そんなことをやっているのかわからないけれど、もうおもしろくて、おもしろくて、身体がかってにうごいてしまう。だれの顔色をうかがうこともなく好きにやれ。てゆうか、なんでここで念仏をとなえているのかとか、なんでウギャアッってさけびながら踊り狂っているのかとか、やっているひとだって意味がわからないだろう。でもね、そういうわけのわからない力ってのは、とんでもなくワクワクするもんだから、まわりにドンドン、ドンドン伝播していく。やめられない、とまらない、もうやみつきだ。

だれにもなんにもしばられない、自分にだって制御できない力がある。そういう力をどうやってよびおこすことができるだろうか。どうやって？　どうやって？　ただひたすら、それだけを考えよう。それが「反運動」の運動だ。もうちょっといえば、向井にとって、そうやってだれにもなんにもしばられないで生きるってのが非暴力だ。そういう生活を自分たちの力で、じかにつくりだしていこうってのが直接行動だ。い

もんじゅ退散念仏デモ。敦賀にて（1982年）
“Anarchist independent Review” ＃10より
（下図も）

ビラ爆弾のなげ方　投げるときは、ひもの一端を中指に入れ、ビラ束を、スクイ投げの要領で、目標の上になげる。のび切ったところで、グイとヒモをひくと、パッと帯封が破けて紙吹雪が散る——という仕掛けである。（注意　帯封は固くしないと、紙束がスッポヌケル。ヒモがもつれないよう、よくさばいて足許にひろげ、または手に持つ。）

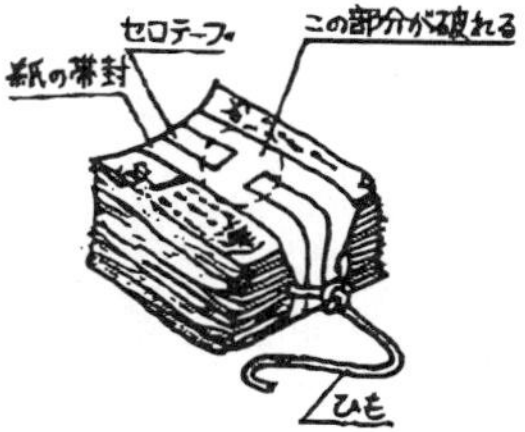

つだって、自分に問いかける。おまえはおまえのおどりをおどることができたか？　ちえぇっ、ともはねよ、かくてもおどれこころこま、のりのみちをばしるひとぞしる。ちえぇっ！　「非暴力直接行動とは何か」。ぜひ、ご覧ください。

非暴力直接行動とは何か

向井孝

生産労働・創造・遊戯

直接行動というとき、しばしば私たちは、暴力に訴える実力行使を思いうかべ、時には暴力の同義語としてうけとめる。だが、直接行動と暴力とは何ら関係はない。ためしに辞書をひくと、「直接」とは、「あいだに何もはさまずに接すること。他のものを通さずじかなこと」とある。

私たちにとって直接行動とは、他のものを通さず、自分のちからで、自分の必要なものを求める行動、である。さらに云うならば、私たちが日常での必要物を、間接的にでなく、じかに入手するために働きかける行為である。

だからとくに暴力的直接行動といわない限り、それは暴力以外の、それ以外のあらゆる方法であることにおいて非暴力の直接行動なのである。

より単純に云えば、私たちが日常生活において必要とするもの、というときの「もの」とは、たとえば食物に代表される生活物資だろう。それを「入手する」ということは、その生産のための道具も含めて、この場合まぎれもなく、ものをつくること——生産であり、その行動とは、労働である。つまり、直接行動の本質は、まず第一にものをつくり、そのために働くことである。そしてこの生産と労働こそは人類の歴史を通じて、人民のみが背負い、果たしてきたところの、人民のみがなしうる人民の最大のちからである。暴力以外のちからである。

　非暴力直接行動といったとき、単に抗議行動の戦術や心構えのように受け取られることが多い。しかし、非暴力直接行動とは、それは云うまでもなく非暴力状況の日常があってこその生産と労働であり、人びとが家庭を営み、その必要物をつくり生み出すことのなかに、そのちからはもっとも明瞭にあらわれて、私たちの日常生活をなし、当り前で何でもないことの発現そのものである。

　第二にそれは、生産と労働の結果の享受であり、第三に、日常生活をたのしむ創造活動であり、たとえて云えば、うた、おどり、祭りなどへひろがる遊戯である。直接行動とは、与えられるものを享受する娯楽だけでなく、人民みずからがつくり出す創造の行為だからである。

自治と管理

私たちの生活は、まぎれもなく非暴力的日常に基盤をおいて成立している。生産と労働やその他は、私たちの平穏無事な社会生活持続と不可分の関係にある。それは本来的に、生産と労働などをおびやかすもの、たとえば戦争などの、暴力と根源的に対立するものである。

暴力は、物理的・形象的・積極的・能動的・物量的・瞬発的で、すぐ認識できる。その過程も結果もよく見える。

非暴力は不可視である。抽象的・精神的・心理的・持続的・受動的・消極的そして日常的で、つまり何事もないという状況でしかなく、意識しない限りあるかないかもわからない。だから、「これが非暴力だ」とは誰も気づかない。

その非暴力は、すでにのべたように、何より直接行動と結びつくことで、はじめて可視化され、ちからとして私たちのまえにあらわれるのである。

何もないこととしてある非暴力は、私たちの生命力の根源であって、私たちの生そのものの基盤のちからである。そしてさまざまな活動をつくり出していることがわかる。

もっと明確に云うならば、私たちと隣人や仲間との交流関係、あるいは自治会や町内会のようなものも含めて、それは自治管理あるいは社会生活ということだろう。そのことにおいて、私たちは有史以来現代まで、そのみずからがつくり出してきたちからを自覚することなく、むしろ権力の支配を支えることでさまざまな曲折を辿ってきたというほかない。

非暴力が生産労働であるとき、それが自治管理に結びつくことは当然である。たとえば農民が稲の苗を植え、実れば刈ること。それは本来、来年のために種を残したり、食糧として保存したり、他の必要品と交換するためであった。あるいはそのようなことを計画的に綜合して、みずからが、または他者とともに管理・運営していくことが自治管理なのである。

非暴力社会とは、単に暴力の跋扈《ばつこ》横行がないというだけでなく、自治管理社会として非暴力状況をみずからで具現するからにほかならない。とすれば、生産労働が自治管理と結びついていないとき、それは、賃金労働、奴隷労働でしかない。たとえそれが生産を行っていても擬似的な生産行為というしかない。そして、それこそが国家の支配する擬似非暴力体制の現実なのである。

ガンジーの塩行進

ここで非暴力直接行動を、より具体的に考えるために、ガンジーが行った塩行進を例として考えてみたい。

それは、イギリスが、インド農民の製塩を禁じ、塩を独占専売することで、さらに人民から収奪を高める塩専売法に端を発した。

ガンジーは、各地からあつまる農民をひきいて数十日のデモ行進を組織したが、たちまち禁止され、弾圧投獄があいついだ。にもかかわらず行進は途中の町から村からの人びとを加え、海岸へと進んでいった。そこで海水を採り、みずから製塩を行うという、必要であるとともに、その象徴の意味を持つものであった。

それは、法をおかしても行進をつづけることにおいて、そして塩専売法を無視し、必要な塩をみずから採ることにおいて、直接的に、それゆえ国家の法律と対立するものとなった。

直接行動とは、このように——

第一に、私たちみずからの手によって、私たちの必要とするものをかちとることである。

塩を必要とする農民が、その当事者本人としてそれを求め、求めるために示威することの当然さ。ありあまった海水から塩を採る作業をすることの正当さ。それは、他の誰をもおかさず、害するものでないことによって、権力者の無法をきわだたせ、その存在の無法性に直接攻撃を加えることである。

それはみずからのために生産するという行為を通して、権力者と人民の関係、生産者と、生産に寄生して収奪浪費するもののすがたをも照らし出す。

このようにして、直接行動が、生産労働そのものであることによって、生産関係の内実をあきらかにする。

第二に、それは私たちが自己の個人責任において、みずから行為することである。

彼が塩行進に加わるのは、自身の必要によって決定した意志によっている。それはデモや専売法違反に対する権力の弾圧を、みずからの体をもってうけとめることともなる。

彼はその結果を誰にも転嫁しえない場所に、すすんで自分をおく。それは彼自身が拘引され投獄されるかもしれないことを予期した上でなお行われる。

このように直接行動は個人責任をあきらかにした、一人ひとりの主体においてある。云うならばそれは、自治管理でもある。

第三に、それは合法・非合法を超えた生産行為である。

彼が行進に参加して、抗議を行うこと。さらにその必要さによって製塩することは、その正当さにおいて法的是非を超えている。

支配はかならずその違法を問う。だがその法は彼の正義を罰することによって、みずからの不法を露呈せざるをえない。合法は権力者の名分であるだけで、決して正義の保証ではない。

直接行動に対して、法律がその強権をふるえばふるうほど、それは法律そのものの不正義を証明し、みずからの墓穴をほることとなる。合法・非合法は、私たちにとって戦術的考慮以上のものではない。

このように直接行動は、権力のいかなる規制とも無縁である。

第四に、それは政治と呼ばれている間接手段を一切否定し、排除する。

道を歩いて海へゆくということ、海の水を採って塩をつくることは、彼にとってもっとも早く確実に、自分の望みを達成することである。それは自然で直接で、誰にとっても当り前のやり方である。しかも彼、人民がそれを行う以外に誰も塩をつくり出すものがいないことにおいて、唯一正しい道である。

とするならば、塩を求めるためにいろんな方法があるとしても、彼がやるべきことは決まっている。それ以外はみんなまわり遠く、ふたしかで、しかも、完全に望みを満たすものであるかどうか、わからない。

かりに、政治にたよることで、デモの規制をやわらげたり、塩専売法を緩和させることができたとする。だがそれが彼自身の行動の結果にもとづかない限り、人民は政府とのバランスシートの一方に借金を背負うのである。

それればかりか、政治は彼とその生産物の間に介入して、経費をつかい、時間をついやし、口銭を搾取する。しかもそのことによって彼は、常に政治屋を介添《かいぞ》えにしなければ何事もなしえないように、ひもをつけられてしまう。

私たちが自己の生産物を使用するのに、そのようなまわりくどいやり方が必要だろうか。

このように直接行動は、政治が無用の介在物であるのみか、搾取の方法としてあることをあきらかにする。

第五に、それは人民の営みであり、それそのままで生活と密着した闘いである。その行為は、彼の生活そのものであることによって、彼の実力を示し、その実力の行使こそ、人民の唯一の拠りどころであることを自覚させる。

彼が塩行進を行うのは、それが日々の生活と同じ意味を持つことを直感したからだ。それは生きることであり、生きるために、そのとき彼がなしうる最大の実力を彼の体――生活として――で行うのである。

それゆえ人民にとって直接行動とは、他から物を奪い取ることなのではなく、みずからのものをつくること、そのための妨害をものともしないことである。

このように直接行動は、妨害に対して実力行使としての生活の意味をあきらかにする。

第六に、それは日々の生活——生産と関係して自立的に日々の営みを管理することである。

私たちの日常は、生産の場所と道具と原料を自身の生活のために確保して、ものを生産し、さらに正しく配分する営みとしてある。

妨害と脅迫、検挙と投獄にもかかわらず、塩行進がなお厳然とつづけられたことは参加者個人個人が自主的・自立的であり、全体として行進を自己の責任において調整し、管理したということである。

それは私たちの社会生活の秩序が、じつは権力による統制的法規の結果ではなく、本来、人民の持つおのずからな機能としてあることを傍証している。

このように直接行動は、人民の属性としての非暴力と結びつき、それがすぐれて能動的なちからである意味をあきらかにする。

現在、私たちがそれと思い込んでいる生産と労働は、じつは自己の労働力を商品として資本に売ることであるにすぎない。そのようにして得た代金を仲介にして、非直接的にしか自己の必要なものを得ることができないことにおいて、私たちの生産労働は、あきらかに擬似化している。

云いかえれば、直接行動は、本来の非暴力状況のもとにおいてのみそうであり、エセ非暴力体制の下では、それに照応して擬似生産労働でしかありえない。

それと同じように、現体制のなかでの非暴力は、すべて擬似矮小化されて、擬似直接行動か、権力者流の暴力行動か、しかありえないということである。このことは、きわめて重要な意味を持っているだろう。

このようにすべてを体制内にからめとられた状況のもとで行われる私たちの闘いは、正確に云えば直接行動そのものとしてでなく、まず非暴力直接行動の回復・奪還の闘いである。

塩行進で行われた採塩は、それが日常的な非暴力状況下に持続してなされるものでない。じつは象徴的なそれである。その行進のなかのすべては、それゆえにきわめて先鋭な政治闘争——私たち自身のための生産労働をとり戻すための、より厳密に云えば非暴力直接行動「奪還」の闘いとなるだろう。

それは、自己を労働疎外からとり戻し、擬似生産労働を自己のためのものとするための闘いである。

平岡正明（ひらおか・まさあき　一九四一〜二〇〇九）

栗原康

あらゆる犯罪は革命的である

平岡正明は東京の湯島にうまれる。一九四五年六月、空襲をさけるため小田原へ。戦後もしばらくそこでくらしていたのだが、ある日、横浜ではたらいていたお父さんが米軍ジープにはねられ重傷。一命はとりとめたが入院。平岡は、父親に栄養をとらせるため、母親といっしょに野毛の闇市にいって食い物をゲットした。闇市にいくと、ひとがごったがえしていて、むやみやたらと活気があり、しかもきこえてくることばが日本語じゃない。なんじゃあこりゃ！　おさないながらに、なにか得体のしれないエネルギーをかんじたようだ。のちになんどもなんども、闇市がオレの都市原像だァとか、闇市はコミューンだァみたいなことをいっている。よっぽどだ。

一九四九年六月、東京に帰還。その後、私立の京華中学、高校に進学した。高校時代は、文学青年にしてド不良、そして暴走族だ。そんでもって、その反抗心まるごと左翼になった。とくに、谷川雁の文章にひかれていたんだという。一九六〇年、早稲田大学第二文学部露文科に入学。ロシア語で試験をうけたっていうから、たいしたもんだね。よっ、知識人！　で、大学にはいれば、ちょうど安保闘争だ。手あたりしだいデモにいく。平岡はブント（共産主義者同盟）にはいってうごいたが、いろいろと限界をかんじ、ムカつくこともあってやめてしまう。そして一九六一年、あらたにたちあげたのが、犯罪者同盟だ。ヒャッハー、いい名前だね！

じゃあ、この犯罪者同盟がなにをやっていたのかというと、たとえばだ。安保闘争敗北後、みんな、やっぱし街頭闘争だけじゃ勝てねえよ、政権交代だ、選挙で自民党をたおすしかないんだよっていって、社会党だの、共産党だのに動員されていくわけさ。そのために役にたつかどうかで、おまえはつかえるとかつかえないとかいわれてしまう。運動だ、支配だ、権力だ。で、ふざけんじゃねえぞってことで、平岡さんがかいたビラが「選挙ボイコットへの檄」だ。反選挙、反議会主義でガンガン、ビラをまいたり、集会をうっていく。政治はいらない。いいよ、ド直球！

もしかしたら、えっ、犯罪？ってひともいるかもしれないが、これは、パパの手、ママの手、ボクの手、やっぱり手がでる万引き野郎ってことさ。権力とやりあうときに、合法か非合法か、いろんなやりかたはあるわけだけど、だいたい非合法なことをやると、ひとがあつまらなくなって選挙に不利になるからダメだとかいわれたり、逆に、非合法なこともやる人たちにしても、権力に打撃をあたえるためには、ここでこんだけのことをやんなきゃダメなんだ、おまえらしたがえみたいなことをいってくるわけだ。どっちにしても、その根っこには秩序がある、目的がある。

でも、権力がほんきで震えあがるときってのはそうじゃない。ほんとにこわいのは、人民がそんな秩序、かるがるととびこえちまって、マジで暴走しているときなんだ。それこそ敗戦後、みんな食えねえよっておもっていたら、合法も非合法も関係ない、国境なんてどうでもいい、中国や朝鮮、台湾の人たちが、独自のルートで交易でもなんでもシレッとやっちまって、自分たちの力で食えるようにしてしまう。手入れがはいらないようにと、警察だけじゃたおせないくらい、ムダに武装もしている。なんか機関銃とか手りゅう弾とか、わんさかもっていたりね。しかもそういうのってやっているうちに、あれ、国なんてなくても生きていけるぞ、オレたち、すごいんじゃないか、オレ、オレ、オレ、されどオレ、オーレイってなるわけさ。うれしい、たのしい、きもちいい。熱気、熱気、熱気、そしてさらなる熱気だ、バカヤロウ！　いまここが極楽じゃないのなら、どこにも極楽なんてないんだよ。闇市コミューンは極楽だァ。

それから食える食えないでいったら、一〇〇年前の米騒動だ。人民が米屋を襲撃して、コメをうばいとって食っていく。そんでもって、コメをうばいにきたはずなのに、米屋を焼き討ちにして、うわああってアガってたりするわけさ。もう合法か非合法かどころじゃない、なにがいいのかわるいのか、それすらもわからない。わけがわからないんだ。人民、暴走ス。きっと、そうやって人民がスッと秩序をとびだして、だれにもなんにも手がつけられなくなることを「犯罪」っていっているんだとおもう。まあ、そういうことをやっているとメッタクソに弾圧されるんだけどね。平岡いわく。「どんな感情をもつことでも、感情をもつことは、つねに、ぜったいに、ただしい。場ちがいで破滅的な感情がめばえるときでも、その感情をもつことはぜったいにただしい」。さけべ、アナーキ！　狂い咲け、フリーダム！　あらゆる犯罪は革命的である。

あっ、そうそう。平岡は、そういう「犯罪」がうまれるのは、人民が抑圧されたその存在状況を武器にしたときだって考えていた。おまえらクソなんだよっていわれていたとしたら、そのクソにひらきなおって秩序の外にピョンってとびだしてしまう。で、権力者ってのはたいがい、弱いやつらをなめていて、そんなうごきを予想していないから、マジでビビっちまうってわけさ。本書でとりあげた文章は、どっちもそんな人民のたたかいかたをしめしている。目がみえない、その身体のつかいかたを武器にして、わるいやつらをぶったぎれ。市ッつぁん、市ッつぁん、市ッつぁーーん、ゆけ、座頭市！　ぶっとんでいるよ。ぜひご堪能ください。

さて、その後だ。平岡は、犯罪者同盟の機関紙を猥褻物頒布等の罪でひっかけられ、指名手配をうけてパクられる。起訴猶予ででてきたが、カネもないし、早稲田を中退。で、谷川雁がつくったテックっていう会社ではたらき、そこで大モメにもめてストライキをおこし、谷川とバトルをして、さらにさらにと、いろんなことをやらかしていくのだが、字数がつきましたので、このくらいにしておきましょう。またいずれ、チャオ！

座頭市オゥ・ゴー・ゴー

平岡正明

座頭市はクラウゼヴィッツ理論の権化だ。彼のドメクラ斬りは本質的に防禦にはじまる。そしてこのことに、座頭市において、日本の民衆蜂起の原型としてあらわれる。武器を外的なもの、その時代の技術を殺人用に外化したものと考える人々は権力の側につく。武器を、人間の防禦の延長と考え、道具の転化かあるいは道具の延長と考えるものは民衆である。かなたでは武器は武器倉からとりだされ、武器の操作を習熟することが技術であるが、こちらでは、武器は道具からひきだされ、武器をつくりだすことが技術である。

武器をその時代の到達した殺人技術の頂点と考えるものは、火器、探知機、動力等の目録上の武器としてしか知らず、最終兵器の登場とともに、武器はけっきょくたったひとつのものとなり、それと同時に闘争のイメージがひとつとなり、観念化される。武器を道具からとりだすものは、社会的総体を潜在的な武器と考え、武器は無数である。武器は、かなたでは兵器であり、こちらでは兇器である。権力は階級弾圧の必要において社会的生活の一片に触れているために、かろうじて武器のイメージを空無化してしまうことから免かれているが、ようするに弾圧装置の域を出ない。これに反してわれわれの側では、武器の問題は組織論の問題である。

以上のいっさいがドメクラ斬りにかかっている。——「あっしはメクラでござんすから、逃げることができやしません。それで向かってくるものを斬ってしまうより助からぬのでござんす。」と座頭市は言った。

さむらいは刀を青眼にかまえるか、上段にふりかざす。刀は腕の延長であり、敵に向かってつきだされているか、敵に向かってふり下ろされようとしている。市は仕込杖で身をつつむように立ち、刀は敵に向けられているが、切先が自分に向けられており、そのままでは自分を斬ってしまうように逆手にもち、顎をひき、あさっての方角を「幻視」し、脚をひらき、腰をおとした自護体で待つ。したがって仕込杖は眼である。こうして双方はにらみあった。

御存知！　プシュウー。ピチュー。スパッ。プツリ。「あっ、座頭市だ！」いっちょうあがり。拍手。歓声。——いいねえ座頭市は、そりのない刀は鞘におさまり、杖になり、もうひとつの使用価値になる。いかすなあ。

座頭市にたいする偏愛に気づいたのはいつのことだったか。座頭市以外には興味がわかなかった。俺の頭の中の英雄たちは、グロテスクで、弁証法の化身のようなめくらにみんな斬られてしまった。ゾクゾクときて、これは魔神のしわざだと考えたことは、日本人の作品では二度しかない。夢野久作の『犬神博士』のラスト・シーンと、「座頭市関所破り」の大団円のくだりである。

初期筑豊炭田の利権をめぐり、玄洋社と福岡県令（知事）の対立が爆発した。かたや磯政の親分ひきいる玄洋社系やくざと双思水流の柔術をふるう玄洋社員連合軍、かたや県令下の警察軍となんとかというやくざの連合軍のあいだに、なぐりこみ合戦がくりひろげられ、血の雨がふった。流血の渦中に登場したのが、まだ十歳にもならない犬神博士で、そもそもが乞食芸人にさらわれてきて、博多の町であねさんまちまちという腰ふりダンスをやっている洟たれ小僧だ。このガキがすごい。瘤の仙左衛門という六尺ゆたかの極道爺がくびり殺される。知事がやかん頭をたたいて号泣する。芸者がすそを乱してひっくりかえる。巡査がキリキリ舞いする。頭山満と奸胆相照らす。濡れてぬぐいをぶつけられて脅迫やくざが悶絶する。ばくちうちがまきあげられる。行く先々が片端から火事になってなんにもなくなる。蝗の大群みたいな小僧で通った跡が死にたえるのだ。「東京行動戦線は、『戦線はあるのか？』『何がやるであり、やるとは何か？』を追及するつむじ風ふうの『行為集団』である」なんてものじゃない。

ぜんぜん凄い。ところがこの小僧がどんな方法にもとづいて荒れまわるのかといえば、そんなのはなく、無邪気さとナイーブさと無知を発揮しているだけなのだ。一種の虚体である。これが動き出すと手がつけられない。林家三平のナレーションでやっていたテレビの「ちびっこ大将」を思いだしてくれるといい。こちらの方はダダイズムでアナーキズム風だが、『犬神博士』は玄洋社ナショナリズムを通過しているだけに、土着ボルシェヴィズムの味がすると思ってくれればいい。

さて話は大づめに近づいて、磯政党の面々が、知事派の拠点の、なんとかというどでかい料亭におしよせてくる。二階では頭山満と知事とが膝詰談判中で、怒り心頭に発し神気の失せた知事が階段からころげ落ちる。火鉢をひっくりかえして火の手があがる。上へ下への大騒ぎ。そのすきに大喰いで腹ペコ坊主の犬神博士が台所にしのびこみ、飯をごてもりにし、冷たいすまし汁と鯛の焼きものとかまぼこを手づかみにしてガツガツ喰いにかかる。時あたかも、ハンマーの源という、豪傑とあんちゃんと軍事指導者の原基形態みたいのが、血だらけのハンマーを両手にふりまわして飛んできて、ハッタとねめつけると、なんと、紅蓮の焔の中に、これまで散々いたい目にあわされてきた小僧がちょこんとすわり、ムシャムシャ飯を喰いながらこっちを見てにっこり笑うではないか。さてこそドグラ・マグラ使い、というのでハンマーをブーンと投げつけると、ちょいと飛びあがって、茶碗と箸を手にしたまま逃げだした。

悪代官と悪親分が結託して弱いものいじめばかりやっていた。可憐な高田美和のねえちゃんと角兵衛獅子が拐かされた。座頭市は怒り心頭に発した。市の来襲いまやおそしと手ぐすねひく関所に斬りこんだ。平幹二郎の美学的浪人との念願の果し合いにいい勝負で勝ち、悪代官をたたき斬り、木ッ端役人とやくざの群れを斬りまくった。御用提灯と松明の光の輪のなかで、市は悪鬼のように立ち、一群れを屠り、れえのあさっての方向を幻視するフィニッシュの姿勢をとった。また一群れが襲いかかり、これもかたづけ、フィニッシュの姿勢をとった。その間、市は一歩も動いていなかった。また一群れをかたづけ、フィニッシュの姿勢にはいり、市は客席に向かって歩き、また一群を処理し、フィニッシュの姿勢をとり、しだいにクローズ・アップしながら、画面からこっちへ去った。

なんだか「関所破り」と「二段斬り」がごっちゃになったような気もするが、まあいい。なんと言っても犬神博士は邪気のない子供である。純文学畑では、子供の眼から大人の世界が歪んで見える、という魚眼レンズのパターンがあって、たかだか、ゆうべ父ちゃんと母ちゃんがへんなことをしていましたぐらいの小品ができあがる。ところが断乎たる大衆小説であり、活劇小説である「犬神博士」の魚眼レンズは、一方では無意識から意識を追う超現実主義の一方法に接近すると同時に、他方、社会の家族的構成とそのイデオロギーである血の意識、骸《カバネ》の意識を、主著『ドグラ・マグラ』における胎児の夢と、犬神博士にみられるような行動の底にある虚体意識とに両極分解させながら、右翼と左翼の地中におけるからみあいの根を久作はここで掘りおこしているのである。

ここでひとこと註釈しておけば、玄洋社イデオロギーが黒竜会イデオロギーに自己疎外していく以前の地点に、谷川雁の原点構想は根ざしていく。共通根は筑豊炭田のナショナリズムとインタナショナリズムである。玄洋社の第二維新革命論が日本資本主義の原動力を自覚しはじめた筑豊炭田の尖鋭な表現であったならば、谷川雁の構想は、没落期筑豊炭田の死滅していく悶えにもとづいていると言えるだろう。彼の「筑豊炭田への弔辞」と久作の短篇『斜坑』または『犬神博士』をくらべてみよ。（いけねえ、久作の本が手に入りにくかったな。選集なり出版しようと努力してます）。原理の輝きにおいて谷川雁が、爆発の予感において茂丸久作父子が、北一輝曰く「日本民族の魂をドン底からひっくり返す革命」の炭層を挾撃している。

さて市は申すまでもなくメクラだ。座頭は検校の下位であり、びわ法師の首座であるから、メクラのなかでは佐官クラスだが、びわを弾いて食っていたのではなくーーいや食えるかな？　座頭市オゥ・ゴーゴーは当然エレキーで奏されねばならず、かのエレキーこそびわをマイクでとった音そっくりで、電気びわ節と呼ばれるものだから――あんま稼業であったから、ばかにされることは非人なみだったろう。なにしろパンマが女神の一種とあがめられる時代ではなかった。市は、社会的ヒエラルヒーのなかで自分が押さえつけられているという点では蜂起しない。からかわれたり、ののしられたりしても、忍び難きを忍び、耐え難きに耐えちまう。このとき彼は卑屈なメクラである。やくざや浪人のあいだでは、イカサマをしたり、二股膏薬をはったりのあくどいまねをする。このとき彼はやくざである。まぶたの父や、恩人や、子供や、バワリー街風のぐうたら爺や、足をあらいたがっているやくざに対しては、自分の境遇を身にしみて知っているために、貧しい者と弱い者の交感やおもいやりがあり、このとき彼はナイーヴな弱者だ。そしてひとたび、自分より弱く、自分の助けを必要とする者が危険にさらされるとき、はじめて彼は防禦の仕込みを抜く。この構図は一貫していて、子母沢寛の股旅物につきものの均衡を乱さない。弱いもの同士の救いのない争いの場にたちいたったとき、彼は原罪そのものであるような高周波をふくんだあんま笛をふいてたち去る。市のたち去る姿、賭場荒し、ものを喰う場面、殺陣の四つはつねに座頭市シリーズのよびものになっており、それぞれ、①メクラと②やくざと③弱者と④蜂起者に対応している。シリーズはじめの「座頭市物語」「続座頭市物語」の二巻をのぞいて、悪人としての市の姿が薄れ、任侠としての姿が強まるに比例して、殺陣がめっぽう強くなっていくという変化はあるが、四つの基本点は崩れぬ。堂々たる安定だ。これがまたいい。斬るぞと思ったツボで必ず斬り、俺は小田原の三本立て一五〇円の小屋でみるが、ここの客種は漁師や土方が多く、四つの基本的イメージにぶつかるたびにドッと湧く。期待通りにやっちまうと拍手だ。新宿の深夜映画ででくわす光景が、田舎では真ッ昼間からおこなわれている。この基本的構図とそれへの反応をもっと下降していくと、映画屋や敬愛する勝新氏の知らぬまに、クラウゼヴィッツ理論へぐっと深まるというしかけだが、まあ、もうちょっと散歩しよう。

今のところ最新作の「逆手斬り」、地獄へ行ってもまだ痛え市の新手の逆手斬り、というやつから、各場面ハイライトに火をつけよう。

二秒間に五人斬る座頭市。

弓を射る座頭市。

岩頭に立つ座頭市《ザトウイチ・オン・ザ・ロック》。

はじめて海を知る座頭市。

「塩《しょ》っぱい風だな」とつぶやく座頭市。

「海は利根川より大きいかい?」と問う座頭市。

海とお天道様崇拝の座頭市。
見えない太陽にこがれる座頭市。
太陽の恩を子供に話す座頭市。
泣かす座頭市。
尻をまくって河を渡る座頭市。
西瓜を喰う座頭市。
ユーモラスな座頭市。
あんまをする座頭市。
双刀をふるう座頭市。
鯨網を円くきりぬいて立ち上る座頭市。
銚子の浜でたたかう座頭市。
砂丘を歩み去る座頭市。

ゴー・ゴー・ゴー・ゴー・ゴー・ゴー

われわれはふたたび市の大哲学にもどる。「あっしあメクラでござんして逃げることができやしません。それで向かってくるものを斬ってしまうのでござんす。」市の殺人剣はこの防禦と攻撃の転換大テーゼの上に築かれる。初発の地点で、市の仕込杖はエクセントリックなふたつのテーマをもっている。第一は、市が、民衆の本来的な姿である受身の立場に立っていることだ。第二は、市の殺人剣が武士の堕落した活人剣の批判であり、武器の対人用使用に忠実だということである。幕府御用の柳生の活人剣だろうと、剣禅一如だろうと、袋竹刀だろうと、それが戦国武士からの堕落であるにはまちがいない。市の殺人剣にはへんな精神主義がない。必殺である。だから、市は仕込をぬくこと、ぬいたと同時に殺人技術が冷酷に貫徹するプロの殺人者としてあらわれる自分に罪を感じる。市はうつむいて斬るし、人を斬るところをみせたがらない。後を向かせている間に斬り、子供をあやしながら斬り、おむつをとりかえながら斬る。これは股旅イデオロギーに似ていて、すこしちがう。

股旅の基本的イメージは去っていくもののイメージだ。伊那の勘太郎の歌詞の分析から、森秀人は、股旅が、農民の自己疎外の姿であると指摘した。一方やくざには、渡り職人とやくざの類似に見られるような、町人や職人から出てくる一傾向があり、座頭市には職人の影がつきまとう。彼の居合抜きは繊細な技術を感じさせるのだ。彼はやくざ以下でさえある。親分も盟友もいない。しかし居酒屋や茶店や木賃宿にいるときの市は喜々としており、下層社会にとけこんでしまい、一匹やくざの孤独感さえなくなる。市は一事件を斬りおえて去るが、去る影に、股旅とすこし異ったニュアンスがあるのはこのためだ。つまり股旅はふたたび農民からしめだされていく亡命者の影をもつが、メクラが人を斬るという不可思議さにしめされる市の原罪の構造と、乱闘後のカタルシスが市の去っていく姿にはある。百姓＋おかま＝旅鴉にくらべて、目こそ見えないが、座頭市は鳥のように自由である。

これが市の身許証明だ。世界のどんな活劇よりもエクセントリックでもの凄いたちまわりがうまれ、エイゼンシュタインの典型論なんて屁の河童の類を絶した典型がうまれた理由である。

剣は片手でもち、突くか叩くかする目的で発達してきた。両手で斬ることを目的として発達してきた日本刀とその操作技術は例外的なものである。座頭市の独創は、ソリのない仕込杖を片手逆手にもつことにある。日本刀は片手で操作することに不向きだ。第一に重すぎ、第二に刃を相手にあてにくく、第三に力を加えすぎると剣が流れて自分を斬ってしまう。逆手にもつことによってこの不満は解決できる。逆手もちは想像以上に力が剣先にくわわるものである。そして逆手もちの最大の長所は、どんなバランスからでもふりまわすことができ、さまざまの刀法に均一の力がくわわり、かつ日本刀操作の常識では考えられぬままでふところに入った敵を倒すことができることにある。日本刀があの凄まじい切味をしめすのは、刀が振られてきて、ひじがのび、グリップがしぼられたときの刀の先端三寸であるが——左手で柄のこじりを、右手でつばもと一寸をささえるにぎりかたではどうしてもそうなるのだが——片手逆手では、ひじの角度と腰を沈めるタイミングによって、真横の敵に対しても、最大の力で打撃をくわえることができる。ストレート・パンチに対するアッパーカットやフックだ。市の刀法は接近戦で無類の威力をふるう。

いましも、東洋チャンピオン・スカウトの、第四ラウンドの二分二十三秒、沼田義明が黒人ラフ・アロッティに、奇怪な右フックで倒されたところだ。脚とストレートの沼田に対して、アロッティはウィービングとフックでたちふさがり、接近戦にもちこまれた一瞬、沼田の左顔面上の奇怪な空間からひっかけてきた右フックにテンプルをうたれ、たった一発でひっくり返ったのである。

下段から巻きあげる太刀筋は手練者でなければつかえない。しかしこれにしても逆手斬りにとってはごく自然のスウィングである。それだけではない。背面の敵を後向きのまま突くなどは、日本刀の刀法では想像もできないことだ。文字通りメクラ斬りだ。もともとメクラにとっては前も後もたいしてかわりがないのであって、弱点をつくつもりで後へまわったものがあっさりつっつかれてしまうのだ。

座頭市はすれちがいざまに、細身の仕込の負担にならぬやわらかい胴を斬る。逆手斬りの弱点は、リーチが短いことと、相手の剣をうけとめにくいことにあるからだ。逆手の構えは、相手の水平の刀法には応じやすいが、垂直の刀法には応じにくい。ことに下段から籠手へ巻いてくる剣にたいしては防ぎようがない。したがって、相手の剣と打合わずに一瞬はやく斬ってしまうことが必要である。ことに日本刀の刀法は、上段から面を打つのが基本技であるから、ますますカウンターパンチの要領が要求される。すれちがいざまの胴斬りが多い所以である。この刀法もメクラの長所からあみだされてきた。遠くはなれては音だ。近ければ目だ。接近すれば触覚だ。風圧や、肌のにおいや、呼吸がはっきり感じとれる接近戦はまさに市の独壇場である。遠い者は音にきけ、近い者は目にも見よ。もっと近けりゃなめてみろ。われは座頭市なるぞ。しかも市はあんまである。人体の急所や神経のつぼを心得ているのだからたまらない。一撃で即死であり、地獄へ行ってもまだ痛えという次第だ。

座頭市いらい、逆手斬りの剣士もふえた。霧の遁兵衛、三匹の一匹橘一之進、そして近衛重四郎扮する柳生十兵衛まで、ときどき逆手斬りをみせる。それぞれなかなかの太刀筋を披露するが、いかんせん、相手の剣を逆手で受けすぎる。逆手斬りは、刀をあわせずに、ひとなぎで斬るのが極意である。

次にバランスの問題がある。逆手斬りは動的なバランスが可能であった。市は鞘を左手にもちながら仕込みをふるう。なにしろ杖なのだからこの鞘を捨てるわけにはいかない。この鞘がまた恐ろしい。敵に案内させるとき、この鞘をひかせて市はついていくのだが、逃げようとしたり、へんな動きをすると、敵の手に鞘がのこり、市の手に抜身がのこる。そして座頭市の戦闘中、左手の鞘はつねに右手の刀身と対応した動きをしている。鞘は犬の尾のようなはたらきをし、右手の刀身とバランスをとるのだ。このことから、市は遠からず二刀流を使うにちがいないと予測できたのだが、この「マルクス主義的展望」はピタリと適中して「座頭市二段斬り」では、市は双刀をふるったのである。そのとき左手はふつうのもちかたをしていたが、新作の「座頭市逆手斬り」では、ついに双刀の逆手斬りをふるうまでに発展したのだった。

——すなわち、座頭市殺法は、メクラにおける防禦と攻撃の転換というポイントからはじまり、以後一貫して合理的な精神につらぬかれているのだ。座頭市はデカルトの明証性を有している。

コギトへの到達とともデカルトが坊主のように推論しはじめたのとそっくりに、技術の極で座頭市は魔神にかわった。

犬神博士は子供だ。座頭市はメクラだ。かれらは民衆の受身の立場と弱者の立場を捨てぬことにより、権力の盲点へ盲点へと出て権力を倒すルートを見出したのである。犬神博士と座頭市の偉大さは、庶民感情のどまんなかに蜂起の正当さをぶっ立てたことにある。蜂起、叛乱、武器をとりだして闘うことの正しさが、民衆の感情のどまんなかにおっ立つこと、つまりドーンと胆がすわることをさして、われわれは民衆の解放と呼ぶ。

犬神博士と座頭市をふたつの焦点とした楕円形の肖像が、日本民衆の蜂起の肖像となる。かつて大杉栄は、いかけ屋の次郎吉を評して、彼がいかけの道具をガラリと捨てて、怪盗ねずみ小僧として立上る瞬間を蜂起のイメージだと言った。それは、大工が、左官が、鳶職が、それぞれの道具をガラリと放りだすだろうイメージの一部分として定立している。かれらは自分の仕事道具を放りだす。しかしかれらは道具をあつかう感覚を放棄しはしない。道具の感覚が武器の感覚にかわるのであり大工を大工にし、左官を左官にしばりつける生産手段としての道具をひとまずすてなければ、蜂起における解放はない。たしかなことは、かれらはまず武器倉を襲うことをしないことだ。身のまわりにある長いもの、鋭いもの、切れるもの、破壊力あるものをひっつかんで外へとびだすのだ。ここに、道具から武器へ、防禦から出て攻撃へのテーマが総体的な民衆の次元で実現される。秀吉の刀狩り以来ウンヌン、われわれには武器がないカンカンと嘆くな。汝、プロレタリアートが戦闘力疑うまじ。

犬神博士は魂の非権力・無政府の虚体を動かすことによって、座頭市は、まず忍び、ヴォルテージをあげ、自分より弱い者への同情によって放電し、という四つのパターンをかならず通過することによって、ドン・ピシャリ、叛乱の図式通りに仕込杖をふるうのである。このふたつの典型的なケースが、民衆蜂起の総過程、道具から武器を、防禦から攻撃をというテーマを挾撃しているのだ。

座頭市への俺の偏愛はまさしくこれであった。が、俺はほりすぎた。座頭市はたっぷり娯楽に富んでいるのだから、それを避けては失礼にあたる。

座頭市はゆきづまったか？　はじめ批評家によって、次は映画制作者がゆきづまりを感じたらしい。最初はつつましく四、五人斬っただけだったが――このなかに平手造酒がふくまれる！――しだいに二、三百人斬るようになり、居合の見せ場も、碁盤、さいころ、ざぶとん、燃えつつあるろうそくの芯、薄紙、階段のてすり、銭、飛ぶ蛾、飛ぶ独楽などを斬ってしまって、こんどはつり鐘でも斬るよりほかにないだろうと制作者はぼやいている。

アトラクションとしてはそうだろう。逆手斬りの自己発展としてはほぼ完成しているからだ。われわれは技術の二つの頂点を見る。ひとつは「座頭市逆手斬り」における双刀をふるう座頭市である。他のひとつは「関所破り」のラスト・シーンで、火照りと血しぶきにつつまれて魔神のように斬りまくる座頭市である。

ゆきづまりに対して三つの打開策が考えられる。一つはマンネリズムの徹底的持続、二つはセックス座頭市、三つは、俺はまだ見ていないのだが、ウル座頭市としての「不知火検校」への回帰だ。キリスト生誕一九六五回目の十二月二十五日、市は「座頭市地獄旅」において復活する。いまから楽しみにしているが、そこではもうひとりの居合抜の名人が登場するらしい。

「居合の腕は俺より凄い。どえらい奴があらわれた！」

ようするにこういうことだとおもう。ヘーゲルによれば、支那の歴史は非歴史的な歴史で、国家形態がつねに家父長社会とむすびついているために、支那社会の内的矛盾が発展しない。だから矛盾は蛮族の侵入という外的なものとしてあらわれたが、この交代した王朝もまた家父長的社会とむすびつくので、いつでもつくっては壊れ、つくっては壊れをくりかえしているので、非歴史的な歴史だという次第。したがって、「ヘーゲルの意見では」、座頭市の生命は非生命的な生命であり、斬っては腕をみがき、斬っては腕をみがいているうちに、内的な死滅の契機がないのだから、敵役はもうひとりの居合の名人、座頭市ダッシュとしてあらわれた。ヘーゲルと一緒に逆立ちしている制作者の頭にはこんな構図が出没したのだろう。

ところがマルクス主義者はこんなことは言わない。じゃあ、メクラが刀をもつ座頭市の原罪意識はどこへいっちゃったのか？　源泉へ回帰せよ、と、こうなる。「座頭市関所破り」のクライマックスは魔神の業であった。メクラの弱点を一貫して技術的に活用してきた結果、御存知の逆手斬りが編みだされたとわれわれは理解していたが、そうではなく、もともと座頭市は化物だったのではないか。そう疑念するに充分の迫力があったのである。この感覚を通過するとともに、座頭市を超越的存在にすることができる。

かつて外崎正明とこんなことを計画した。大学の映画祭は「鉄路の闘い」や「地下水道」ばかりやるのが能じゃない。今年は「闇のなかの自立」と銘打って座頭市をやろう。講堂前に高さ五メートル、幅四メートルのパネル大写真を三発。一枚は仕込みを抜くところ、一枚はにぎり飯を喰っているところ、一枚はおどけているところがい い。パネルの前で公開討論会をやる。講師は谷川雁、勝新太郎。俺たちは町へ行って、あんちゃんやねえちゃんをしいれてきて、さかんにワイワイやる。うけるだろうぜ。会場、フイルム、写真、講師その他は大映と大学に出させる。大映と大学の大の字を重ねて串刺しにすれば、大うけは必至だから、入場料をかっぱらって逃げる。ゴダールの「軽蔑」を上映する。お好みの仏文学者にさんざん提灯をもたせておく。御承知のように「軽蔑」のプロローグは、すっ裸のブリジット・バルドーがぜんぜん実存的に悶えておるから、まあそのへんをこってり見せた後に、フィルムをちょんぎって、座頭市をはさむ。市がゆるフンをもぞもぞさせて、ごっつあんですという顔で出ていくところがいい。もちろんB・B嬢は「イッツァン・ジュ・テエム」とは言わない。言われてはこまる。これでゴダールの苦心作が一発でこわれる。騒ぎをよそに金をかっぱらって逃げる。そのままではゴダールにわるいから、日仏合作で「座頭市パリへ行く」でもつくる。


カフェテリヤでスパゲッチを喰う座頭市。

カンカン諸嬢に顎をなでられててれる座頭市。

手風琴ながしと踊る座頭市。

凱旋門広場の交通混雑をすりぬける座頭市。

ラテン区のボヘミアンとカルタをする座頭市。

エッフェル塔上でリノ・バンチュラと斬り合う座頭市。

OASの秘密組織員を斬る座頭市。

……背後に流れるはイエペスの「禁じられた遊び」。いいだろうなあ。このアイデア売った！


座頭市へのわが偏愛は、道具から武器へ、防禦から攻撃への転換を、俺の無意識の領域で、座頭市にもとづいて考察していたことにはじまる。ちょうどその頃、日本の進歩派は、ヴェトナムについて誤謬をしあげつつあった。それは次のような論理へと集約されていった。戦争は政治の延長であるという周知の命題があまりにも常識になりすぎたために、戦争とはすなわちヴェトナムの内戦と北爆であり、政治とは、すなわち諸帝国主義国家間の、十何度目かの空打ち《クー・デタ》で人形の座についたグエン某氏とテーラー閣下のあいだの——ただしグエン・カオ・キよりもテーラーがお先に失脚したことは考察に値する——ヤンキーと支那人のあいだの、ソ連と中国のあいだの、それぞれの思惑、牽制、かけひき、おどかしっこのことであり、戦争がかくかくであり、政治がしかじかであるから、このふたつの関係をあれこれ推量すれば、なにしろ戦争は政治の延長であるから、政治的解決のみとおしがひらけるにちがいない。こんな論理に帰結していったのである。こうして政治的展望は、最良のものでも次のようなブルジョワ的共通項に頭をたれた。ジョンソン氏とエスカレーション政策は、①より大きな戦争への拡大の危険と、②デモクラシーの旗をみずからふみにじり、資本主義諸国の団結を危うくし、③平和共存路線を弱めて中共の立場を強めるだけだから、④やめた方がいい。これらの良識ある意見の前でも、ヴェトナム戦争とはヴェトコンと米軍の軍事対立以外を意味しなかった。政治は政治であり、戦争は戦争である。しかも、進歩派の誤謬にもかかわらず、戦争は政治の延長である。政治はどこにあるか。ヴェトナム人民が道具から不断に武器をとりだすゲリラ戦、ヴェトナム人民がグエンA、B、C氏の国家に不断の蜂起をくりかえしていること、ここにある。軍事的展望から入っても、外交から入っても、ヴェトナムにおけるナショナルな領域、ヴェトナムの階級闘争を忘れた人々の空中インタナショナリズムは、戦争と政治を一歩もちかづけることができなかった。武器の批判の意味がちがっているのである。武器の進歩が戦闘を変化させ、新しい武器が新しい戦闘隊形を、そして新しい組織論を必要とするという命題は、歴史上何度も確認されている。しかしエンゲルスはこういうのだ。

「目でみてもわかるかぎりは一大隊をも射撃できる大砲と、一人一人の兵士をねらい射ちでき、しかもその装塡のためには照準するだけの時間もいらない銃をそなえているからには、野戦のためのこれ以上の進歩は、もはやおおかれすくなかれどうでもよいことである」（『反デューリング論』中「強力論」）。おおかれすくなかれどうでもいいことである！　エンゲルスは、この断言までに横隊から縦隊へ、さらに散兵戦へと変化してきた野戦の隊形と火器の発達にアウトラインをひいてきたが、このおおかれすくなかれ満足すべき水準に達したときに、野戦の組織論的基礎をガラリと一変させねばならず、純軍事的見地をふたたび階級闘争論に転化させねばならぬ点に達したはずである。しかし彼は、その時代の条件に限定されて、どうでもよくなったと考察された地点から、戦争の決定的側面が大艦巨砲主義に、海戦にうつり、軍艦をつくるための一国の生産力水準が問題であり、したがって暴力《ゲヴルト》は経済的《エコノミーの》規定に従属するという方向にそれてしまった。純軍事的側面ではたしかにそうであり、人類は第一次大戦の制海権、第二次大戦の制空権をとおして、総力戦が生産力の戦争であることを経験している。他方、野戦における人殺しの効用論の面でも、エンゲルスの時代から、純軍事的分野でより多くの発展を見ている。一定の単位時間内に一定の空間に何発の弾丸を流しこめば人間は生きていられないという計算にもとづく自動銃、しゃへい物の陰にひそむ兵を倒す手りゅう弾や臼砲、トーチカごと焼払う火焰放射器、毒ガス等の出現、これらはおおかれすくなかれどうでもよくなっており、飽和したと考えられた野戦の必要と発展の証拠である。かりに野戦の戦術は武器の一定段階で飽和しようとも、野戦が必要でなくなることはない。それどころではない。その後の戦争史が証明したところでは、野戦はますます重要であり、戦争の最後の勝利は歩兵の突撃が制するということであった。だからエンゲルスの飽和点は何を意味するか。戦争と政治の結節の問題であり、階級闘争の見地は純軍事的見地と異るという認識を意味する。階級闘争においては、すべての武器が決定的な意味をもつ。したがって、野戦に関する考察は、ある歴史的段階で軍事的に飽和点に達した武器の考察ではなく、武器を手にすることの考察であり、ことさらに、道具から武器への転換に関する考察にかわらねばならぬ。われわれはこの地点からゲリラの抵抗を得ている。

民衆の蜂起にあたってバリケードからゲリラへの発展があらわれたのは一九〇五年のモスクワ蜂起であった。その長く遠い背景は、ヨーロッパ人にとってはメリメ描くマテオ・ファルコネであり、群盗であり、スペイン流のナイフの使いかたであったかも知れないが、日本では座頭市や犬神博士ではないと誰が言えるか。仕込がカチリと鞘におさまったときには、座頭市は水もたまらず、フリードリヒ・エンゲルスを斬ってしまったのだ。

市ッあん、斬りまくれ。おまえはすでに日本の革命領域を斜に斬下げている。

諸君、座頭市が行く。

市ッつあん……市ッつあん……市ッつああん……市ッつあああ……ン！

ジャズ宣言

平岡正明

どんな感情をもつことでも、感情をもつことは、つねに、絶対的に、ただしい。ジャズがわれわれによびさますものは、感情をもつことの猛々しさとすさまじさである。あらゆる感情が正当である。感情は、多様であり、量的に大であればあるほどさらに正当である。感情にとって、これ以下に下劣なものはなく、これ以上に高潔なものはない、という限界はない。瀆神、劣情、はずかしさ、憎悪、うぬぼれ、卑怯……これらはひとまえでだしにくいが、しかしそれらの感情をもつことがただしいのみならず、場ちがいで破滅的な感情がめばえたときにでも、その感情をもつことは絶対的なただしさがある。

われわれは感情をこころの毒液にひたしながらこっそり飼い育てねばならぬ。身もこころも智慧も労働もたたき売っていっこうにさしつかえないが、感情だけはやつらに渡すな。他人にあたえるな。真の感情をもつものは現在あまりにもすくなく、人間を定義して感情の動物というのはあくどいドグマである。現代人の感情はけもののレヴェルに達していない。また感情を制御するものは理性だとする立場も悪辣なドグマである。感情を制するものは感情である。地獄的な感情の塊がいまは衰弱しているのであるから、理性は抑圧の具であり、支配の走狗である。

神経の磨耗と感情の退化こそ、黄色い観念論者のさえずる疎外ということばの正体だ。自分の現在の立場や、していることを心底から憎み、それをどのように破壊し、どのように裏切るか、いつぶちこわしてやるかということを日毎夜毎に考える力が必要である。自分のやることが重要であり、自分が有用な人間であればあるだけ、ますますそれをどうぶちこわしてやるかについて考えねばならぬ。つねに破壊に焦点をあてないではわれわれに充実した生というものはない。現代において、真の感情をもつものは、破壊的か、自己破滅的か、このふたつにひとつしかない。

弱い者いじめはなんとたのしいものか。蝶々は弱く、美しいから羽根をもがれるのである。弱いものは、ただそれが自分より弱い存在だということのために、それを殺すことがわれわれの快楽なのである。羽根についた粉が目に入ると毒だからという理由や、前身のイモムシがおぞましいからというのは、殺してしまってからの理屈であって、われわれは、蝶を、弱く、美しいがために殺すのだ。自分の助けを待っているものを前にして、彼を裏切り、彼を破壊してやることのたのしさは、彼が自分を必要としている程度が強ければ強いほど、より確実なものになる。彼を救って得るよろこびよりも、純粋なきまぐれを満足させるために彼を叩き潰すことの方が、悔いという感情の持続性と刺激の量が確実に大であるという予測を甘酸っぱい不吉な官能のざわめきとともにわれわれは知るから、われわれは加害と裏切りの道をえらぶのである。感情はより大きな感情のなかでしか揚棄されない。感情はより大きな感情へとふくらみたがる自律的な法則性をもっている。そしてこれは正当である。

感情の猛々しさは、ついに生き死にが問題でない瞬間へとひとをうながす。優秀なジャズメンはくたばり急ぐ。まるでそのような法則でもあるかのように早死だ。俺はかつてそれを名づけて言った。——自己テロル。

はっきりいうが、前衛ジャズの愛好者のなかで、前衛ジャズに共感しているものは少数派である。ハナ肇万才！　『スイング・ジャーナル』六七年二月号の油井正一との対談でこういった。「それそれ。あのちんぷんかんな音楽をさもわかったふりをして陶酔しているファンの姿こそわれわれにとって絶好のネタですぜ。云々」野々山定雄はまだジャズを忘れていない。しかし彼は前衛ジャズの少数派を理解できない。

前衛ジャズを理解することは前衛ジャズ・ミュージシァンの生活を理解することである。もちろんわれわれはかれらの生活を直接に知らないわけだ。アップル・コアの、若い、貧しいジャズメンと友人になることができないのである。しかしわれわれはかれらに関するいくつかの報告と、レコードをもっている。レコードをね。かれらのレコードを聴いてわれわれはかれらの生活を想像してみるのであって、レコードからかれらの実際のステージを想像してみるのではない。鑑賞の態度とでもいったものがあるならば、前衛ジャズの出現は、ジャズをそれ自体の価値において享受しようとする――もちろんわれわれはそうしたいのである――態度と、ジャズを、ジャズメンの生活の総体の一部としてみていくことのちがいに道をひらく。すきこのんでそうするのではない。ほんらいならばレコード一発でスィングできる方がよほどいい。水面に頭をのぞかせた氷山の総体積をはかるために、意識のおもりを海中に投じてみなければならないというのは、ジャズにとって不幸である。レコードというものが三十センチ直径の円板にたたきこまれた小宇宙をはなれて、ほんらいの、「記録する」という動詞にかえってきている。別の表現もあっただろうし、別にいいたかったこともあるにちがいない。それらはかくされている。むしろやりたかったことの方がずっと多かったにちがいないので、われわれは、たまたま、ディスクの上に何十分かにわたってひっかかれた傷を、演奏の総体とも、まして生活の大きな一部ともおもわないのである。

　ジャズの歴史にとってレコードは相当程度に大きな役割をはたしてきた。ジャズにおける、それぞれの時代、スタイル、動向については、ほぼ忠実にレコードがマークしてきた。それが変ろうとしている。前衛ジャズメンは生活の総量のほんのわずかしか記録していないし、インサイダー・ジャズメンの方からも、演奏の長時間化という線にそってレコードをはみだしてきている。その典型例がジョン・コルトレーンである。

ジョン・コルトレーンは、典型的なインサイダー・ジャズマンだ。彼のレコードなり、ときおりの発言なり、まわりの者の発言なりをたどることによって、ほぼ正確に、彼の成長の全過程をわれわれは検証しうるからだ。彼は演奏のうえに自己史をもっている。「至上の愛」一枚をもってしても、彼のジャズ的自伝を手に入れることができる。彼は成長・深化するというドラマツルギーをもった、最後の、輝やかしいヒーローである。

オーネット・コールマンやエリック・ドルフィーについては、かれらに関する情報やデータが豊富であり、レコードも、論評も多く、彼ら自身がおしゃべりで機会をみては一席ぶつにもかかわらず、全体像はきれている。オーネットがエレヴェーターを最上階にとめてアルトサックスの練習をしていたのをみつかり、クビになったという記事は、記事としてユーモラスで、ニヤリとしたくなる味わいをもっているが、これと彼の演奏がどうかかわっているかは見当もつかない。が、ひとたび彼の生活の次元にたちいってみると、叱責、失業、空腹、疲労……というブルースが彼を圧倒しているにちがいないのだ。じっさいこの小事件は、オーネットの音楽には屁でもないが、彼の生活の次元、たとえばオーネット・コールマンという個性の尊厳のうえでは重大なできごとなのである。

　エリック・ドルフィーは豊かな表情をもったミュージシャンだったし、さまざまな表情の振幅と表現の多様さが彼のテーゼであった。だから、馬のいななきか、それともフルートによるリリシズムか、そのどっちがドルフィーの素顔かという珍談義がでてきたとき、ジャズをば、完結した表現の世界か、生活の深部を経て反射された現代というものの、そのいくつかの可能な表現とうけとるか、まさにジャズの亀裂に対応した論戦へと道がひらかれたのである。俺の知るかぎりでは、エリック・ドルフィーを、鳥のように囀ることもできるし、労働者のように気合をいれることもできるし、大都会の喧噪そのものと化すこともできるような、ジャズと原ジャズの領域を通底することのできるスケールの大きなミュージシャンだといったのは相倉久人だけであった。じつにこのあたりで差がついたのだ。

　だが、オーネットやドルフィーは例外児である。俺は臆面もなく前衛ジャズということばを使った。前衛ジャズを実体化しようという試みはまず無駄である。なぜなら、個々のジャズメンの固有名詞からも離れてしまいそうな、ジャズのある状態をそれはさすからだ。バレーボールやテニスの前衛とはわけがちがう。政治の世界でいえばほぼ一九二五年代に前衛というものはなくなったことになっている。前衛ジャズをば、不可視の、痙攣的に瞬間にだけあらわれるある種のジャズの状態と定義すれば楽なのだが、もうすこし意味を限定する努力をしてみる。

十年前の、一九五五年代のジャズを評して、ファンキー・ジャズということよりも前衛ジャズを定義することははるかにむずかしい。黒人的なものの最大公約数へもどり、黒人的な要素を回復しようとした努力とともにファンキー・ジャズはうまれた。だから、黒人的なものを正しいとし、価値あるものと認め、その方向へ黒人を駆りたて、その方向で黒人の感性を解放したときには、ファンキーズムは前衛ジャズだったのである。黒人を一皮剝ぎ、黒人的なものを強調すればファンキーがでてきた。しかし前衛ジャズは一皮剝けば出てくるような筋肉組織ではない。ファンキー・ジャズのリンゴは内側から腐ったのだ。五年間の持続とともにファンキーズムは内的な諸力を使いはたした。その方向では黒人の感性を解放することができなくなった。前衛ジャズの次のレヴェルが必要になったのである。

この間の事情を比較的正確に、そしてうんざりするほど受動的なかたちで、ジャズ評論がつたえている。ソウル談義からジャズ形而上学への転換である。ソウルだ、ガッツだ、パンチだ、ハッピィーだ、よだれだという風潮が一転して、やれ行為としてのジャズだの、疎外だの、響きと神だの、合一だの、芸術だの、アブストラクトだの、呪文だのと、ピーピー騒々しいところだけは本家の前衛風ジャズに似ておいでだ。俺をしていわしめれば、これらの猫たちは三周おくれてやっと発情しはじめたのである。前者は裏返しの人種的偏見である。後者は一転して無葛藤理論、無媒介観念論、空ッ騒ぎのナルチシズムに飛びうつっただけのはなしである。われわれは過去なんどもこういう光景を見てきている。三文文士の地口をジャズの世界にもちこまれてはたまらねえ。

われわれはまだ人種的偏見から足を洗えないでいる。御承知のように、偏見というのは感性と行動を短絡させる回路であるから、もっとも抵抗のすくないところに電流がとおるというルールにしたがえば、いまただちにわれわれにやれることは、都内のジャズ喫茶をながし、ジャック・ルーシェの「プレイ・バッハ」をリクエストしている奴を見つけだしては撲りまわって歩くことだ。

さて、前衛ジャズは、ファンキーズムとはことなって、それをネガティヴなものとして限定するということをわれわれは承認できる。ありうべき状態の顕示ではなく、どうにかしなければこまる図太い壁の抵抗が、そのむこう側にある次のレヴェルのジャズを黙示しているのである。この壁がはっきりたちふさがったのが一九六〇年なのだ。したたかな壁のてごたえを実感できないでは前衛ジャズに共鳴できないのである。世界の同時性、等質性がこの実感の根拠である。おそらく、ハナ肇は自分がはねかえされたものが壁だと知らずに自己陶酔にふけっている連中を、こっけいであると笑った。俺はハナ肇の側に、批判者の側に、一票を投じたい。コルトレーンは前衛ではないが、挙手多数の多数決原理によればいちおう前衛ということになろうから、かりにそう前提して周囲をみまわしてみると、コルトレーン礼讃者よりも、批判者の方にしたたかな人物が多い。一方、コルトレーン礼讃の質はといえば、これは相当程度にくだらないのである。現在の前衛ジャズ礼讃のひとくさりは、そのほとんどのかたちが、ウェスト派ジャズとマリファナにラリっていた五〇年代ビート族に見出される。解放とか、自由とか、呪術ｅｔｃ。アングロ・サクソンの血をひくかれらには疎外ということばはお口にあわなかったが、これらの文学小僧の辞書には、残念ながら暴力という文字が記載されていなかった。ジャズの世界では、ある朝、ワーデル・グレイが路傍で撲殺されてころがっているようなことがあってもびっくりしてはいけない。暴力の契機のないジャズなどというものは、両者ともに逃げまわっているボクシングの試合のようなものだ。

ファン気質という点からすれば、いまの卵頭は確実にファンキーズムの時代から後退している。ちんぼこくさい臭いと、あでやかにふちどりされた壁のしみと、ゴキブリと、ボロ装置がお嫌いで、チンマリしていて、こぎれいで、ビート風に画一化された店で静寂主義に耽っている図は、当方はハナ肇氏よりもっとてきびしいのであるが、語の正確な意味における小ブル観念論である。

かれらの発言の空虚さは、前衛ジャズ批判者よりもいっそう、前衛ジャズメンの生活の実相からとりのこされてしまったことから生じる。われわれは前衛ジャズの意味を限定するべく二、三の努力を経たのちに、けっきょく、それは疎外のジャズだという認識をもってもよろしい。ここでもそのことばを臆面もなく用いていることに御注意願いたい。

疎外とは自己疎外であって、自分のつくりだしたものが非和解的に自分に対立することをいう。前衛ジャズはジャズからも疎外されているのだ。かれらは実際の生活の場とジャズの双方から二重にしめだされているのであり、はたしてこの状態が、ブルースの――あの抱擁力があって強靭なブルースをもってしても――地下層に定着することができるかどうか。ゴスペルは自暴自棄《ヤケクソ》気味に歌われており、ファンキーの枠組みのなかでスィングすることはアメリカに顕著な他人志向型の疎外形態であり、前衛ジャズは原曲というテキストを否定している。そしてブルースの反動としてフォーク・ソングが――アメリカにフォークがあったっけ？　アメリカっていうのはどでかいネーションに見えるがね――気の抜けた「素朴さ」でまきかえす。

アルバート・アイラーはテキストをみとめていない。彼はいつでも、スコットランド民謡をおもわせる単純なリフにもどっていく。たぶんそれが彼のジャズのゆりかごで、原基のジャズなのである。彼はその素朴なリフを土台にしてメロディー・ラインを再展開していくが、彼がイマジネーションを展開していく過程は、ブルースにもどろうとする求心的な試みと俺にはきこえる。彼はたしかにジャズから疎外されているし、ジャズは彼を解放してくれないが、しかしその文法はジャズの文法にのっとっているために、彼はジャズを継承しているのである。

ソニー・ロリンズは、彼の巨人的な力業によって、ブルースと現代の砕けちった感覚の橋わたしをこころみている。むかし、一九六一年だったと記憶するが、岩浪洋三は、前衛的風潮のなかでひとり保守的なスタイルを踏襲しようとするロリンズの方が前衛であると指摘したが、そのとおりであって、レコードのうえでは、彼の前衛的演奏は「オレオ」と「ドキシー」の自己批判にはじまっている。ロリンズは前衛ジャズに歩みよったのではなく、それを内包していたのである。いつまでも他人に見られるとおりの自分であることをやめること、そうロリンズはいいたかったのだろう。じっさい、彼は近作の「アルフィー」で、およそ古めかしい、ファンキーというよりもレース・ジャズに近いリフのなかに、ずばぬけて現代的な感覚、反抗者が肩をゆすって街中を歩きぬけるようなイメージをたたきこむことに成功した。ロリンズはブルースの磁力がまだ弱まっていないことを証明したのである。これは例外であるか？

われわれは、前衛ジャズメンの生活の実相を、理解するというよりも、直感したときに、はたして、黒人意識の総体としてのブルースは蒸発してしまったのか、変質したのか、現代の状況を先取りしたのか、すなわち、ブルースは閉ざされているのか、ひらかれているのかという疑問にぶつかる。演奏にあらわれたかぎりの「前衛」ジャズについていえば、ブルースによるイメージの惹起力は、弱まってきているような印象をうける。オーネット・コールマンの「淋しい女」は、あきらかにバラードであった。

前衛ジャズのなかに、ジャズの、ブルースの太い線に直結する正統の発展を見ているものはリロイ・ジョーンズだ。彼のジャズ史のテーマはブルース現象学といったものので、黒人のなかにはブルースという豊かな堆積があって、それは、一枚岩ではなく、複合的に構成されている。それぞれのジャズのスタイルにブルースの含有度がどれほどあるか、ブルース・インパルスの突出力がどのくらいあるか、ということをめやすにするわけだ。この線に沿ってリロイ・ジョーンズは、ニュー・ブラック・ミュージック――彼にもなんらかの実体化の希求がつよいことをこの命名法にみるわけであるが――こそが、さらに深く黒人の魂にくいこんだブルース衝動の発現であると主張する。ブルース・インパルスは黒人意識の歴史的な転換点にあらわれ、そのたびに、白人社会に順応しかけた黒人の旧世代に対立して、より若い層に、浄化された黒人の地金を掘りおこさせる作用をもつとする。この不死鳥は炎をくぐるたびにより黒くなって出てくるのだ。

ロリンズの奇蹟的な力業を除外すれば、ジャズの歴史に後退戦というものはなかった。後退すればジャズの尾についてくる、コマーシャリズムにからめとられる。前衛ジャズの方向にしか突破口はなく、したがって最良のエネルギーはそこに集中され、最高の燃焼はそこでおこなわれるだろうということはみとめる。

しかしそれはブルースの力に直結したものだろうか？　いままさに、ブルースに革命をおこすべきではないか！

問題はそのようにたてられる。

ブルースはアメリカン・ニグロの神話的体系であった。綿つみ労働も、牧歌的な汽車も、銭も、メカニックな都会生活も、ブルースとともに生々しい情念を黒人のこころにきざみつけた。このために、器楽としてのジャズは、楽器操作がいかに上達しても——ジャズメンはすでに技術の平均レヴェルにおいてパガニーニの水準に達しているだろうし、パガニーニの指づかいは、一九世紀において、手を使う人間労働の記念すべきあかしとして老エンゲルスを驚嘆させたものだ、そして産業社会の高度の分業化とともに、テクノロジーは人間性をニュートラルなものか無機的なものへとおしやってきた力であるにもかかわらず——ジャズは無機物のきしみあいへと乾燥せず、アメリカ的巨大社会の毛穴のひとつひとつにまで、人間くささをすっかりは失なわせなかった。これがブルースの磁場であった。

ブルースは、奇蹟的なことだが、ひとつの、あるいは最後の共同体だった。共同体的な感情、あるいは感情の共同体が近代社会の内部で形成されたのではなかったか。左翼は、社会的形態としてのコンミューンを築きあげようとする前に、内部のコンミューンとして、感情世界という限定さえ承認すれば、そのときから緊密に構築されていることをたやすく指摘できるところの、内部の、自由の王国をブルースのうちに見出せたのではないか。その感情が、あるいは感情の火照りでさえも、一文化を内側から規定する共同体の生きた姿を見出せたのではないか。われわれはここで、ロシアにおける共同体《ゼムストヴォ》が直接に社会主義社会に成長するか、資本主義的に再編されるかというロシア革命前期の論争と、われわれの仮定、ブルースは未来に直結するか、それとも崩壊し、ついで揚棄されるかの設問のあいだに類推の橋をかけたいとさえおもう。

物理学ではこういいますが、数学ではこうで、絵画ではこうなりますけれど、ジャズではこうです、といったフランク・コフスキー流のサイバネティックスが、類推のかなり低いレヴェルにおけるこけおどかしにすぎないことを知ってはいるが、にもかかわらず、われわれもまた垂直の連想を試みたい誘惑にかられるのである。確実なことはこうだ。この「共同体」は近代社会の内部で、黒人奴隷によって集団的に形成された。したがってそれは神話的体系にまでたかめられた歴史観であり、階級意識の総計であり、二重に幻想的な意味でのもうひとつの国家《カントリー》であった。リロイ・ジョーンズが、黒人にとってもっとも根強いもの、根底的なものをブルース衝動というなら、彼はさらに、黒回教の国家観《ステート》や、ブラック・パワーも、ブルースから発想されているというところまで論理を徹底させるべきであった。

われわれの眼前で進行しているやや錯乱した前衛ジャズのフレーズがつたえてよこすものは、この共同体の崩壊ではないか。この展望はひどく絶望的である。絶望的な眺望をブルースは喰えるか。それともブルースが喰われるか。

ジャズの形成過程はほとんどジャズの蒸溜過程といってもいい。ジャズは黒ン坊の音楽とさげすまれ、街の楽隊や、淫売宿や、密売酒場や、ハーレムや、ボロ雑巾のなかで育ってきた。アメリカ社会の暗部で、正規ならざる発育をとげてきた。ジャズは激越なアジテーションとしての一機能ももっているが、音楽という最高度の抽象性と、正規ならざる発育のおかげで、社会のダイナミズムからすれば、処女を守ってきたのである。それが、価値あるものと主張され、価値あるものとして受入れられた瞬間に、現代の最先端にとびだした。不均衡発展の法則……これこそ……ジャズこそ、ひとつの永久革命にほかならない。

しかしジャズはまだ処女である。伝統的なもの、ヨーロッパ的なもの、有閑階級的なもの、芸術的なものに痛撃をくらわし、ジャズの外縁にふれるものを百八十度ひっくりかえすべく攻撃にかかっていない。

にもかかわらず、第一に、ジャズが急進化しつつあるアメリカにおいては、ジャズから進撃するイデオローグがあらわれてきている。たとえばリロイ・ジョーンズ。条件つきでナット・ヘントフ。

にもかかわらず第二に、根底的な意識の転覆を招来する力はジャズから上の「芸術」にはない。前衛演劇は商品である。アブストラクト絵画はアカデミーの囚だ。最良の革命的精神はジャズのなかに後継者を見出すだろう。

おそらく現在はジャズにとって大空位期である。不毛を持続させる力を養うべし。ブルースは、ランペドゥーサのきざないいかたを借用して、「変らぬためには変化する必要がある」のか、それとも革命されねばならぬのかを迫られるだろう。が、ジャズはすすんで身を焼く力を失ってはいない。次の理由による。

一、ジャズの創造においては、社会的には最下層、意識形態のうえでは暴力に依拠した感情とエネルギーの不断のつきあげによって。

二、ジャズは、自分の生死をいとわない、猛々しい情感をもつ若い一群のミュージシァンを有している。「エロチシズムは死にまでいたる生の頌歌である」というバタイユのテーマが、エロチシズムの定義ではなく、精神の崇高な状態をうたいあげたものなら、まさにジャズにこそだ。「芸術」の零度はひっきょういかに死なせるかである。詩や散文では死にきれない。しかし狂ったようにスウィングして狂い死にするならしてみてえや。

三、現代にあっては、真の感情は、二重に破壊的かつ破滅的である。社会の深部に、意識の幽暗部に、木石の芯に、リンゴの核に、スィングの爆薬を装置できるものはジャズである。ニグロ労働者の革命にブルースの革命が先行することはありうる。

四、前衛ジャズを実体化しえない理由がニグロの分裂にあることは明確である。六〇年代のジャズの多元化、現在進行形のジャズの並行的な多岐化は、模索の段階における内在的な方向設定であった。われわれは、ローチの方向（マックス・ローチ アプローチス コックローチ）、マイルスの方向、ミンガスの方向、オーネットの方向 etc にむかって、ゆっくりと、しかし確実に、ジャズが複線化してゆくのを見た。ファンキーズムの統一されたイデーが解体された。表現の複線化は個性の限界をこえて進んだ。かくしてわれわれの展望は前衛ジャズの直面している壁に、しかも多元の壁に、ジャズが統一され、歩調をあわせてうちかかるときに壁が崩れるのではなく、もっともするどい表現が急激にとびだす過程で実現されるだろうという方向に成立するのである。一九六〇年の予備演習はこのことをしめしていた。

五、しかしながらわれわれはジャズにはまだ突然変異の可能性もあることをみとめる。

六、ジャズがゆきづまり、方向を見失うことがあっても、雲散霧消することは決してないという理由のひとつは、黒人ジャズメンと楽器の関係は、手を使う労働者と道具の関係に対応し競合しうるからである。技術以前、表現以前に、すでに、楽器が鳴るというよろこびをかれらは手に入れる。これに反して、白人「前衛」派、ことにドン・エリスなどにあるものは、機会便乗主義的衰弱《チャンス・オペレーション》、ジョン・ケージ的衰弱である。

七、前衛的サウンドの神話は前衛的誤解のなかでもずばぬけてくだらぬものである。サウンドにおいては、前衛ジャズは疑う余地なく伝統派に劣る。宇宙的共鳴とか、東洋的調音《チャルメラ》とかアフリカ泣きとか、だまされるにもほどがある。ジャズの音は肉声の延長である。半羊神やシレーヌの歌声ではなく都会の騒音と静寂である。踏みつぶされたときのムギュという声である。あるべき姿の前衛的サウンドなら一言でいえるとほうもない不協和音。

大略、以上の潜在力を秘めたまま、ジャズはここしばらくの不毛を持続させるだろう。かつてわが国の炭鉱夫は次のスローガンをかかげていた。

去るも地獄。とどまるも地獄。

それから

栗原康

今回、ページ数の関係で収録できなかったのが、竹中労と船本洲治だ。船本については、ちょうど『黙って野たれ死ぬな』（共和国）が復刊されましたので、そちらをどうぞ！

竹中労は、一九三〇年うまれ、一九九一年没。一九五九年からルポライターを名のって、それこそ芸能ネタから政治ネタまで、ありとあらゆるテーマで反骨心バリッバリの文章をかいている。竹中の有名なフレーズに「人は、無力だから群れるのではない。あべこべに、群れるから無力なのだ」ってのがあるんだが、いわんとすることはよくわかる。ひとは会社だの、新聞社だの、雑誌社だの、左翼団体だのにはいっているると、その組織のためのことしか言えなくなってくるけど、そんなことばじゃ、だれにもなんにもとどかない。マジ、無力だ。じゃあ、なにかをいいたかったら、どうしたらいいか。クビにされたってかまわない、除名されたってかまわない、だれもまもってくれなくたってかまわない、身を捨ててやれ。あらゆる権威に死ねといいたい、と。

一九六八年、竹中は山谷にはいり、一年だけそこの運動にコミットしている。タッグをくんだのは、ちょうど寄せ場の運動をつくりだそうとしていた船本洲治と鈴木国男。好、兄弟！　当時、山谷や釜ヶ崎では、たびたび暴動がおこっていたが、既存の左派勢力からは無視されるか批判されるかだけだった。暴動は反社会的だとか、そんな無目的なことをやったって、革命につながらないんだよっていわれてね。

でも、船本たちはむしろこう考えていた。山谷、釜ヶ崎の日雇労働者たちは、はなから社会に見捨てられている。仕事の待遇改善をもとめるにしても、会社は相手になんかしてくれないし、いくらはたらいてもゴロツキ、ならずものとよばれてコケにされる。クサい、キタナイ、キケンだって負のレッテルもはられてね。道端で死んでも、警官にほったらかしにされる。チクショウ、モノじゃねぞ、Fuck the police!

どうせだれにも相手にされないのなら、交渉もなにもヘッタクレもない。その怒りをいまこの場でぶちまけてやれ。どうせキケンだっていわれるのなら、ほんとにキケンかどうか、その身体をじかに路上でみせつけてやれ。どうせ社会に見捨てられているのなら、こっちからアバヨといってやれ。はたらかねえぞ、したがわねえぞ、おいらゴロツキ、ならずもの、オーレイ！　手に負えないやつらがいる。みずからの抑圧された存在状況を武器にしろ。壊してさわいで、燃やしてあばれろ。暴動は下層労働者の自己表現だァ。この腐った社会をトンズラしてやれ。Fuck the police!

まああ、そんなことをいう若者たちといっしょにいて、山谷をまなぶためにかいたといわれているのが、『山谷――都市反乱の原点』(全国自治研修協会)だ。勉強になる、いい本だ。で、このころから竹中の関心が、この社会からみすてられた底辺のものたちにむかっていった。国家や資本からはもちろんのこと、ときに左翼からも相手にされない底辺にね。かいているものをみても、在韓被爆者、沖縄、アジアの民衆に目をむけるようになっている。あるいは、権力に禁じられても禁じられても、民衆にうたいつがれてきた春歌とかね。いってみりゃ、底辺の人たちが権力とたたかっているうちに、そのどん底の底すらぬいちまって、もうなにがクソだか、クソじゃないんだかわからない、この社会であたりまえっていわれていた道徳をとびこえちまって、めっちゃ自由にうごきはじめる、そんな得体のしれないなにかに化けようとしていることに共鳴したんだ。

そんでもって、竹中はおなじころ「第三世界革命論」をとなえていた平岡正明と合流。ふたりで「窮民革命」っていうことばをつかうようになった。で、平岡との共著としてだしたのが『『水滸伝』――窮民革命のための序説』(三一書房)だ。ほんとは太田竜と三人で、三バカトリオってよばれていて、太田もかく予定だったのだが、とちゅうから太田が、竹中、平岡のことをてめえら反革命なんだよってディスりはじめて、決裂、おジャンになって、ふたりでかくことになったらしい。ともあれだ。ここでだいじなのは、竹中が「窮民」は経済概念じゃないっていっていることだ。
――窮民とは経済概念ではない、と言ってしまえばすっきりする（だろう?）、つまりこうだ、忳鬱邑余侘傺兮、吾独窮困乎此時也（何というむしゃくしゃ、ぼんやりとした、生甲斐のない、腑抜けた日々だろう、こんな時代に背中を向けて、窮《くる》しみ困《なや》んでいるのは私だけだろうか）、寧溘死以流七兮余不忍為此時能也（ひと思いに死ぬるか、でなければ遠くへ行きたい、こんな下らない生きざまをしていようよりは）――『離騒』
おわかりか? 「革命性は経済的な窮乏の度合いを尺度として測ることはできず」、当然「革命化のモメントは、経済決定論では忖度し得ないのである」。菅孝行よ、君のえらんだ言葉は、脈絡ぬきで正しいのだ。
こういわねばならない、「ゆえに、窮民の革命とは、その時代から剥落した（もしくは飛越した）人々の革命なのである」。地獄の住人なる言葉から、下層プロレタリアート、被差別者（アンタッチャブル）、植民地窮民（正確には穷人）等々を連想するのはよい、だが、忘れてはならぬのは、〝汨羅の淵に身を投げた〟屈原の系譜である。〔中略〕
下層プロレタリアート、被差別者、植民地窮民、――地獄へのパスポートは「百八つの星の結集と飛散（これはあべこべだ）の寓話として」ではなく、見よ！　手中にあるのだ（と煽動しているのだ）、君の望む「革命の脈絡」は、戦闘的漂民＝ルンペン・インテリゲンチャが汎アジア・第三世界へおもむき、革命の死賊となって、窮民流砂の過程に死ぬことによって獲得される。

（竹中労「汎アジア百八日幻視行宣言」『水滸伝』――窮民革命のための序説』三一書房、四〇六～四〇八頁）

あたりまえかもしれないが、貧乏人だってクソはクソ。だって、わたしたちはこの世でいちばん苦しんでいます、わたしたちだけが清廉潔白なんです、つきましてはみなさん、わたしたちにしたがってくださいっていっていたら、弱者をカサにきて、逆ばりの支配がうまれるだけだからね。経済分析がどうのこうのといって、だれがいちばん底辺なのか、それを特定しようとすることほど不毛なことはない。だいじなのは他人にしたがったり、したがわせたりすることじゃない。そんなことはどうでもいいっつって、時代そのものから脱落しようとすることだ、みずからすすんで奈落に堕ちようとすることだ、地獄の住人になるってことだ。どうせこんなクソみたいな生をしいられるなら、こんな世界に未練はないね。地獄へ堕ちろ。クソ、クソ、クソ、クソォ！　クソにまみれて、あの世を生きろ。堕ちろ、堕ちろ、堕ちろ。いけ、いけ、往け、往け。どこにいたって地獄にゆける。怨念と屈辱を喰らっていきる隠花植物たちよ、たちあがれ。世界のそこかしこの底辺から、この腐った社会をトンズラしてやれ。世界をこえろ、下にとべ。「窮民革命」とはなにか？　義をもって賊に堕ちろ。いっしょに往こうぜ、好、兄弟！

しかしだ。竹中と平岡は、よっしゃ「窮民革命」だァ、命まるごと投げろよっていっていたわけだが、気づけば、かれらが予想していた以上のことがおこっていた。東アジア反日武装戦線だ。あきらかに思想を共有しているような人たちが、爆弾をもってたちあがる。そんでね、一九七四年八月、三菱重工爆破事件をおこしちまうんだ。意図せず、死者八名、負傷者三七六名もだしてしまい、その後、メンバーはいっせい検挙。平岡としたしかった斎藤和は、つかまったときに自殺してしまった。その後、二名に死刑判決。大弾圧だ。しかもおなじころ、一九七五年六月には、かつて山谷でタッグをくんだ船本が、皇太子アキヒトの沖縄訪問に反対し、焼身決起。翌年、鈴木は大阪拘置所で殺されている。このとき竹中はなにをおもったのか……。ありゃあ、ちょっと辛気くさくなっちまったかな。『黒旗水滸伝』（皓星社）につづく。アバヨ！

＊　竹中労の略歴については、『ＫＡＷＡＤＥ道の手帖　竹中労』（河出書房新社）の略年譜、および「主著解題」を参考にした。

田中美津（たなか・みつ　一九四三〜）

とりみだした生をいきてゆきたい

栗原康

田中美津は、東京本郷うまれ。実家は魚屋をやっていたのだが、八歳のとき、従業員だった男から性的虐待をうけた。ひどい。でも、それを母親にはなすと、ものすごい怖い顔で「ひとにいっちゃいけない!」と恫喝された。なんか自分がわるいことをしたみたいだ。わたしは無価値な人間なのか。そうおもったんだそうだ。チクショウ!

さてそれから。一九六〇年代、田中は実家の商売を手伝いながら、ベトナム反戦運動に参加していたのだが、家が東大のちかくだったってこともあって、東大全共闘のたたかいにも参加していく。で、そこで違和感をかんじたんだ。なんかゲバ棒をふりまわして機動隊とやりあうのはこわいし、東大生はエリートとしての自分を自己否定するっていっているけど、どうなんだよってね。

だって、そもそもわたしは無価値なんじゃないかっておもっているのに、ほかになにをどう自己否定したらいいのかわからないんだから。てゆうか、東大の男たちは、このまま就職して腐った社会で出世することに罪悪感をかんじ、革命の大義のためにできる、つよい自分になろうとしているわけだけど、それってそういうただしいことができる、自分を殺スってことを考えているだけなんじゃないのか。まちがいのない、つよい「男」になろうとしているだけなんじゃないのか。それがちゃんとできなければ、男だって、おまえはよわい、つかえないんだっていわれてしまうし、かりに女がおなじことをやったとしても、そのつよい男をがんばってサポートをするか、よくても男みたいな革命戦士になるしかないんじゃないのか。よりよい兵隊になれ？　なんかちがうぞ。

というわけで、田中はおもったわけだ。大義をふりかざして、ひとをしたがわせたり、ひとにしたがったりするのはもうやめよう。それは支配だ、権力だ。男たちがそういう政治みたいなことしかやらないのなら、政治なんてクソくらえ。だいじなのはありふれた日常、よわい自分だ、ヨーソロー！　無価値な自分をどれだけ肯定できるのか、ダメな自分にどれだけひらきなおれるのか。やるべきことはただひとつ。女性解放、ウーマンリブだ。一九七〇年八月、田中は「侵略＝差別と斗うアジア婦人会議」に参加。そこでまいたビラが、本書に収録させていただいた「便所からの解放」。衝撃だァ！

これまで、女たちはバージンであれっていわれてきた。結婚をして、男をささえ、子どもをうんでそだてる、よき母であるために。それ以外のセックスは、遊びであり、卑しいものだと。じっさいにセックスしていないかどうかはべつとして、バージンらしくふるまうことをもとめられる。女はセックスをかたっちゃいけない、はしたない。それが女として自然なことだっていわれてね。でも、それって女たちが男たちにとって、つごうのいい奴隷にさせられているだけのことなんじゃないのか。生殖機械になるか、それとも性的処理の便所になるか、どっちかだってね。

じゃあ、どうしたらいいか。性の解放だ。もちろん、男の性のはけ口になれってことじゃないよ、便所になれってことじゃない。そうじゃなくて、女にとってセックスはやさしさの肉体的表現であるっていっているんだ。ひとはいくらふれあっても、ぜったいにひとつにはなれない。なれるとしたら、どっちかがどっちかの所有物になっているときだ。夫にとっての妻みたいにね。

でも、ほんとうに相手のことをおもっているなら、ひとつになりたくても、なれないってことに気づくわけさ。なりたい、でもなれない。なりたい、でもなれない、なりたい、でもなれない、でも、でも、でも、アアァァァッ!!! てなぐあいで、ぜったいにとりみだす。そんでもって、フッと自分でもわけのわかんないことをやりはじめるわけさ。たいていはいらんことなんだけどね。でも、なんでかわからないけど、そういうらんことに没頭して、異様な力を発揮してしまう。制御できない。つられて相手もとりみだす。もう男も女も家庭もクソもへったくれもない。そんなもんにとらわれていた自分なんてぶちぬいてしまって、得体のしれないなにかになっている。きっと、そうやって相手をおもってとりみだすことを、やさしさっていうんだとおもう。アナーキー！

でね、だいじなのはこれが男と女のセックスにかぎらないし、セックスにもかぎらないってことだ。ひとひととが本気でふれあうとき、かならずこのとりみだしが、やさしさがはぐくまれる。女同士の友情にもね。じゃあじゃあということで、一九七〇年一〇月二一日、田中は国際反戦デーのデモに、「ぐるーぷ・闘うおんな」の旗をかかげて参加。これが日本のウーマンリブの誕生っていわれている。翌年七月、長野でリブ合宿。男を媒介とすることで分断されてしまった、女女間の友情をとりもどせ。他人の顔色をうかがって生きるのはもうやめよう。たがいがたがいの鏡になって、ごまかしのない自分を、クソッたれの自分をうつしだせ。それがだれにもなんにもしばられない自分への第一歩だってね。テメエのことはテメエでやれ。好、姉妹！

この合宿には、およそ三〇〇人が参加。熱気、熱気、熱気、おらも、おらも、おらも、ミートゥーってね。その後、ウーマンリブは全国に飛び火。一九七二年五月、第一回ウーマンリブ大会がひらかれ、一九〇〇人が参加。この年、田中はリブ新宿センターってのをつくっているのだが、そこにはもうわかい活動家たちがわんさかやってきて、毎日、合宿状態だ。でもしばらくして、リブの姉妹たちが、田中がなにか提案するとぜんぶ賛成していることに気づいてしまう。ああ、これじゃダメだ。捨ててこそ。あばよ、姉妹！　一九七五年、田中はとつぜんメキシコにわたり、四年半の放浪生活。帰国後、東洋鍼灸専門学校でまなび、治療院「れらはるせ」を開設した。現在も、鍼灸師として患者のからだとこころの治療にあたっている。フリーダム！

便所からの解放

田中美津

はじめに

階級社会のもとでは女は誰でも生まれつきひとつの私有財産をもっている。バージンという私有財産を。これをうまく運用して高く売りつけることで、女の人生は決まる。

しかも、バージンには先天的、後天的、ランクがある。すなわち、家柄、財産、容姿、教育の程度でバージンの商品価値は大幅に異なる。さらに奇怪なことに実際にバージンであるかどうかなんて実はあまり意味がないことなのだ。

重要なのは〈バージンらしさ〉なのである。たとえバージンでなくったって白いウエディングドレスを花嫁らしく＝バージンらしく楚々と着こなす厚かましささえあれば全ては丸くおさまるのだし、吉永小百合が小百合であるのはなによりもその〈バージンらしさ〉に依るのだ。双葉から叩き込まれる「女らしくなさい」の一言は、実は社会と男に叛旗をひるがえすかどうかの分かれ道だ。

つまり女性解放運動とは、バージンらしさを返上し、やさしさとやさしさの肉体的表現としてのSEXを合わせもつ総体の女としての自らを〈バージンらしさ〉の基準で女の優劣を決めようとする男と社会に叩きつけ、迫る女の闘いとして展開されるのだ。

ジャジャジャジャーンとカッコよくいい放つことはやさしいけれど、〈結婚こそ女のしあわせ〉を基調テーマにこれでもか、これでもかと〈女らしさ〉の特訓を受けてきた身においては、マルクス、エンゲルス、ボーボワールで大脳のシワを一本位ふやしたところで、我々の意識構造の核心に植えつけられた、〈お嫁に行けなくなる〉という意識から全面的に自己解放を勝ちとることは不可能なのだ。

〈お嫁に行けなくなる〉という意識とは、すなわち性否定の意識構造のことだ。性は汚い、罪悪な、口にすべきでないという教育こそ、女らしさ＝バージンらしさを作り出す総元締めなのである。

〈お嫁に行けなくなる〉という古ぼけたすり切れたシッポを引きずりつつ、〈バージンらしさ〉に叛旗をひるがえすという、矛盾に満ちた存在が〈ここにいる女〉であり、〈ここにいる女〉の性と生殖を問いつめていく中でしか女を人間に普遍化できない以上、自分自身のみっともなさ、ドジカルさを直視しつつ、こんな私にした敵に迫っていく闘いは、まさしくとりみだしつつ、とりみだしつつ迫る以外のものではないだろう。

知的な女の知的な領域でなでさすられ、若干のナルシズムをふりかけられてキレイに仕上げられてきた既成の女性解放論理、はたまたもっと硬派の部分に依る男の意識、論理構造に拝跪することで女を超え、カクメイ的、男並みにガンバロウとする解放論理の共通する白々しさは、知的であると共に肉的である〈ここにいる女〉の骨肉を通じて否定的に総括されなければならない。そのために若干の視点を提起する。

女性解放運動ってコトバはなぜカッコ悪いか

政治に口だしする女、理屈を言う女、社会とのかかわりを求める女、女性解放とか男女差別を云々する女は、冴えない干からびたオールドミスの欲求不満、売れ残りのブスというイメージが今も濃厚にある。二つの意味においてそれは事実だ。

まずひとつには政治が人々の生活においてよそよそしいものに作りあげられているその反映として女と政治の関係があり、特に男より女に対して政治がよそよそしいのは家父長制の支配体制のもとでは、社会と男に完全無害な範囲でこびたり、すねたりするつつましやかな、かわいがられる女が必要なのであり、それ以外は冴えない、生意気な女として、いわゆる〈一生の不作〉タイプとしてイメージをでっちあげる必要があったのだ。

〈女のしあわせは結婚だ〉と骨のズイまでしみ込ませられてきた女、そのような女に女を作る必要性は今の社会が財産の保全と相続という私有制経済の至上命令をまず女の血の純血という形で確保しなければならなかったからで（男は子に対しては信じる故に我あり、といった存在なのだ）、そのためには、結婚に、男に、社会に満足しない、叛旗をひるがえす女は社会的に打ちのめして見せしめにする必要があったのだ。その方法として、まず男にそういう女を選ばせないことが肝心であり、そのような男、そして、その男の意識（それは支配階級の意思そのものである）に媚び屈伏する女を作り出す場として家や、学校が用意された。性による差別構造――いわゆる男らしさ、女らしさ作りのために。特に女を神秘化し、神秘化することで魅力がでるという女らしさの論理が、男と女の性を抑圧して支配階級がその階級意思を貫徹していくことを隠すベールとしての役割を果したのだ。

かくしてベールをはぎとる女、女らしさを拒否するところから女として生きようとする女は冷笑の対象としてあざけられ、忌みきらわれるよう仕向けられた。

さて、女活動家に対するもう一つのイメージは、今まで女の闘いそのものがギスギスした魅力のない全ブス連的運動体によって担われてきたことから発生する。

明治以来の女性解放の女闘士たちのヒステリカルなカッコワルサは、女が女として解放されるためには、どうしても一度男にならねばならなかった、その必然的過程としてあった。その頃の女に加えられたさまざまな抑圧（凶作になれば女郎に売られかねない時代）を考える時、まず離婚の自由、普通選挙権の獲得、姦通罪の撤廃、職業の選択の自由など基本的人権と言われる権利獲得と、女の経済的自立に闘いの主張がおかれ、牛馬から人間並み＝男並みの権利獲得の緊張の中で、彼女らの女としての性は薄められ切り捨てられることによって運動が担われてきたのだった。

経済的、法的男女平等が、女の主体性確立のための、女の解放の本質に迫るための前提条件であること（前提条件にすぎないこと）を考える時、これは一度は通らなければならなかった道であり、踏んでこなければならなかった足固めであると理解できるし、彼女らの肩を怒らせた後姿に私は同志愛的ないとおしさと女の哀しみを見出さざるを得ないのだ。

そして、今、彼女らの切拓いてきた地平に立って、彼女たちとの確かな出会いの中で女の闘いの新たな一歩が築かれようとしている。さて、我々のその闘いは――女の性と生殖を問いつめていく中で、人間解放を志向する我々の闘いは、はたしてどのようなカッコ悪さとして展開されるのだろうか。それを考えていく前に、人間を隷属させる基本的な手段としての性――性を通じての人間管理、一夫一婦制度と、その制度を支える男と女の関わり等をみておきたい。

隷属意識は作られる

財産の保全と相続を目的とする経済体制は、女の性欲求を男と家にしばりつけることで純血を保持しようとした。女にとってだけの一夫一婦制度がそれである。人間の自然な心と、体の営みに反する一夫一婦の制度としての無理は、女と子供を男に依存させる経済構造を根底に、性を汚い、卑しい、恥ずかしいものに貶める意識構造を人々の心の核心にすることでいままで乗り切られてきたのだ。一夫一婦制度が本質的には女の経済的自立と女の性欲求を封じ込めるために作られた以上、性を卑しめる意識構造は、女の性に対してより抑圧の度を高める。

性を否定する意識構造がなぜ心の構造の核心をなすのか？　いうまでもなく、人間の意識は、生活に規定される。その生活とは、経済に規定された中での、他の人間との関わりとして営まれる。他の人間とは基本的には、男にとっては女、女にとっては男である。

さて、どのような世の中であっても一人で生まれ、一人で死んでいく個体としてしか生きられない人間は個体であるからこそ他の個体とのコミュニケーションを必要とする。根源的にはコミュニケートできないと知りつつ、やはり対の幻想を追わずにはいられない。個体としてしか生きられない生物の哀しみを分かち合う行為として我々はSEXを、肌のふれ合いを求める。この男と女の関わり合い、生物としての人間の、他の生物に対する最も自然な基本的な関わり合いを否定し、卑しめることによって、その生の不完全燃焼状態は人をして生きることを恐れ、権威に依存した意識構造を自らの中に作りあげさせる。

階級社会が支配を貫徹していくためのイデオロギーの基石をなす権威主義（権威に盲目的に依存し、長い物には巻かれろ式の、自立や主体性を放棄した考え）は家父長制における結婚によって、すなわち家を土台にした男と女の関わりの中で日々再生産されていく。具体的に言うならば、今盛んに論議されている公害問題において識者が尤もらしく「しかし、公害を今日まで許し続けた住民の無関心、無気力さも問題だ」などと言っているが、しかし、そもそもお上や、大企業のやるがまま、なすがままに従う従順な羊に日常的に我々は作られているのだ。例えば四畳半のアパートで営まれる人間関係――端的には男と女の性状況を考えてみればそれはすぐわかる。もともとつちかわれている性否定の意識構造は、薄い壁や、近くに光る目に脅やかされてさらに強いものとなる。四畳半で営まれるニワトリのしぐさのようにせわしないSEXのみじめさは、人々に人間として当然の要求や権利さえもあきらめさせ、無気力な常に他人の目を意識する、主体性のない未成熟な、インポ人間を作り出す。今の政治が悪いとわかっていても、自分が何かしたところでどうせどうしようもないのだ、と最初からあきらめている、そんな自民党好みの人間が、あの四畳半の貧しい男と女の関わり合いの中で作られていく。

便所のワタシと汚物のキミよ……我らが惨めな性

さて、この作られた自らの内なる性否定の意識構造によって、男と女はどのように体制に組み込まれていくのか？　性否定の意識構造が女に対してより抑圧の度を深めるとは具体的にはどういうことなのか？〈人間を隷属させる基本的手段としての性〉の構造は、男の意識を媒介に、女の性を抑圧することによって、男の性を管理していくという構造としてある。それは、女の性が生殖を伴うと共に、女の性の方がよりアナーキーな傾向を秘めている故にそのような構造が作り出されたのではないかと考えられる。

女の性をコントロールする男の意識とは、やさしさと、やさしさの肉体的表現としてのSEXを合わせもつ総体としての女を、女ととらえない意識である。

男にとっては女は母性のやさしさ＝母か、性欲処理機＝便所か、という二つのイメージに分かれる存在としてある。全体である対象〈女〉の二つの側面――母性（やさしさ）、異性（SEX）とに抽象化してそれぞれに相反する感情をわりあてる男の分離した意識は、単婚が娼婦制、奴隷制と併行してあったという人類史を背景に、一夫一婦制度が性を卑しめ、性と精神を分離させる意識構造によって支えられていること。更に、その意識下に於ける私有的な母子関係が、一方に於て母性のやさしさに対する執着を生み、もう一方でそういう母親が父親とオンナとオトコの関係をもつことで自分が生まれた事実に対する嫌悪を生みだすという、女に対する背反する二重の意識を植えつけるのだ。

男の母か、便所かという意識は、現実には結婚の対象か、遊びの対象かという風に表われる。結婚の対象として見られ、選択されるべくSEXに対し、見ざる、聞かざる、言わざるの清純なカワイコちゃんとして、女は、やさしさと自然な性欲を一体として持つ自らを裏切り抑圧していく。

やさしさの性と、官能の性を一体として持つ〈女〉は、支配階級の要請で作りあげられた男の分離した意識の前に解体され、部分として生きることを強要される。しかし、女を部分としてしか生かさない男は又、そうすることによって、自らも部分としてしか生きることができず自らの性を抑圧していくのだ。〈他民族を抑圧する民族に自由はない〉というレーニンの永遠の真理がここでもキラめく（ちょっとオーバーかな）。

サマセット・モームの短篇に〝雨〟というのがある。売春婦をマトモな清い？　生活に立ち返らせようと奮闘する牧師が、あと一歩で神の御心通りに行くといったところまできてナゾの自殺を遂げる。そして女はというと、モトのモクアミ、ドンチャカ騒ぎの中で汚ならしいものを吐き捨てるように言う――「男はみんなブタだよ！」。売春婦がブタなら牧師もブタだったというこのフィクションは、女を〈便所〉だと位置づけることによって、自らも〈汚物〉になり果てる男を過不足なく描いている。

15歳のオトコの子が、15歳のオンナの子と心身ともに充足したひとときを持ちたいと願うのは、まったく自然なことにもかかわらず、現在その実践を後ろ指をさされずに行うのは不可能だ。週刊誌的な性の解放が、巷に薄汚くふりまかれているせいか、現在があたかもフリーセックス時代のような錯覚を人々に与えているが、フリーセックスという言葉こそ、本来的にフリーであるSEXが、いかにフリーでないかを逆表現している言葉にすぎない。言葉の正確な意味でのフリーセックスなどいったいどこにあるのか。

フリーセックスとは、女を便所としてとらえる男の意識の、あとは野となれ山となれの薄汚い表現形態でしかないのだ！　婚前交渉、婚外交渉として、あくまで結婚を前提に許されるようなセックスの、どこがフリーなのだ！

純血の保持＝バージン至上主義が男の母か、便所かという意識を媒介に女を抑圧し、現実的にバージンらしくしないと、つまり結婚の対象としてあらねばさまざまな不利益を覚悟しなければならないが故に、真摯に生きるより物質的な豊かさや社会的地位に女のしあわせの可能性を抱く多くの女は、バージンらしさを堅持するために偽りの衣をまとう。15歳の性は〈結婚こそ女のしあわせ〉という支配階級のはやらない手あかにまみれたスローガンにかくれて、マスターベーションとして営まれる。

女の居直りとその闘い

男と女が相関々係にある以上、女の性の惨めさは、男の性の惨めさであり、それは現代社会の惨めさの象徴なのだ。この惨めさを女の性の惨めさから問いつめていくことであきらかにしていくことが、女の解放につながる道ならば、それはまずキミ自身の居直りから始まるのだ。なぜならば、男の母か、便所かという意識は、性を汚れたものだとする性否定の意識構造から生じる両極の意識としてあるのだから、遊びの対象に見られようと、結婚の対象に見られようとその根はひとつなのだ。

母か、便所かは、ひとつ穴のむじなであり、どちらに見られようと本質的には同じことなのだと知る時、女は男に、権力に居直る。その時、いままで男を媒介に作りあげられてきた権力好みのかわいい女は、自らの性を足がかりに主体性確立への視点をつかむ。その時、女は女を便所化することで成り立っている支配権力と対峙する。

女は自分自身の〈アンポ体制〉と出会う。

いうまでもなくその居直りとは壁をみつめてジーッと考えてみる、といったものではない。性を否定する意識構造からの自己解放とはあくまで実践過程を通じて獲得されるものであり、その上に立っての居直りも、実際の男との関わりと権力闘争との緊張関係の中で、主体形成の道を切り開くものとなるのだ。

女の解放がプロレタリアの解放として獲得されるものである以上、我々は世界革命に向けて権力闘争を深化させていかなければならない。権力闘争が、その世界性・普遍性故に〈全体〉としてあるならば、男との関わりは〈部分〉として存在する。全体に包括される部分だが、しかし部分としてきり捨て、全体＝権力との闘いの中だけで主体形成を図っていくのではなく、全体と部分との緊張関係の中で女は自らの主体を形づくっていかなければならない。男、子、家との個人的な関わりを、そこに内包される矛盾を権力闘争との緊張関係の中で問いつめていくことなしには〈女であること〉を人間へ普遍化していく手がかりはでてこない。

かつての女権論者たちの、そして現在にも一部の活動家にみられる硬直化した不自然さは、部分を切り捨て、またはその問いつめを回避して男＝人間、男＝闘いの中で自らをオトコ化することで闘いを担ってきた無理が、中性化といったかたちで表われたのだ。言葉をかえて言うなら、それは過去・現在そして未来的な女の存在様式をマルクス用語だけでとらえ、そこから女の闘いを出発させた誤りとしてもとらえられる。

階級対立の視点は根本的でありながらも、しかしその視点だけでスッキリ〈女〉をとらえると大事なものがぬけ落ちる。例えば〝家事〟。家事をやることで女は社会的生産活動から遠ざけられ、家付き女中の地位に貶《おとし》められ、こまめに安い買物をして、低賃金をカバーして資本家の利潤に間接的に奉仕し、また、生存競争にすりきれた男を身の回りの世話やくつろげる家庭のムードの中でいやし、再び労働力商品として市場に送り出す奴隷商人的役割をも果たしている。

しかし、頭の中で家事のくだらなさと、その犯罪的な役割に対してバッチリ理論として持っている女が好きな男ができて、子供を持ったりすると何故ああふがいなく自らが批判していたその日常性に埋没してしまうのか。そこには、単に惰性に負けたとか、経済的に自立できなかったという理由だけでは片づかない何かがある。日常的に抑圧されてきた者が、自らを主体的に抑圧した時にうまれるマゾヒズム的傾向——男と社会に抑圧され続けてきた歴史性を持つ女が、意識的に自らをより奴隷化した時に生じる陰湿な喜びがそこには感じられる。〈女のうらみ、つらみ〉という言葉には、理性的には否定できることが、嗜虐的な生きがいになってしまう、どうしようもない自分に対するいらだち、やり場のない哀しみ、言葉にならない怨念が息づいている。「ねえ、なんとなくわかるでしょう」という女同士の会話の底に流れているものは、手ですくおうとすると、こぼれ落ちてしまいそうなそんな社会、男、自分自身に対する女のうらみなのだ。

さて全体と部分との緊張関係とは、既製の左翼概念だけでとらえることができない、〈女であること〉の矛盾を回避しないで、すなわち自らの性と生殖を問いつめていく中で、男との関わり、権力との闘いを展開していくことに他ならない。私たちの闘いは、マルクス用語で作りあげられたスッキリした革命的な〈どこにもいない女〉から出発するのではなく、理性と矛盾してしまうものを一杯かかえた〈ここにいる自分〉の矛盾を、女のうらみつらみとして男と権力に叩きつけていく中で自らの解放論理、女が女として解放されるための論理を構築していくものとしてある。女が生きるとは何か、はたして自分はどのような女なのか、の問い返しの中で我々の解放論理は深まっていく——。

女を抱く男、男に抱かれる女という構図から、女を抱く男、男を抱く女、つまり抱く抱かれるから「抱く⟷抱く」の関係へ男と女のかかわりを止揚していく道は理性と情念の相克の中でとりみだしつつ、とりみだしつつ切り拓かれていくのだ!

産まない男と産む女

男と女の絶対的な違いは〈産むか〉〈産まないか〉にある。この違いをつきつめていくと女は出産という生理機能を通じて自分を縦の関係に、つまり自分を歴史的にとらえることが本質的に可能な存在としてあり、女と子供にとって男とは所詮消えていく存在でしかない事実に突き当る（自分の子との血のつながりを確認できるのは母親だけだ）。男は自分を歴史的にとらえるのに論理を必要とするが、女は存在そのものが歴史的なのである。男が論理的で、女が直感的であるのは、男が社会的生産活動に従事している関係から自分を客観視する外的対象を持っている、という歴史的社会的要因は大きいが、本来的にはその違いは、男と女の生理構造の違いに規定されて生じるのである。

男がより権威主義チックなのも、なによりもその存在の頼りなさから来ているのだ。レーニンだって言っている。「(『偉大な創意』より）疑いもなく婦人労働者と農村婦人の中には、我々の知っている以上に何倍もの多くの組織的才能の持主が存在しており、彼女たちは法外にうぬぼれの強い「インテリゲンチャ」や、なまかじりの「共産主義者」のつねにかかりやすい計画や体系などについてあの仰山な空文句や空さわぎや口論やおしゃべりを抜きにして多数の労働者とさらに多数の消費者とを参加させて実践的な事業を推進させる力を持っている。しかし我々はこの新しいものの萌芽をしかるべくいたわり育てていない」と。女中心に営まれた原始共産制の昔も、アポロ時代の今も、女の、この安定度に変わりはない。昨日、今日の軽薄な女上位などとは無関係に、女はいうならば本来的に女上位で生きてきたのだ。〈三界に家なし〉と言われた時代においてさえ、案外そのドン詰りで居直って女はチョコチョコと小賢しい？オトコ共をふところに抱きかかえて生きつづけてきたのではないか。女が意識的に自分を抑圧した時に女の中に生じる嗜虐的な喜びも、ゆとりのないところには生じないはずだから、自分の存在に対する確かな手ごたえが居直りと共にマゾ性を生じさせるのだろうか？

俗に女が変われば世の中変わると言われるが、体制と反体制の接点もしくはそれを超える？存在としてある女をどちらの側に組み込み得たかで世の中は決まるということだ。その安定性を強さとして組み込めればラジカルな力となり、保守性として作用させれば支配体制の基盤になると考えられるが、強さも保守性もホンのわずかなきっかけ、状況で相互に反転するようなそんな近い距離にあるようだ。

さて存在そのものが歴史的である女は、闘いを通じて自分を横の関係、つまり社会的に位置づけることができる。例えば忍草、三里塚の、女でもっている闘い。初めはオラの土地を守れ、という農民のエゴから発した闘いは、権力との激しい執拗な衝突の中で、しだいにアンポ体制の本質に迫る認識を持つ闘いへと成長していったのだ。縦（歴史性）横（社会性）の格子構造の中で自分をガッチリとらえることのできた強さ、それが忍草、三里塚のオカアチャンたちの強さだ。性と生殖を通じて男を体制に組み込んでいく機能も果たせば、同じ生理構造が反体制の闘いを最もラジィカル（根本的）に支える力にもなり得る女、われら女。

〈バージンらしさ〉が侵略と反革命を支える

戦後の平和と民主主義幻想は女にとって、靴下と並び称されるかたちで作られていった。法と権利に守られて開花したはずの女の解放が、期待した程には女のしあわせをもたらさなかった――その事実が今、女自身による女の反動化として現出している。

抱かれる女、待ち受ける女は、ちあきなおみの〝4つのおねがい〟や辺見マリの〝経験〟に、曾野綾子の〝誰のために愛するか〟に先取りされて現われる。階級社会の人的基盤が一夫一婦制度として女の性欲求を封じ込めることによって、すなわち、女の性を否定し、タブー化させることで成立していること。そして具体的には〈バージンらしさ〉を装わない女を便所として〈バージンらしい〉女より下に格づけることによって、社会的な制裁を加え、女の性欲求封じ込めは貫徹されてきた。その、女に対する抑圧の構造はそのままに靖国の母、軍国の妻は、靴下と強さを競うまでに解放されたと言うわけだ。

解放されたと自らも信じこんだ女だったが、しかし、相もかわらずバージンらしさを強要する男と社会に、今、再び女は屈伏しつつある。中絶禁止法の上程、産めよふやせよ再現のための児童手当の給付、純潔教育の強化、等々の現象は、女自身による女の反動化と共に進行する。

それはまた、利潤追求のためのイデオロギーとしてある生産性の論理が個の次元で徹底化するにつれ、支配階級の願う結果に叛逆する状況をひきおこしていることと深い関わりをもって進行する。例えば子殺し、捨て子、堕胎の公然化として。必要のない子、足手まといになる子、自分の人生に影を落とす子、すなわち自分にとって生産性のない子を処分する正当性は、生産性の論理から導き出されてくる。〝モラルの退廃〟と言われるものの中味は資本主義体制の支配の論理そのものから作り出されるのだ。

支配の存続危機につながるこのような現象に対し、ブルジョアジーは高度福祉国家幻想のもとに性を、女の性を再編することで乗り切ろうと、今、謀っている。すなわち、性器的性＝単なる性器の結合行為、便所と汚物の性行為の自由化を社会制度的に保障することによって、世界的な広がりをもって起こっている性に対する意識潮流の変革（性否定から性肯定へ）をワイ曲化して吸収し、合わせて激化する階級矛盾の緩しょう剤、陰ペイ役として性を再構築しようとしているのだ（未婚の母のための諸設備、性のテクニックや遊戯化）。女にとって支配権力のその性戦略は〈性の便所化〉の徹底として現出する。女の反動化＝バージンらしさへの回帰は、便所への徹底と、表裏のものとして展開されるのだ。〈軍国の妻の貞操と従軍慰安婦の男の精液に汚れた性器〉とは、性否定の意識構造の両極に位置しているのだから！　貞女と従軍慰安婦は対になって支配者の侵略、反革命を支える。

性器が語る〝真実〟こそ真実だ

人間解放を志向する運動の中においても、男と女の性を包括する闘いの論理を持ち得ていないことによって、闘いの中にも貫徹されている男性中心主義によって、そして、それに媚びる自らの奴隷根性によって、女は戦線から脱落していく。女に対してだけは理論も行動も私有制を固執する、己れの消耗を母なる女のふところでいやすことにのめり込む乳離れのしていない男は、それを受けとめる没主体的な女と共になだれ現象を起こして体制に組み込まれていく。

闘いの内部にある性否定の意識構造は、「SEX」の一言にすぐさま拒否反応を起こしたり冷笑したりする一部のカクメイ的を自負する活動家に、イデオロギーや政策、法律が町中を歩いて歴史がつくられたのでは決してなく、それを日常的に実体的に担ってきた生身の人々がいたことを忘れさせる。マルクスによる資本家と労働者の隷属関係に対する諸理論が、性を媒介にした隷属関係と深く相互に関わりあってあるものだということを見落とさせる。そして〝プロレタリア〟の解放が白々しくも風化していく。

さて、集会や会議などで女が壁の花として、又メモ魔として、男の論議に参加している光景をよく見かける。何も考えていないから発言できないのか、考えていても発言しないのか、どちらにしても問題は深いが、後者の場合女の消極的な、男に依存するその姿勢だけを責めるわけにはいかない。

人間と女を区別する男が、連帯とかプロレタリア国際主義とか、意志一致とか、なんのこだわりもなく話す、その論理構造のまえに女は自らのコトバを失って貝になる。特に1＋1＝2としてスッキリ展開される男の論理は、1＋1＝2か3か4かわからないがその全てを包括して進もうとする女の論理に敵対し、否定するものとしてある。ジックリとした道のりを経なければハッキリした成果がでない女の論理に対し、合理的な男の論理は即自的なその有効性、頭の中で、まず結果を計画できるその簡便さ故に、デカイつらを持ち得た。大状況の分析に始まって、小状況へ、そして戦略に至る論理展開を一面的に否定することはナンセンスだが、そのような論理展開のみが有効性をもつものとして幅をきかす会議の中における権威主義的傾向が、女に沈黙を強いる。

女の男性崇拝主義とは、男の論理絶対主義でもある。男の論理に自らを組み込み、組み込んでも組み込んでもやはり字余りになってしまう自らを、低次元？　のことで悩み右往左往する〈ここにいる女〉に対する優越感にすりかえて、男＝闘いの通行キップを手に入れるカクメイ的な〈どこにもいない女たち〉。こんなバカげた、女同士の差別構造を、なぜ今まで許し続けてきたのだろうか！〈ここにいる女〉の非論理こそ、いいのだと、ビューーティフルなのだと、女は、主張すべきだ、今こそ！

言うまでもなく、それは、女の論理が男の論理より優れているとか、いないとかいう問題ではない。それは、家父長制の社会が、男の論理構造だけを良しとして成り立つということに対する、アンチとしての女の論理の復権としての叫びなのだ。

黒人が、「ブラックイズビューティフル」と叫んだ必然を、「女の非論理イズビューティフル」の叫びは持っている。我々の闘いが、女の重い歴史性を背景に、スッキリと言葉にできない、男や社会に対するうらみつらみに依拠して進められるものであるなら、我々の闘いをまたその有効性、生産性の論理でとらえ、関わろうとする男に対するアンチとして、「非論理イズビューーティフル」は男に迫る。

女の闘いは、情念の集団として、とり乱しつつ、とり乱しつつ、男と権力に迫り、叩きつけていく中で、〈ここにいる女〉の自らの解放がプロレタリアートの解放に向けて開かれる。性を感じさせない人間、性器を切り捨てたところで成り立つ論理の未熟さ、汚なさ、空虚さを、「女の性と生殖はすばらしい↓非論理イズビューーティフル」を武器に、白日の下にその貧弱な正体をさらけださせようではないか！　体制の中からも、体制の中の反体制の中からも！

我々にとっての真実は、さらけ出したり、とり乱したりすることを回避してはみつからないのだ。そのようなカッコ悪さこそ本当はカッコイイことなのだと、闘いを通じて叫ぼうではないか！〈どこにもいない女〉、〈どこにもいない男〉たちに、非性的に生きることを強要されていく多くの哀れな男と女たちに！

我々は、女の解放を、性の解放として提起する。性否定の意識構造からの自己解放として提起する。自らの、内なるインポ（＝性否定の意識構造に規定された精神的な様々な障害）解体へ向けて、男と権力に対する闘いへの決起を呼びかける。

女から女へ、〈便所〉から〈便所〉へ！

団結が女を強くする！

やるズラ、ン？

（一九七〇年）

神長恒一（かみなが・こういち　一九六七〜）

だめ連、そして「働かない、ゆえに我あり」

栗原康

神長恒一は、東京都うまれ。早稲田大学第二文学部を卒業後、いちど大手デパートに就職したのだが、一〇か月でやめてしまう。毎日はたらくのはツライからだ。ダメッ、ダメッ、ダメッ、いいよ！　てなわけで、一九九二年、ぺぺ長谷川ほか、おなじくプラプラしていた友人たちと「だめ連」を結成。一九九八年には、早稲田に前からあった「あかね」っていうカフェがだめ連界隈のたまり場になる。じゃあ、みんなであつまってなにをやっていたのかというと、基本、おしゃべりだ。とにかく、ダメな人たちと出会って、しゃべって、交流する。おしゃべりのさきに、解決はない。ダメにつぐダメ、そしてさらなるダメだ。

でも、解決なんてしなくても、おしゃべりしているうちに気づかされる。おまえはダメだっていわれても、おもいなやむ必要なんてない。だって、おいらダメなんだもん。よりよくなれはクソくらえ。ダメをこじらせるな。ダメをムリくり解決しようとするな。ダメで上等、くそったれ。ダメな自分にひらきなおれ。ダメッ、ダメッ、ダメッ、いいよ！　ぺぺ長谷川いわくだ。「人生は個人の選択の問題と思われているが、過酷な情況を共通の問題として語り合ったり、なんとか変えることができないものかと試みるのは可能だ」。おしゃべり、だいじ。

えっ、なにいってんのってひともいるかもしれないので、もうちょっと具体的に。この世のなかでは、みんな定職について結婚をして、子どもをつくってと、そうやって生きるのがあたりまえだとおもわされている。三〇すぎてもはたらかないで、平日昼間からブラブラしているのは、人生の選択肢にはいっていない。てゆうか、そんなの人生だっておもわれちゃいないんだ。でも、どうなんだろう。ほんとうにはたらきたいっておもっているやつは、どんだけいるのか？　えっ、仕事のやりがい？　マジでいってる？　そういうことをいっていると、じゃあ、給料やすくていいよねっていわれて、コキつかわれて、ふみにじられて、搾取されるだけのことだ。

いやいや、出世が生きがいだよって？　ひとさまにバカにされないように出世して、自分が優秀であるかのようにみせかける。競争、競争、競争だ。きょうもあしたも競争だ。負けたくない。他人をけおとし、踏み台にしろ。友だちがいなくなっちゃった。気がついたら、ひとりもいなくなっちゃった。ああ、ツライよ、ツライだけ。でも、なんでそんなツライことをやってしまうのかというと、それができないのはダメだっておもわされているからだ。ダメの烙印をおされたくないからだ。そんなことをつづけていたら、ぜったいにおかしくなっちまう。なんかつかれはてて新興宗教にハマっていたり、あやしげな自己啓発セミナーにかよっていたりして、むやみやたらとハッスルして、もっと精神的にまいってしまって、ドツボにはまってドッピンシャ。ポジティブに、もっとポジティブに、ウヒョー！　はたらけ、はたらけ、地獄絵図だァ！

神長とぺぺ長谷川は、こういうのを「ダメをこじらせる」っていっている。いっぱい労働して、いっぱい消費する？　それって、ただツライだけなんじゃないのか。むしろカネなんかなくたって、チョイとバイトでもしておいて、もてあました時間に好きな友だちと好きにおしゃべりでもしていたほうがいいんじゃないのか。カネがないならないで、工夫して遊んでいたほうがずっとたのしいんじゃないのか。だってヒマなんだから、いくらだってなんだってできるんだから。テメエのことはテメエでやれ。ダメにひらきなおれ。神長の名言だ。「はたらかない、ゆえに我あり」。資本主義からトンズラしよう。カネだの、出世だの、ハクをつけるだの、うだつがあがらないだの、そんなものにはとらわれない、まったくべつの生きかたをみいだそう。おしゃべりだ、おしゃべりをして、そのための知恵を共有しよう。ダメッ、ダメッ、ダメッ、いいよ！

そいじゃ、神長さんの現在はというと、どっこい生きております。いまは、「安倍やめろスタンディング！」や「NO資本主義フリーター交流会」などの路上アクションや、学童保育なんかにとりくんでいる。あっ、ぺぺ長谷川さんも生きておりますよ。ぺぺさんは月に二回（隔週金曜日）、高円寺の「なんとかbar」で、寿司をにぎっている。ユーチューブでおぼえたらしい。あと木曜日夜は早稲田の「あかね」にいる。ダメ、ダメ、ダメ、いいよ！　二〇一四年からは、神長さん、ぺぺ長谷川さんのふたりで、「だめ連ラジオ　熱くレヴォリューション！」を開局。インターネットでみられるので、ぜひご覧ください。そうそう、じつはさいきん、わたしもゲストによんでいただいたのだが、すごくたのしかった。でね、すごいなとおもったのが、トークの休憩時間、ぺぺさんとタバコをすっていたときのことだ。トークイベントにきていた女性が、「ぺぺさん、お写真いいですか？　じつはまえにもとっていただいたんですけど、なぜかぺぺさんだけうつっていなくて……」といって、スマホでいっしょに写真をとった。で、「ぺぺさんが生きているだけで、わたしもまだ大丈夫だァっておもえて……。これ、お守りにさせていただきます！」って両手をあわせ、ナムナムとぺぺさんを拝みはじめたんだ。生き仏⁉

じつはおいら、その直前に山形で即身仏をみてきたのだが、そのとき仏さまが口をパカッとあけていたので、あれれ？　とおもっていたら、お寺のひとが「この仏さまは何百年ものあいだ、声なき声で民に声をおかけになっているのです」っていっていた。もしかしたら、ぺぺさんもその域にたっしているのかもしれない。おしゃべりをこえたおしゃべり。ぺぺさんの存在自体が、この世にいながらにして、もうこの世じゃない、まったくべつの生があるってことをかたりかけているんだ。はたらかない、ゆえに我あり。あつくう、あつくう、あつくう、レーーーヴォリューション!!!　なむあみだぶつ。よろしく!

「カネの奴隷はいちぬけたデモ!」(2017年)
前の方、右からぺぺ長谷川、トラメガで話す神長恒一。

会社ってホント最悪なところ

神長恒一

私もかつて、就職してサラリーマンをやってみたことがあります。ツラかった……。一〇カ月で引退しました。最後の方はもう、一日中辞めること以外なにも考えられなかった。心身ともに限界を超えてました。

私の会社は休みが異様におおく（月に一〇日休める）、残業もほとんどなかったんですが、それでも自分は会社の利潤の追求のために生きているんだなと認めざるをえませんでした。

会社ってホント最悪なところでした。課長は課長然としてふるまい、係長は係長を演じる。仕事のできる奴、頭のキレる奴が一目置かれて、背のびしないで人間関係をつくろうとすると、ナメられて相手にされません。競争社会って、おそろしいスね。

しかしそもそも、なにゆえひとは就職するのか？

メシを喰うため？　それとも仕事で自己実現？

もうすこし喰い込んで考えてみると、就職すると決めているから就職するのではないか？　要するに、その根底には、ズバリ言って「ダメ問題」があると私はにらむのです。

仕事に限らずひとびとは日々いろいろないとなみを行っているわけですが、その行動の幅をあらかじめ大きくせばめているものに「ダメ問題」というものがあるのではないか？　「ダメ問題」とはなにかというと、他人からバカにされたくない、ナメられたくない、ダメな奴だとの烙印を押されたくないというプレッシャーのことです。

例えば就職に関して言うと、就職と正しい人生がセットになって語られることがおおいため、三〇を越えて定職にも就かずブラブラしていると「アウト！」ということになる。「人生の落伍者」にならないためには、苦しくったって、泣きたくったって、心身ともにボロボロになったって、がんばって仕事を続けなくてはならない。「考えちゃいかん」（by 私の母）のです。（「世の中はキビシい」などと言う前に、もうすこしキビシくない社会を目指したい。）

「ダメ問題」とは「うだつを上げる」とか「ハクをつける」とかいうようなことで、この「ハク」と「うだつ」の問題は、あまりにもくだらないというかバカバカしいことなので、今まで識者のあいだでもあまり語られてこなかったような気がしますが、私はけっこう重要なのではと思っとります。

だめ連には、ダメなひとがダメをこじらせてますますキビシくならないようにいろいろやる集いというねらいがあるのですが、「ダメ問題」というのはあまりダメじゃないひと、そこそこイケてるひと（実際にはそんなひとはあまりいないでしょうが）

にも重要なのです。つまり、イケてるひともまた権威によわいというか、むしろそこそこイケてることによって「うだつ」や「ハク」のレースから降りにくくなってしまう、その枠のなかでついつい生きてしまうということがありがちだと思うのです。

さて、「ハク」「うだつ」と仕事ということでどうしてもおとせないのが、「消費問題」です。

「いい暮らし」をするには、私たち、ついついお金を遣いがちですが、ここで忘れていけないのが、消費すればするほどその分働かなければいけなくなるという世の中のからくり、消費＝労働の視点です。例えば、一食五〇〇円ですむところを一五〇〇〇円のディナーを食べれば、その分一時間よけいに働かなくてはならない。逆に考えれば、月八万の家賃を月三万のところに引越せば、なんと不思議（？）一月にして六日休みが増やせるのです。

私はなにも禁欲的な生活をしようと言おうとしているのではありません。むしろその逆です。

週に五日働いて、それで得たお金で消費することによって楽しみを得るということの方が、私には随分とさみしい、禁欲的な生き方に思えてしまうのです。遊ぶために働くという考え方もショボい。

それよりは、生活の水準を下げて、週に二日でも三日でも働く日を減らして、その分想像力やアイデアをこらして遊ぶ方がよりダイナミックではないですか。

ところで、昨今では不況がささやかれ、今後好むと好まないとにかかわらず「働けないひと」（＝ダメ階級？）が増えていくそうですが、私はむしろ積極的に自分の労働時間を減らしていくべきだと考えています。

週に五日労働が三日になっただけでも違いは大きい。まずヒマになることです。ヒマは文化を生みます（多分）。「働かない、ゆえに我あり」。朝起きて今日義務づけられていることがなにもないという「恍惚と不安」のなかから、「ところで、何をしようか？」という拡がりと手応えのある人生がスタートするのではないでしょうか（しのぎ方にしても、情報や工夫いかんでいろいろ手はあります）。

「ハク」や「うだつ」に縛られた労働ばかりの「快適な暮らし」はもうたくさん！「ダメ」をおそれず、「奪われた人生」をとり返すべく、ここはひとつ大胆に、自分の人生を使ってもっと別のライフスタイルを模索、実験してみましょう!!（就職しない生き方があったっていいじゃないか）。

それも一人ではつまらない。よりおおくのひとと出会い、挑発され、集い、関係をつくっていくことがサイコー。そんな日々の出会いの繰り返し、むきだしの交流こそがもっと違った痛快な日常や文化をつくりだしていく、私たちをとりまく状況を変革していくと確信するのです。

仕事と人生

神長恒一

おい、お前　どうしてそんなに働くんだい
休みは週に1日しかなく
毎日夜中まで残業
睡眠もろくにとれず
自分の時間は満員電車のなかだけ
それで、やってる仕事の内容は
人の欲望を駆り立てるだけでまるで無意味
職場では人としての関係は到底もてず
稼いだお金は仕事同様にくだらないことに遣う
さらには　ストレスや過労でいつ倒れるかわからない
いいことなんか何にもないじゃないか
なのに、お前　どうして働いているんだい
騙されてるんだ
いや　自分を騙しているんだ
何が怖いんだい　一体
皆なと一緒じゃないことが怖いんだろう
一体なんのために生きてるんだい
一流企業で働くことに何の意味があるん

だ
部長や社長になったからといって人間が
　優秀になるわけじゃないんだ
「競争社会」って何、競争してるんだい
幼稚園で習ったことを思い出そうぜ

会社なんか辞めろ
辞めてしまえ
生活費なんか理由にするな
妻子や老後なんか理由にするな
あんた今、死んでちゃしょうがないよ
あんたの人生そのものが搾取されている
　んだぜ

「働かないでダメな奴」
「社会から脱落した＝競争に負けた奴」
人目ばかり気にしてる奴らには言い返し
　てやれ
「人生捨てているのは、あんた達なんだ
　ぜ」

闘え　闘え
人生とは結局、闘うかニヒるかだ
まさにここが闘いどころ
世間にのまれて　自分をだまして
そのなかでより快適を目指すか
「労働」や「世間体」というものを相手
　に闘い続けるか
ポジティヴの意味は闘うということ
スタート　スタート
人生スタート
ストライキ　ストライキ
労働ストライキ

矢部史郎（やぶ・しろう　一九七一〜）
山の手緑（やまのて・みどり　一九七〇〜）

栗原康

地図はなくても歩いてゆける

矢部史郎は、愛知県春日井市うまれ。県立旭ヶ丘高校を中退し、上京。東京で運動にかかわりはじめたのは一九八八年ころだ。寄せ場の越冬闘争に参加したのがきっかけだという。あっ、寄せ場っていってわかるだろうか。日雇労働者や仕事のあっせん業者がよせあつまってくるところなんだけど、これ、年末がきついんだ。どこもかしこも会社がやすみになってしまうから仕事がない。真冬の超さむいときに、カネもなく路上生活。死んでしまう。いや、死なせんぞということで、年末年始、活動家がはいって炊きだしをやったり、凍死しないように衣類、医療の支援をしたりしている。このとき、矢部はおもったんだという。国籍は外国人じゃないけど、外国人のように生きている人たちがいる、法も権利もヘッタクレもない、ふつうに非国民がうみだされつづけているぞってね。

　で、矢部がかかわってみたのが反天皇制だ。天皇制のもとに、みんなよりよき国民であれっていわれていて、そういう身ぶりができないと不道徳だの、非国民だのっていわれて排除される。ホームレスも日雇い労働者も、フリーターも無職も。貧乏人はくさい、きたない、みんなの迷惑？　うーん、なめんじゃねえ！　ちょうど、もうすぐヒロヒトが死ぬぞ、Xデーだっていわれていたころだ。よっしゃと、わかいアナキストたちが反天皇制であつまってきていた。で、このアナキストたちがいいかんじで反道徳だったんだ。他人の迷惑かえりみず、野蛮であれってね。

　どうもこのころから、活動家のなかにいまでいうPC（ポリティカルコレクトネス）、政治的にきよくただしくあれって、そういうことばっかかしいう人たちがいっぱいいたんだという。ただしい活動家であるためには、日常生活もただしくなくちゃいけない。たとえば、みんなエコでなくちゃいけない、割りばしはやめましょう、マイ箸をもちましょう、そうしないのは環境破壊なんだよ、あやまれ、とかね。よりよい活動家であれ？　よりよい市民であれ？　ただしい道徳をふりかざし、おまえはわるい、おまえはわるい、ほら自己否定だっていって、ひとをしたがわせる。できなければ、即排除。なんか、ちっちゃい天皇制みたいだ。よりよくなれはクソくらえ。くさい、きたない、なんのその。山の手緑は、そういう変なエコロジストがいたら、目のまえで割りばしを山積みにし、デシッ、デシッとたたきわったりしていた。サイコーだね、チヨレイ！

一九九〇年代にはいると、矢部は山の手緑と行動をともにする。たちあげたのは、銭湯利用者協議会だ。いまの資本主義ってのは、わたしたちの日常生活までスッポリとつつみこんでいて、そこがカネもうけの主戦場みたいになっている。たとえば、ほんとうはどんな貧乏人だって、長屋でも風呂なしアパートにでもすんで、たまに銭湯にいきゃあいいのに、それじゃ、カネもちがボロもうけできやしない。じゃあ、どうすんのかというと、みんな風呂つきのクソたかいアパートじゃなきゃ暮らせないようにするんだ。銭湯をつぶせ、値上げしろ。貧乏人をおいだして、安アパートをとりつぶして、豪華マンションにするもよし、オシャレカフェにするもよし、でっかいビルをたてるもよしだ。そしたら、そこに住める小ガネもちだけがあつまってきて、地域は活性化。土地もち、カネもち、おおよろこびだ。カネだ、カネだよ、カネ、カネ、カネだァ！

てなわけで、矢部、山の手は銭湯値上げに反対だ。でかい建物をつくるのはもうやめよう。だいたい人間と建物、どっちがだいじなんですかってね。それでだしたミニコミが『カラカラ』、『暴力サンダル』。すごい名前だね。ふつうに銭湯をつかい、ふつうに生きる。そういう生活をとりあげていきましょうと。もちろんアクションもやる。でも、いわゆる国民運動じゃない。たくさんひとをあつめて、メディアにうったえかけて、政治家をうごかして政策をかえるとか、そういう政治はもうたくさんだ。

そういうことをいっていると、かならずメディアうけするようなただしいことをやりましょうっていわれて、貧乏でくさくてきたない生活とか、そのはしたない身ぶりはただささなくちゃってていわれてしまう。権力だ。だから、そういうことじゃなくて、貧乏もくさいもきたないも上等だァっていって、自分の生をそのまんまじかにぶちまける。公闘じゃない、私闘だ、直接行動だ。銭湯値上げにかかわった大学教授なんかがいたら、どこにいるかをしらべあげ、まちぶせをして、とつぜん目のまえにあらわれる。んで、だれの顔色をうかがうこともなく、ギャアアッてまくしたてるわけさ。おまえらがぶっ殺そうとしている生ってのは、こういうもんなんだぞってね。ドヒャア！

このあと、ふたりは二〇〇一年からＡＣＡ（Anti-Capitalist-Action）に合流。本書でとりあげた文章は、そのころのものだ。東京では路上喫煙禁止条例ができたけど、それってタバコはくさいきたない排除しろっていって、街を浄化して、エコでオシャレでショッピングみたいにしたいだけでしょう。カネだ、カネだよ、カネ、カネ、カネだァ。道路をキレイにするために、人間を排除？　なめんじゃねえぞ。道路と人間のどっちが主人か、主従関係をはっきりさせようじゃないか、道路にタバコをまきちらせってね。

あるいは二〇〇三年、イラク反戦デモにいってみたら、三万人とかあつまっているのだが、デモ主催者がみんな笑顔でピースフルにふるまえとかいってくる。で、矢部はいうわけさ。そういうやつらをみたら、ツバをはきかけてやれってね。ふだん、他人の目ばかりを気にさせられて、ちゃんとはたらけだの、カネをかけて身ぎれいにしろだの、つつましく生きろだのっていわれていて、それがイヤなのに、なんでデモにきてまでおなじことをやらなきゃいけないのか。だれの目も気にしなくたっていい。酒をのんで、タバコをすって、好きなだけさけんで、好きなだけさわげ。警察に威圧的な態度をとられたら、そりゃもうあばれてしまう。むしろ、そういうことをガンガンやって、もうだれにもなんにもしばられない、そういう制御できない力があるぞってのをみせつけてやれ、それができるってことを自分の身体でかんじとれってね。

このときの山の手もカッコイイ。デモにいくとよく非暴力であれっていわれるけれども、そもそも貧乏人は非暴力からも疎外されているぞと。だって、貧乏でも生きていくぞっていうのかな、ホームレスをやってでも生きていくとか、銭湯をつかって安アパートでも生きていくとか、親のスネをかじってでも生きていくとか、税金の不払い通知がおくられてきたら、逆ギレして役所にいって、わけのわかんないことをさけびまくるとか、平日昼間から公園で飲むとか、道端にタバコをすてたりとか、キセル大好きとか、万引きで食いつないでいたりとか、そういう生きかた自体が、権力にとってはキケンなんだから、暴れている力なんだから。だったら、こっちから暴力、非暴力とかいったってしかたがないじゃないか。えっ、それでもつつましくあれって？　山の手緑はこういった。あきらめろ。疎外といっしょにどこいこう。暴力、大切！

あっ、ヤバい。すでに字数オーバーだ。まとめていきます。二〇〇八年、矢部は洞爺湖サミットへの抗議行動に奔走。このころ、世界じゃサミットとかIMFとかWTOとか、カネもちと権力者があつまってわるだくみをしていると、そこに何万人もおしよせて会合をぶっつぶそうとする、そういうのが反グローバリズムっていわれていた。でね、だいたい、どこもかしこもアナキスト大暴れみたいになっていたんだ。それを日本でもと。わたしはこのとき、矢部さんといっしょにうごいていて、アナキズムの考えかたや文章のかきかたなんかを、うんとおしえてもらった。好、師匠！

そのあとが二〇一一年、東日本大震災だ。矢部は「放射能を喰えというなら、そんな社会はいらない。ゼロベクレル派宣言」といって、拠点を名古屋にうつし、山の手もこれに合流。東北関東にいる人たちに、被曝をするなと移住をよびかけている。現在は、おふたりで「大須作文教室」を開設。もじどおり、作文教室だ。これはわたしがじっさいにおしえてもらったからいえるのだが、矢部さんは文章をおしえるのがマジでうまい。そして、いい兄ちゃんだ。近隣におすまいのかた、ぜひ訪ねてみてください。きっと山の手さんにもあえるはずだ。おしゃべり、だいじ！

道路に屈服しないために——「生活安全条例」を考える

矢部史郎

クルマ大事の田舎者

私が生まれ育った愛知県には、自家用車が氾濫していた。田舎には自動車がなくては生活が成り立たない地域が少なくない。多くの若者が、高校を卒業する前後に自動車運転免許証を取得し、自動車を買う。いまから二〇年ほど前、私のいとこは高校を卒業し、トヨタ自動車傘下の下請け工場に就職し、フェアレディZという自動車を買った。スポーツカー、と呼ぶのかなんと呼ぶのかわからないが、とにかくものすごい馬力とスピードを誇る、走るためだけにつくられたような自動車である。一八才で工場に就職し、月賦でフェアレディZを買う。かっこいい。当時小学生だった私は、驚きと羨望の眼差しでその異形のクルマを見つめた覚えがある。だが、フェアレディZに乗り込む段になって、私は幻滅した。彼のフェアレディZは「土足厳禁」だったのだ。車に乗り込む者は誰であれ、靴を脱ぎスリッパに履き替えなければならない。フェアレディZのなかには、ぜったいに泥はもちこませない、ということらしい。重厚で異様な外観を裏切るように、車内はがっかりするほど清潔だった。ティッシュペーパーとゴミ箱が丁寧に据えられ、気持ちが悪くなるほど整理が行き届いている。尻と足下がなにかムートン状のものでフカフカしている。最高に、かっこわるい。まったく男らしくない。こんないじましいマネをしているようでは女が寄りつかないのも無理もない。と、こども心に思った。

男のクルマというのは、丁寧に手入れされてはならない。なにか特殊なモノを買ってきて私のお部屋みたいに飾ったりしてはいけない。男のクルマは、シートベルトが伸びきってバカになっているとか、ラジオの表示窓がなぜか粉砕されているとか、灰皿がどこかにぶっとんでシートや足下に焦げた吸い殻が転がっているとかしなければならない。車内に掃除機を持ち込んだり、尻にフカフカしたものを敷くなど、もってのほかだ。いくら貧しくても、クルマごときを大事に扱ってはならない。クルマの手入れをする度に、自分自身の尊厳が減じていることを知るべきだ。クルマを所有しようとする田舎の男性諸君に、私は言いたい。クルマというそれなりにでかいブツを御していくには、相応の覚悟が必要だ。クルマを買ったらまずは自分の足で力まかせにけとばしてやれ。人間とクルマの主従関係をはっきりさせ、肝に銘じるために、クルマのケツをおもいきりけとばして大きくへコませてやれ。修理なんかしない。そのことをガタガタいう田舎者が現れたら、おまえには関係ないときっぱり言え。そういう気概をもたない男は、自動車を所有する資格はない。本当だ。

脱法と秩序の地方自治

二〇〇二年、千代田区が施行した「安全で快適な千代田区の生活環境の整備に関する条例」で注目を浴びるようになったいわゆる「生活安全条例」は、全国の地方自治体で着々と制定されている。犬の放し飼いとフンの放置、落書き、ゴミのポイ捨て、路上喫煙と吸い殻のポイ捨てなどを、罰則を設けて規制しようというものだ。東京都では、目黒区、渋谷区、豊島区、江東区、調布市、品川区、荒川区、板橋区、足立区、世田谷区、千代田区、武蔵野市、台東区、三鷹市、港区、杉並区などで、「生活安全条例」や「安全・安心まちづくり条例」といった名称の新条例が制定されている。自治体によって名称や内容に多少の違いはあるが、基本的には同じものである。犯罪を予防するために地域の環境を浄化しましょうという趣旨だ。自治体によっては、自警団によるパトロールを組織したり、街頭に監視カメラを設置することも検討されている。この種の条例が、なぜ、全国各地の自治体で一斉に制定されているのかというと、簡単な話だ。警察庁と全国防犯協会連合会が、「生活安全条例」の制定運動を進めて

いるのである。(1)

少し回り道をして考えてみよう。

政府が国会を飛び越えて地方行政を直に操作するという手法で、もう一つ物議を醸しているものがある。二〇〇二年国会で成立した「構造改革特区法案」だ。これは、未認可輸入薬剤の自由化や、労働者派遣業の業種拡大、工場の立地要件や港湾利用の規制緩和などを、国会で審議するのでなく、自治体の設定する経済特区で実施するというものだ。かつて石原都知事が「カジノ構想」をぶちあげたのを記憶されている方もいるだろう。東京の特定地域に限定して博打を合法にしてしまおうというアイデアは、石原独自のアイデアではなく、政府のものである。新自由主義の悲願である自由化・規制緩和を、国ではなく地方自治体が進めるというプランだ。これは、法を存置したまま自治体がこれを蚕食し無効にしてしまうことから、「脱法の合法化」とも呼ばれている。(2)

政府と自治体が「特区構想」を押し進めるときに、その根拠とされたのは、自治体の「財政危機」である。自治体の財政問題といったときに持ち出される数字がどこまで信頼できるものなのか、私は会計の専門家ではないのでよくわからないが、自治体が「財政危機」に陥っていることは「確か」であるとされ、「構造改革特区」は、企業活動の誘致と活性化によって自治体の税収増を期待できるものである、とされた。

こうした背景と併せて「生活安全条例」制定運動を考えてみたい。

一方では、政府が地方自治体に号令をかけて、国の定めた労働法や安全基準を蚕食する〝脱法の合法化〟が構想されている。一方では、法による取締りだけでは飽きたらず、罰則付きの防犯条例を制定するという、屋上屋を架するような〝秩序の過剰〟がある。どちらにおいても共通しているのは、国が誘導し自治体が「自主的に」担うという、いわば「下からの改革を上から指令する」方式である。この種の「地方分権」に極端にあらわれているのは、法が後退し秩序が前面に押し出される傾向だ。注意しなければならないのは、ここで退けられようとしている「法」は、労働者や消費者を保護する性格の「法」であり、押し出される「秩序」は、資本の活動と権利を保護する「秩序」であるということだ。

人間を排除する「公共」

「生活安全条例」の特徴は、私有地か公共空間かを問わず、等しく取り締まることを打ち出している点だ。私人の家の壁に落書きをすることと、道路にゴミを捨てることを、同質の行為として扱うということである[3]。

誰のものでもないはずの公共空間は、私人の共有財産とみなされる。「地域」の環境は、公衆の行き交う場ではなく、企業化した自治体の財産だ。「地域」の美観と安全とイメージは、保護されるべき財であり、商品だ。議論の余地はない。区民が被る「迷惑」は、公的な論議よりもなによりも、先制的に予防的に対処されなければならない。なぜなら地域に蔓延する「迷惑行為」は、すべて等しく私有財産制に対する脅威なのだから。こうした運動の中で誰が声を大きくし誰が口をつぐむことになるのかは明らかだ。

今年、杉並区で制定された「生活安全及び環境美化に関する条例」には、次のような区民の賛同意見が寄せられているという。

> もう今さら喫煙者にモラルだマナーだの説いても無駄だと思います。家の前の道路には毎日掃除しても掃除してもタバコの吸い殻だらけで、喫煙者の凶悪ぶりは相当なものです。本当はこういう規制は東京都や、国がすべきなのですが、タバコ資金にまみれ[4]腐っているので狭い地域からでも規制していかなくては駄目だと思います［原文ママ］。

この杉並区のレレレのおじさんは、とてもうれしそうだ。家の前の道路をわがものにして、権利を主張し、さらにそのことを憚ることなく誇ることができるのだから。しかし彼は自分の首を絞めていることに気が付いていない。「条例」は、美観の保持のために努力することを区民に義務づけるものである。レレレのおじさんは、自分の自由な意志で区の道路を掃除するのではなく、区民の義務として掃除しなければならなくなってしまったのだ。道路だけではない。自分の家の外観も、あるいは自分が所有するアパートの外観も、自分の発意ではなく、区と「地域」の体裁のために手入れしなくてはならない。家の壁に落書きをされたら、自分のためでなく区のために壁を塗り直さなければならないのだ。結局やることは同じだというかもしれない。しかし、「条例」が住民の意志を反映したものではなく、上から一方的に要請されるものである以上、いつかアゴをだす羽目になる。現に「条例」の賛同者のなかからは、こんな意見まで出てきてしまっている。

商店街等特定地域では、街路に面したマンションにおける布団等の物干しが美観を損ねる事が危惧されます。マンション管理規約上で規制しているところもあると思いますが、条例として、より強い規制をしてもいいと思います。(5)

笑ってはいけない。地主や商店主のなかには、本気でこういうことを考えている人がいるのだ。暮らしのために街があるのではない、街のために暮らしを切り詰めなさい、「地域」の商品イメージのために、主婦のみなさんはよりいっそうの不払い労働にいそしんでくださいね、というわけだ。

「条例」の照準は、人間である。「迷惑行為」は、人間だけが引き起こしうる害悪である。清掃工場の公害や、バスターミナルの排気ガスや、高層ビルによる日陰ではなく、人間とその営みに照準をあわせたことが、「条例」が熱烈な支持を集めている要因である。「条例」を賞賛する人々は、自覚的か否かはともかく、人間を見張り締め上げることに諸手をあげてとびついた。人間の営みにケチをつけ、規制し、萎縮させ、よりいっそうの緊張と働きを強いることが、彼らにとっては、呵責をおぼえるどころか誇らしいことなのだ。

同じく杉並の頭のゆるい区議は、みずからのホームページで、次のように「条例」を賞賛している。

　これは、街をきれいにすれば街の治安が上がるというからです。人間でもみなりをしっかりすれば精神もピッシという感じです。これをブロウクンウィンドウズ理論といいます。ニューヨークでも治安の回復にはまずあの地下鉄の落書きを消したことからスタートして達成したそうです。街がきれいになれば自分たちの街に愛着をもつ　そうすれば自分たちの街に興味が出たりもっとよくしようと思う。そうすれば新しい連帯意識ができたりして街のコミニュティが活性化し、犯罪低下になるというものです。実はこれが一番のポイントかもしれませんね。［……］そういう意味をもって禁煙にするのはよいかもしれませんね[6]［原文ママ］。

実はこれが一番のポイントかもしれませんね。地主と商店主の縄張り意識は、警察の威をかりてますます増長していくだろう。人間に対する憎悪と貶めが、諸手をあげて賞賛されてしまった後に、残された価値は、街の美観と安全を磨き上げることだけだ。もつ者ともたざる者が、地主とよそ者が、社会の非対称な場にそれぞれに押し込まれる。いずれの住民も、追認の意見表明か追認の沈黙かを強いられる。街への愛着は、愛の労働であるところの不払い労働を強要し、人間は、建物の外壁や歩道のカラータイルに屈服させられるのだ。

タバコのマナー？

「生活安全条例」は、マナーという偽の起源を捏造した。千代田区の路上禁煙条例が施行された昨年一〇月には、マスメディアを使ったキャンペーンが大々的に行われ、喫煙者のマナーの悪さが指弾された。「罰則を設けなければならないほど喫煙者のマナーが荒廃していますます情けないことです」と。千代田区が掲げた標語は「マナーからルールへ」だ。

この標語のトリックは、「マナーから」という部分にある。路上喫煙や歩きタバコが「マナー違反」だったと言っている点だ。歩きタバコや吸い殻のポイ捨てがマナー違反であるという発想は、実はつい最近まで存在しなかった。少なくとも東京ではそんなマナーは聞いたことがない。本当は「マナーからルールへ」ではなく、「条例」制定から遡及してそのような「マナー」があったかのように印象を操作しているだけだ。「条例」制定前に住民がなにかを要請したのではなく、制定後に「たしかに歩きタバコは危険だマナー違反だ」という声が集められたのである。この点に「条例」の見苦しさといじましさが集約される。実際には寝耳に水で上からもたらされた警察主導の防犯条例にすぎないものを、一部の区民の錯乱した意識が追認し、あたかも社会的な要請があったかのように仕立てられてしまったのだ。

おそらくこの条例を追認する区民は、自分たちが貶められたという感情を抱かないだろう。一部の区民は、「本当に」「困っていた」「身近な」問題を、警察と自治体に汲み上げてもらったと感じてすらいるだろう。それはまったくの思い違いだ。自分たちがどのように暮らしてきたか、どのように暮らしていきたいかを、警察に都合よく操作されているというだけの話だ。はっきり指摘しておくが、権威におもねってマナーを語っても、なにも言ったことにはならない。そこに思考の形跡はない。なにもない。あるのはただ、モノを大事にすること、警察の権威に従うこと、これだけだ。その程度のもの、〝私有財産制〟と〝夜警の論理〟のあわせて一〇文字で要約できてしまうほどの内容を、いまさら居丈高に説かれても、聞いているこちらが恥ずかしいというのだ。品物を磨くことと警察の顔色を窺うことしかできないいじましい人間に、モラルだのマナーだのを説く資格はない。黙ってろ。

警察と自治体とメディアが、ありもしないマナーをあったかのように言いたて、タバコに対するケチつけで想像の共同体を立ち上げようということなので、私としては、それに対抗する別の物語を示しておきたい。こうだ。

タバコとはまず第一にヤニであり、あらゆる商品を侵すものである。住宅や自動車にヤニを染み入らせ、足元に吸い殻を撒き散らす。またあらゆる人の健康を害するものでもあるから、労働力商品の使用者と労働力商品再生産者の敵であり、健康保険と財務省の敵だ。

第二に、タバコは本来的に怠業であり、闘う労働階級の徴だ。タバコは、ストライキとサボタージュを暗示し、労働への敵対意識を育む労働者文化である。

第三に、タバコとは火種であり、災害と革命を予感するものだ。

伝統を重んじる労働者がタバコを手放さないのは、それが労働階級のあるべき姿勢を暗示しているからだ。どれだけ害を強調されても、タバコはなくならない。タバコは、労働階級の自立と不服従の徴である。若者と女性の喫煙率が増大すればするだけ、自由と平等への展望が拓かれる。タバコとは制御できないデモクラシーであって、マナーやルールといった鼻持ちならない秩序とは相いれないブツなのだ。

街路に吸い殻を

さて、大いに騒がれた「路上禁煙」条例だったが、実際の現場には大きな変化はなかった。私は毎日のように原付に乗って神保町（千代田区）をまわっているが、くわえタバコを注意されたことはない。私はチェーンスモーカーなので、つねにタバコを絶やさないのだが、「条例」の宣伝カーが停車している脇でタバコを取り出し火をつけても、彼らが私を見咎めることはない。キャンペーンのおかげで、千代田区の路上ではタバコがのめないと思っている方も少なくないだろうが、実際にはそんなことはない。たかが一自治体の縄張り条例が、こけおどし以上のなにかを実践できるわけがないのだ。路上喫煙が減りましたなどと千代田区は喧伝するが、それは、屈服する奴は自分から屈服するというだけの話であって、私のような主体のかたまったニコチン中毒者には、指一本触れることはできない。「路上禁煙」の実際については、いっさい忘れてしまってよいだろう。「路上禁煙」には一片の正当性もなく、それを担うだけの気概をもった者もなく、しばらく騒いだ後に祭りが終わり有名無実と化すだろう。

路上の吸い殻は絶対になくならない。新条例に期待を寄せたいじましい住民たちは、しばらくは律儀に条例を信じつつ、一方でままならない現実に苛立ちを募らせ、この矛盾を了解することができない者は頭をおかしくするというオチだ。

文章の冒頭で、クルマにケリを入れられない男はクルマを所有する資格がない、と書いた。私はクルマを所有しないので、クルマをヘコませて従わせる必要はない。そのかわり、クルマよりももっと御しがたいもっと大きなブツが相手だ。人間と街との主従関係をはっきりさせ、自分が主人であることを肝に銘じるために、街路に吸い殻を撒き散らす。マナーだろうがルールだろうが、改めるつもりはない。これは権利ではない、堂々と生きることは男の義務だ。往来を歩く労働者・学生・市民・旅行者のみなさんに、私は言いたい。誰の顔色もうかがうことなく、勝手にやれ。

註

（1）警察庁とともに条例制定をすすめている全国防犯協会連合会（全防連）は、全国の防犯協会から構成される民間警察団体。末端には、企業や商店街などで組織される防犯団体（一一二〇二六団体）、地区防犯協会（一一二五九団体）、市区町村防犯協会（一七〇九団体）があるとされている。http://www.bohan.or.jp/

（2）構造改革特区の詳細については、構造改革特別区域推進本部　http://www.kantei.go.jp/jp/singi/kouzou2/　を参照。
（3）「反戦落書き事件」では、警察は公園管理者に連絡することなく、容疑者を「器物損壊罪」で逮捕している。「器物損壊罪」は被害当事者がいなければ成立しない親告罪であるが、杉並区はこれを追認し、問題の一切を警察にあずけた。
（4）「安全美化条例」（杉並区生活安全及び環境美化に関する条例）案に対する主な区民意見。
http://www2.city.suginami.tokyo.jp/library/file/anzenbika01.pdf
（5）同右
（6）「ハロー西荻」杉並区議会議員とみもと卓

反労働の暴力へ

矢部史郎

「暴力か非暴力か」という問題設定を退けて、では、どのような問いがありうるか。『暴力の哲学』を受けて、私がなにかスローガン風に付け加えるとすれば、こうだ。労働の暴力か、反労働の暴力か。

コンビニエンス（フォース）ストア

たとえばコンビニエンスストアで一三〇円のおにぎりを一個買う。一個のおにぎりのために目の前の店員がどれだけの労働をしているか考えてみればよい。商品の搬入、陳列、管理、廃棄、レジに駆けつけて自分と商品と客のデータを入力し、一〇三七円のお預かりに九〇〇円のお返しみたいな煩雑な小銭をやり取りしたうえに、たかがおにぎり一個のためにわざわざビニール袋を引っ張りだしてゴミみたいなそいつを丁寧につめて手渡し、「ありがとうございました」と言う。扱う商品はおにぎりだけではない。弁当はレジに入力した直後にレンジに放り込んで、チンの直後にとりだして袋にいれて客に渡す。膨大な雑誌と「別冊なんたら」とゴミのような本と漫画を、頻繁に入れ替え陳列する。電気、ガス、水道、電話、税金の払込票は、一枚につき三カ所ピッピッピッピッとバーコードを当て、領収印をボンボンボンと叩き押し、領収証の部分をビリビリと切って客に渡す。宅急便の小荷物が持ち込まれたら、巻尺と無駄に細かい料金表を引っぱりだして、荷物の三辺のサイズを測って金額を出して、何が入っているかわからないブツを受け取り保管してやらなければならない。さらにその店がたばこを扱うなら、背中に並べられた六〇数種類のまぎらわしいパッケージから客の要求するものを迅速に選び取り出してやらなくてはならない。ここに、おでんだの唐揚げだのソフトクリームだのが加わり、手が空いたら店先の灰皿とゴミ箱の中身を片付ける。すべてがめまぐるしい速度で進められ、店の奥で飯を食う間も、監視カメラのモニター画面が数秒おきに明滅する。

これは特殊な労働ではない。私たちが身近でまいにち目にしている労働である。こうした労働を一時間九〇〇円前後でやらせ、場合によっては無償で働かせ、さらにこれだけの複雑怪奇な作業の連続を「簡単な」「誰にでもできる」「単純労働」とみなすのが、資本主義である。

店にはたいてい不慣れな新人がいる。数人いる店員のうちたいてい一人は、不器用な主婦や学のない少女や入ったばかりの中国人がいるものだ。レジに滞って並び待たされる客は、彼女のおぼつかない手つきに苛立ちながら同時に、職制が労働者を見張るようなサディスティックな感情を密かに楽しんでいる。コンビニエンスストアがたいして便利でもなく、しかし実態以上に「便利」と感じられるのは、そこに剝き出しの労働があり、労働者が直接に消費され、それが客の抱く不全感をドメスティックなかたちで満たしてくれるからだろう。たかだか一二〇円の缶コーヒーを売り買いするために、店内で商品を陳列していた女がコマネズミのように駆けつけてきて、ニコリと笑いながら「ありがとうございます」と言う。気持ちいい！　こんなに従順で健気で安くて便利な女たちが、一五〇メートルおきに点在して昼夜やすまず待機しているのだから、若い男が結婚なんかする気にならないのも当然だ。

労働万歳。労働の暴力、万々歳だ。

ワールドピース（ワーク）ナウ

一昨年のアフガン反戦運動以来、私（たち）は反戦運動のなかで異物のように扱われてきた。イラク反戦運動の大枠であるＷＰＮ（ワールドピースナウ）のなかで、事務局と参加者がしばしば対立し、その対立の原因は、ＡＣＡ（反資本主義行動）というグループの動向にあると噂されてきた。デモで検挙があるたびに、ＷＰＮは救援運動を放棄し、ＡＣＡは救援運動に取り組んできた。ＷＰＮとＡＣＡ。非暴力と暴力。

親警察と反警察。新しい運動スタイルと古い運動スタイル……。

こうした図式はもちろん間違っている。ACAがWPNと対立しているとするならば、それは暴力か非暴力かではない。WPNとACAの違いを私なりに整理するならば、それは、大衆運動を組織する原動力、人々が運動に加わる動機付けを、何におくかという問題である。労働か、反労働か。労働の暴力か、反労働の暴力か、だ。

WPN事務局が参加者に対して陰に陽に要求するのは、労働的に組織された「笑顔」であり「ピースな振る舞い」だ。コンビニと同類だ。もちろんそのような要請には従えないという参加者は多い。参加者の多くは、党やカルトに組織されていない未組織の労働者大衆であって、彼らは事務局の空想的なプランに奉仕する労働よりも、自分自身の考えと感情を率直に表明することを求めるだろう。反戦運動の発展のために、デモ規制の警官にも笑顔で対応しろというのは、われわれの側から言えばまったくズレた発想だ。それは、労働現場の末端で働かされたことのない人間が考えることだ。大衆運動が依拠するべきは、大衆が日常的に服務させられている労働の暴力に対する怒りであり、労働から解放され自由になりたいという欲求である。

私について言えば、もう何かのために笑顔をつくるなんてまっぴらだ。笑いたいときに笑い、腹が立ったら突進する。それだけのことだ。私が運動に加わるのは、労働をすることにも労働を消費することにもうんざりしていて、その不満をぶちまけて思う存分に暴れたいからだ。労働のニコニコ規範に充足して、カルト化したスマイル資本主義に満足して、そうした日常を「非暴力的」と信じられるのなら、運動なんかやらなくてもいいじゃないか。

運動の原動力は、反労働の暴力である。自発性、社会性、運動を推し進める活力は、反労働にある。大衆運動は形態を変えた罷業行動として、反労働の生産力と無秩序の秩序を模索し発明する集団的実践である。

救援運動は労働ではない

だから、誰かがパクられて救援活動に取り組むときに、その運動は労働であってはならない。救援運動をなにか厄介な労働のように見なすのは、重大な利敵行為である。救援の成否を決するのは、大衆の反労働の力をどれだけ組織し、救援活動の（強いられた）労働をどれだけ打ち消すことができるか、である。誰かがパクられたとき、労働に忠実な作法は、落ち込んで萎縮するか萎縮したふりをするだろう。労働に抗する者たちは、ここであえて笑う。仲間に打撃が加えられて、落胆と困難な労働が強いられるそのときにこそ、あのコンビニの労働者たちの笑顔、ニコニコ資本主義が教える暴力のつくり笑顔を、悪意をもって反転し稼働させる。「不毛な」と侮蔑されるような局面で、「消耗」を生産に反転させる契機をつかむ。快活に、笑いながら、反弾圧運動を組織しよう。不謹慎？　そうだ。〝謹慎〟はそれ自体労働なのだから、だんじて拒否だ！　留置場にぶちこまれた仲間が、供述に抗して黙秘で闘うなら、外の人間は謹慎に抗して快活に運動を展開しなければならない。労働の暴力が教える虚ろな「社会性」を反転し、反労働の社会を生産しよう。警察が後悔するほどの強力な社会、無秩序の秩序を建設するのだ。

暴力、大切

山の手緑

不謹慎といわれそうですが、僕たちは暴力を深く嫌悪しているけれども、同時に深く愛し魅せられてもいる。(1)

暴力、もやもや

いや、こういうことってなかなか言えないし、大きい声では言えませんでした。いちばん危ないところ、「ここを無視するわけにはいかない」ところだったし、依然としてそうなのに。

かくも暴力を深く嫌悪し、おまけに非暴力をも嫌悪しているありさまで、同時に暴力にいたく固執してもいる。暴力。暴力という言葉が何故こんなに好きなのか。何故、乙女心を揺さぶるのか。暴力について考えると、もやもやするのです。そこで、とくに暴力についてもやもやするところを三つに分けてみました。

一・非暴力からの疎外

あれやこれやの暴力が嫌いで嫌いで大嫌いで、さらに、暴力をあれこれ正当化したり、暴力をいい暴力と悪い暴力に分別したり、暴力を審美化したりは、もううんざりするほど大嫌いだし、ましてや抑圧された人民の暴力だろうが肯定したりなんかしない。でも、それで非暴力だということにはならない。そもそもそんなことは許されていない。暴力を支える非暴力もあれば、非暴力を支える暴力もある。暴力嫌いが高じると非暴力も嫌いになる。そして、あんまり暴力にうるさいのは暴力的なのである。

さらに、日常のごたごたのほんのつまらない行い、そんなに近寄ってくるなとか、いい加減にしろ的な、かなりしょぼいレベルで、例えば他人様の肩をぽんと押したりしたばかりに「ぼ、ぼ、ぼうりょくー！」と絶叫されたりしてしまうようなことたびたび。どうも暴力の具体的・個別的・局所的拒絶は、暴力と呼ばれてしまう傾向がある。

また、手を出さないまでも、「失業保険に入れて欲しい」とか、「なんで労災にならないんですか」とか、「時給計算が早朝は八〇〇円ていうことなのに六八〇円になってます」とか「振り替え休日を下さい」とか言おうものなら、いかに人にやさしく、地球にやさしい感じで言ってみたところで、せいぜい怒鳴りちらされるのがいいところである。

これを、非暴力からの疎外といいます。

何が暴力で暴力でないのか、何がどれほどの、どのような暴力なのかを計る見えない基準や枠組みが暴力を支配する。また暴力の支配を可能にする暴力を権力という。一口に反権力とはいうものの、かなり大変。ていうか権力から遠すぎ。

二、暴力と労働力

労働の拒否はそれがいかに小さい規模であっても、日常業務を宙吊りにしてしまうので暴力的な様相を帯びる。また、失業者が仕事を要求することや要求している状態、端的に失業状態は暴力的な状態となる。失業者が沢山いることは知っている。景気が悪いことも知っている。けれども仕事はいくらでもある筈だと口々に言われる。日常業務に従事していない労働力は暴力的なのである。

しかし、一見矛盾しているようだけれども、労働をしている人はたいてい暴力的な様相を醸し出している。荷物を運んでいる人も、掃除をしている人も、口角をがっと上げて、歯をむき出しに笑いかけてくる人も、黄色い声で話しかけてくる人もそうだ。労働力とは暴力が転化したもっとも一般的な力の形態なのだとすれば、あらゆる労働力は暴力的なはずである。メルロ・ポンティがいうように「受肉した存在であるわたしたちにとって、暴力は宿命である」のなら、身体だけその辺に置いて逃げるわけにもいかない。暴力を手放すわけにもいかない。

　貧しい者は幸いである、無力なものには暴力がある。というのが資本主義の現実なのである。

三．暴力をもつ力

　ブレヒトは「この人殺しの世界は暴力をもってしか変革できない[2]」という。また、「私たちは〈ヴォーリヤ〉をもっている[3]」とロシア人は、好んで言うそうです。これは「暴力をもっている」という意味でしょう。ここには、暴力をも凌ぐ力が想定されています。それが、暴力をもつ力です。暴力はもてる。あれやこれやのブツはもてなくても、暴力は暴力をもつ力があればもてるはずなわけです。

　実のところ、暴力をもつ力にはけっこういろいろないい方があります。ジョアン・コプチェクはそれに「主体の自己統治権[4]」という概念をあてているし、ダラ・コスタはそれを、より直接的に「労働の拒否の建設力[5]」という。これは端的に社会を創出する力のことです。暴力をもつ力は社会を創出する力である。そう考えると、本当は、暴力をもつことなしに生きてゆける人などいないのである。

　だから、ストレス・フリーみたいな感じで、暴力フリーなニーズがマーケでうんぬんされているけれども、暴力フリーなんてろくでもない。暴力の支配が深化するだけである。

暴力を手放すということは自由を手放すことに等しいことなのだ。

暴力は手放してしまったら、無目的なものとなって、なんらかの理念の道具や手段であることに固着してしまうのだとしても、それは暴力を手放したからで、暴力がそもそも無目的な、必然的に殺人や自殺や荒廃にいたらしめるというような、そんなさっぱりした、纏まりのいい力なわけはない。暴力をそんなふうに考えるとニヒリズムになってしまう。暴力はもつことのできる力だと考えるならば、暴力は無目的なのではなく反目的なのである。暴力の発動を阻止する暴力も、かなり相当な暴力で反目的なのだ。ある意味で、非暴力も反暴力も無力すらも暴力であり、反目する暴力の過剰な様態なのだといえる。暴力はそういった暴れてる力で、振り絞られたり、奮い起こされたりして、暴力をもつ力を鍛え上げもする力なのかもしれない。すごい、大切にしたい。

註

（1）酒井隆史『暴力の哲学』河出書房新社
（2）スラヴォイ・ジジェク『イラク』河出書房新社
（3）スラヴォイ・ジジェク『「テロル」と戦争』青土社
（4）ジョアン・コプチェク『わたしの欲望を読みなさい』青土社
（5）マリアローザ・ダラ・コスタ『家事労働に賃金を』インパクト出版会

マニュエル・ヤン（一九七四〜）

栗原康

爆発的な言葉の力

マニュエル・ヤンは、ブラジルのカンピナスうまれ。お父さんは台湾人。お母さんは日本人、神戸のひとだ。お父さんは、戦前の台湾で日本教育をうけてそだち、キリスト教の長老教会の牧師になった。でも、一九四四年のことだ。お父さんがいつものように群衆のまえで説教をしていると、それが抗日活動だとかいわれて、とつぜん日本軍にとっつかまっちまう。一年以上、投獄された。コンチクショウだよ、日本、死ね。まあまあ、そんなことがあったものの、戦後、お父さんは伝道のために神戸にやってくる。そこでお母さんとであってゴールイン。ふたりで台湾人教会の拠点をつくりにいくぞっていって、ブラジルにわたっていく。で、マニュエル誕生だ。

とはいえ、ずっとブラジルにいたわけじゃない。お父さんの布教のつごうで、少年時代は神戸や台中、ロサンゼルス、テキサスですごした。たいへんだ。でもそのぶん、日本語、ポルトガル語、台湾語、英語をしゃべれるとおもいきや、できるのは日本語と英語だけ。帰る国がない帰国子女みたいだ。ハロー！　コンチワ！　じゃあじゃあ、マニュエル少年はどんな子だったのかというと、とにかく学校ギライ。なんで右むけ右で、みんなおんなじことをやらなきゃいけないのか。だいたい体育とか軍隊教育じゃねえか、やってらんねえよってね。

マニュエルは、高校を六回転校。いつも、この学校クソだぜっておもって、授業をさぼってばかりいた。あるとき、高校のまん前にある公園で読書をしていた。で、よんでいた本があまりにおもしろくて、めっちゃ笑顔で、めっちゃ大声をだして、ブッブッブッブッツッて、狂ったように音読をしていた。そしたら、とつぜん、うしろでギャアギャアさわぐ声がきこえてくる。なにごとかと思い、ふり返ってみると、なんと、同級生と先生が課外授業しにきていた。やばい。「おまえ、こんなところでなにやってんだ」と先生にきかれ、マニュエルはとっさに「親のつごうで学校をやめることになったんです」とうそをついてしまう。そして、先生はマニュエルが音読していた「反キリスト」という本をしみじみ見つめながら、「そうか、そうか。それにしても、むずかしいもの読んでるな。まあ、転校先でもがんばれや」とやさしく「贈る言葉」。オーマイガー!!!　こうなったら、うそをつらぬくために、先生の優しさをうらぎらないために、ほんとうに学校やめなきゃならない。そして、そんなどうでもいい意味不明な理由でその学校をやめちまう。イヨーシッ、ファックだぜ！

さて、そんなマニュエルがこのころからずっと夢中になっていたのが、ボブ・ディランだ。ディランは「風に吹かれて」とかをうたって売れっ子になるのだが、でも本人はまわりから期待されたことや義務みたいなものをすべて拒否するってひとだった。マスコミの取材がきても、ほしいこたえなんかしやしない。テメエなにいってんだとつっかかって、猛烈なエネルギーで罵倒する。へへッ、イヤなやつだね。だけど、そうやってマスコミにつくりだされた自分の虚像を自分でぶちこわし、なにものでもないものに、だれがどうやっても名づけようのないものに変わっていく。フォークでプロテストソングのひとだとおもっていたら、とつぜんロックンロールをやりはじめたりね。オレを制御できるとおもったらおおまちがいだぞ。オレはだれにもなんにもしばられねえぞ、オレにですらってね。マニュエルは、ディランのそういうところにひかれたんだ。牧師の息子だから、ああしろこうしろ？　ふざけんじゃねえぞ。ファックミー！

その後、テキサス大学オースティン校に入学。歴史学と英米文学をまなぶ。それからトレド大学にいって、ピーター・ラインボーに師事。ここで民衆史ってのかな、環大西洋の名もなき労働者たちが権力とどうたたかってきたのかをまなんでいる。でね、それがまたディランともつながってくるんだ。たとえば、ＩＷＷ（世界産業労働組合）は歌う組合っていわれていて、ジョー・ヒルって兄ちゃんが歌詞をかいて、それを讃美歌のメロディーにのせて、みんなで闘争の歌をうたったりしていた。しかも、これかんたんだからいちどおぼえたら、みんな勝手に歌詞をくわえて好きにうたっていくわけさ。だれの歌かなんてわからない、無名だ。でも無名だからこそ、ガンガンひろまっていく。その後、ヒルは殺人罪をデッチアゲられて処刑されるのだが、するとこんどはヒルの歌がうたわれる。しゃしゃりでてきた共産党が、ヒルはわれらが党の英雄だみたいな歌をつくっちゃうのだが、そんな党の支配をぶっこわすかのように、民衆がまったくべつのヒルをうたっていく。やめられない、とまらない。もはやだれのものだとも、これはこういうものだとも名づけようがない、つねに、そういうものから離脱していく民衆の歌。それがフォークだ。

だからね、じつはマニュエルは親しい友人で、兄弟みたいなもんなのだが、共通の友人に「マニュエルって、どんなひとっていえばいいかな？」ときいてみたら、みんな「謎のアメリカ人」っていっていた。いいかたをかえれば、わからない、名づけようがないんだ。なぜなら、フォークを生きているから。歴史学者でもあり、詩人でもあるマニュエル。ひとつ文章をよんでもらえば、その爆発的な力に、脳天ふっとばされるような衝撃をうけるはずだ。現在、日本女子大の教員。これからボブ・ディラン論、吉本隆明論など、続々と本がでる予定だ。ご注目あれ、タオ！

あっ、もしかしたら収録した詩だけだと、このひとこわいひとだとおもわれるかもしれないので、さいごにひとつだけ。じつはマニュエルとわたしは大の長渕剛好きで、もうひとりの友人と三人で、富士山オールナイトコンサートにいったんだ。九時間の大激闘。そのとき、マニュエルが登山用のバカでかいリュックをしょっていたので、こいつあたまおかしいんじゃないかとおもっていたのだが、ライブの中盤、みんながヘロヘロになったときのことだ。わたしがたおれそうになっていると、マニュエルがスッとリュックのなかから、凍らせてきたスポーツドリンクを手わたしてくれた。「えっ!?」というと、「三人分あるから」という。しかも、「ヤッチャン、お腹がすいたらウィダインゼリーもあるからね」という。うおおお、ヤーーーンッ!!! てゆうか、オレって……。とまあ、そんなやさしい好漢です。いっしょに遊ぼう。好、兄弟!

二〇一四年六月の恋唄

マニュエル・ヤン

反社畜の群れ —— *A Herd of Anti-Corporate Slaves*

誰かを殺すときに生まれる
現実との死闘距離
他者と自己をつなぐ唯物的カルマを断ち切る
妄想に疲れた反社畜の群れ
犠牲の山羊の大群に潜伏し、狼を装う
疲れ果てた不可視破壊工作
一瞬にして意味を殲滅する眼差し
それとも、本当にお陀仏になったのはオレなのか
かつて、無産者キリストが帝国の贖罪のために
古代金融資本の屋台に殴りこんでハリツケにされたように

星条旗と旭日旗の罪滅ぼしがムリだとわかっていても
革命の腐りかけた屍を喰らい続ける
最後の晩餐で全質変化した
コモンズの苦いパンが群衆の腹を満たしても
やはり、占領者自身が爆撃され
反復する歴史の縁切り寺に
コミュニズムの亡霊が駆け込まなければ
何も始まらないし、増殖しない
因果の鎖を切断すると
絶対ユートピアの形而上学がうなり始める
世界の終わりを殺りに行こう

「ウルマの雨」―― *"Rain in Uruma"*

そして、オレは何もかも失い
ウルマの雨の中を歩いた
激昂は疎外に変色し
ゼニは諦めに変質した

オスプレイの墜落死で終わる
政治のＳＭプレイに誘われる前に
南洋の刺青が胸板に彫られたモチキとユーシが
ウェストコヴィナのヤンキーよろしく
シークワーサーのウイスキー割でへベレケ
みどり町のサンゴ地蔵は問う
「サンヤ、カマ、スキッドロウの精神病棟と
刑務所を爆破してそんなにオモロイのかね」
酔いつぶれた蜂起のぶっ壊れた装置が吐血した
カレーパンの破片、膣の汗、唾に混ざり
華麗なる同志の青い野鳥の調べに合わせて
オレラは答える
"Fuck the base, fuck the state,
fuck the movement!"
前衛がくたばった後に
到来するものは
メシアでも革命でもなく

幼子の血しぶきで染まった
可能性という別名の
癌化した混沌でしかない

都会の流血、投石の轍—— *Bloodshed in the City, Stone-Throwing on the Tracks*

なぜか時間が消える
コザ暴動の囁きと
エストラードコートの汚された壁の間には
イチゴとサトウキビでつくったダイキリまみれの
オレの過酷でおぼろげな肉体が点滅し続けている
指には、不特定漂流者の消印まだ残っており
目線は、「新しい人」の湿気群がる
地平線へ頑なに集中する
肯定せざるをえない否定の業火を吐いた後
制圧の路地でエビの形をして泥酔
喪失した言葉の一滴、一滴を
搾り取ろうとしても

寒々と迫ってくる残響は
階級戦争後の汚染された廃墟と
過剰な遺伝子組み換えに耐え切った
原子の処女懐胎の産声だけだ
暴徒の消えゆく裏道は
どこにも書かれていない、誰にも言えない
一回きりの騒擾の秘儀
切腹、銃殺、絞首刑による
国家のオルガスムを中絶するには
一握の激怒と
瞬間の酔いに狂った信念を打破する
永劫回帰の記憶があればいい
「歴史から学ばぬ者は、それを繰り返すように運命づけられている」
去勢されたシジフォスは散華革命の名残を捨てて
都会の流血で濁った壁、そして投石の轍で刻まれた路上に火をつける

40――40

40になってやることといえば
ウルマのイオンビッグ店先のベンチに腰を下ろし
トップバリューの安ビールをあおるだけ
最後の審判からの啓示もなければ
革命の使命などはさらさらない
フレッド・ハンプトンがアメリカ国家権力に虐殺された
年齢の倍近く生きたオレは無職で、
判読不能のクダラナイ詩を書きなぐり
同胞の米軍兵士たちが世界中の米軍基地で
ある日、いっせいにピストルをこめかみに突きつけ
潔い集団自決する
あまりにも大義である妄想にひたる国賊であるゆえに
ファシスト的概念である「反米」であるゆえに
オレこそがアメリカなのだ
ワブリーたちについておセンチになったギンズバーグも

ハンガリーの地蔵菩薩評議会が
鎮圧された時に言ってるじゃねぇか
あの野蛮な国家社会主義の末法を機に
エドワードは党を捨て
社会主義ヒューマニズムというプロテスタントに
生まれ変わる
いつしか、ニコデモの問いに答えたように
歴史のどん底で蠢く翼なき機械壊しの野郎どもに
神の恩寵を託し、理性のエンジンを吹かし始める
古代ローマ帝国に処刑された
プロレタリアは、三日三晩、地下のどん底に潜りこみ
炭鉱労働と歴史の地層の壊し方を身につけた
かれが息絶えた年齢より何年も生きてしまい暗誦するのは
just a Brooklyn boy がバラ色の十字架に刻んだ落書き
「キリストがハリツケにされた年齢33才に
オレは接近していた
すべてをかける勇気さえあれば

まったく新しい人生が待ち受けている
実際にかけるものは何もなかった
オレは梯子の最も下にいて
あらゆる意味で失敗していた」
それから、ヤコブが可愛いオマンコを
手に入れるために騙されて働かされた
7年間が経ち、40才になった今、
あるゆる意味で失敗したままだ
成長がない
あるのは、偶像破壊を祈念し
英雄崇拝に溺れる偽善への開き直り
「人類共々死んじまえ」と唾棄する
偽悪の杯を進んで飲み干す狂雲を気取り
power to the people and workers' council という戯言を
真剣に語る二重人格
ハンプトンもトムスンもくたばり
大日本帝国軍の留置場へ

ぶち込まれた親父も去年くたばり
sooner or later オレもくたばる
確実に意味なき世界の光を浴びた
アルコールの血走る目は
梅雨後のウルマビッグの駐車場の水たまりを
見つめている
この始まりと終わりしかない

出典

＊印の作品は、文庫化にあたり、原文を、新字、新かなづかいに改めた。

大杉栄

＊「奴隷根性論」『大杉栄全集』第二巻　ぱる出版　二〇一四年
（初出『近代思想』第一巻第五号、一九一三年二月一日）

＊「生の拡充」『大杉栄全集』第二巻　ぱる出版
（初出『近代思想』第一巻第十号、一九一三年七月一日）

＊「僕は精神が好きだ」『大杉栄全集』第四巻　ぱる出版　二〇一四年
（初出『文明批評』第一巻第二号、一九一八年二月一日）

＊「此の酔心地だけは」『大杉栄全集』第四巻　ぱる出版
（初出『民衆の芸術』第一巻第三号、一九一八年九月一日）

伊藤野枝

＊「遺書の一部より」『定本　伊藤野枝全集』第一巻　學藝書林　二〇〇〇年
（初出『青踏』第四巻第九号、一九一四年十月号）

＊「貞操観念の変遷と経済的価値」『定本　伊藤野枝全集』第三巻

＊「無政府の事実」（初出『女の世界』第七巻第六号、一九二一年六月号）『定本　伊藤野枝全集』第三巻（初出　第三次『労働運動』第一号、一九二一年十二月二十六日・第二号、一九二二年二月一日）

辻潤

「浮浪漫語」『辻潤全集』第一巻　五月書房　一九八二年
「ですぺら」『辻潤全集』第一巻

中浜哲

＊「浜鉄独嘯」『中浜哲詩集』黒色戦線社　一九九二年
＊「いざ往かん焉！」『中浜哲詩集』
＊「立ン坊の叫」『中浜哲詩集』（初出『労働運動』一九二三年一月一日号）
＊「杉よ！　眼の男よ！」『中浜哲詩集』（初出『労働運動』大杉栄・伊藤野枝追悼号　一九二四年三月）

朴烈

＊「働かずにどんどん食い倒す論」『何が私をこうさせたか』資料編　黒色戦線社　一九七二年

金子文子

「第十二回訊問調書（一九二四年五月一四日　市谷刑務所）」『金子文子　わたしはわたし自身を生きる〔増補新版〕』梨の木舎　二〇一三年

「第一回訊問調書（一九二五年七月一八日　市谷刑務所）」『金子文子　わたしはわたし自身を生きる〔増補新版〕』

石川三四郎
＊「土民生活」『石川三四郎著作集』第二巻　青土社　一九七七年

八太舟三
＊「階級闘争説の誤謬」『八太舟三著作集』第二巻　黒色戦線社　一九七一年

高群逸枝
「家庭否定論」『高群逸枝語録』岩波現代文庫　二〇〇一年
（初出『婦人戦線』一九三〇年四月）

八木秋子
＊「言葉・表現」初出『女人芸術』一九二九年一月

宮崎晃
＊「農民に訴う」初出『黒旗』三巻二号　一九三二年二月

向井孝
「非暴力直接行動とは何か」『暴力論ノート――非暴力直接行動とは何か　増補版』のⅧ「黒」発行所　二〇一一年

平岡正明
「座頭市オゥ・ゴー・ゴー」『犯罪あるいは革命に関する諸章』大和書房　一九七三年
「ジャズ宣言」『ジャズ宣言』現代企画室　一九九〇年

田中美津

「便所からの解放」『新版　いのちの女たちへ――とり乱しウーマン・リブ論』パンドラ、二〇一六年（初出　ビラ）

神長恒一

「会社ってホント最悪なところ」『だめ連宣言！』作品社　一九九九年

「仕事と人生」『にんげんかいほう』創刊号（一九九三年十月）

矢部史郎　山の手緑

矢部史郎「道路に屈服しないために――「生活安全条例」を考える」『愛と暴力の現代思想』青土社　二〇〇六年（初出『ユリイカ』二〇〇三年十月号）

矢部史郎「反労働の暴力へ」『愛と暴力の現代思想』（初出『情況』二〇〇四年十月）

山の手緑「暴力、大切」『愛と暴力の現代思想』（初出『情況』二〇〇四年十月）

マニュエル・ヤン

「二〇一四年六月の恋唄」（『HAPAX　vol.3――健康と狂気』夜光社　二〇一五年二月）

参考文献

●第1章

・大杉栄

⇓　栗原康『大杉栄伝：永遠のアナキズム』（夜光社）

・伊藤野枝

⇓　栗原康『村に火をつけ、白痴になれ：伊藤野枝伝』（岩波書店）

・辻潤

⇓　玉川信明『ダダイスト辻潤』（論創社）

・中浜哲

⇓　栗原康『菊とギロチン』（タバブックス）

⇓　亀田博、廣畑研二編『中濱鐵　隠された大逆罪』（トスキナアの会）

・朴烈

⇓　金一勉『朴烈』（合同出版）

・金子文子

⇓　山田昭次『金子文子：自己・天皇制国家・朝鮮人』（影書房）

⇓　ブレイディみかこ「女たちのテロル」（『図書』岩波書店・連載）

●第2章

・石川三四郎

⇓ 北沢文武『石川三四郎の生涯と思想（上・下）』（鳩の森書房）
・八太舟三
⇓ ジョン・クランプ『八太舟三と日本のアナキズム』（青木書店）
・高群逸枝
⇓ 秋山清『自由おんな論争』（思想の科学社）
・八木秋子
・宮崎晃
⇓ 秋山清『自由おんな論争』（思想の科学社）
⇓ 保阪正康『農村青年社事件』（筑摩書房）
⇓ 相京範昭「八木秋子の生涯のあらまし」（『八木秋子著作集Ⅲ』ＪＣＡ出版）

●第３章

・向井孝
⇓ 水田ふう、向井孝『エェジャナイカ、花のゲリラ戦記』（径書房）
⇓ 中島雅一「向井孝ノート」（「Anarchist independent Review」vol.7/8 1996.8.14）
・平岡正明
⇓ 平岡正明『人之初』（彩流社）
・田中美津
⇓ 田中美津『いのちの女たちへ：とり乱しウーマン・リブ論』（パンドラ）
・神長恒一

⇩ だめ連編『だめ連宣言！』（作品社）
・矢部史郎・山の手緑
⇩ 白石嘉治、大野英士編『ネオリベ現代生活批判序説』（新評論）
・マニュエル・ヤン
⇩ マニュエル・ヤン「ラディカル・サイド・オブ・ボブ・ディラン」（『文藝別冊　ボブ・ディラン　マイ・バック・ページズ』河出書房新社）

第三章の人々の著作など

・向井孝（むかい・こう）　著書に、『アナキストたち――〈無名〉の人びと』（「黒」発行所）、『踏み絵ビラ「御名御璽」事件全集』（WRI-JAPAN 出版部）、『山鹿泰治　人とその生涯――アナキズムとエスペラント』（自由思想社）、『向井孝の詩』（WRI-JAPAN 出版部）などがある。
・平岡正明（ひらおか・まさあき）　著書に、『大歌謡論』（筑摩書房）、『浪曲的』（青土社）、『人之初』（彩流社）、『犯罪あるいは革命に関する諸章』（大和書房）、『【復刻】ジャズ宣言』（現代企画室）などがある。
・田中美津（たなか・みつ）　鍼灸師。主な著書に、『新版　いのちの女たちへ――とり乱しウーマン・リブ論』（パンドラ）、『かけがえのない、大したことのない私』（インパクト出版会）、『新・自分で治す「冷え症」』（マガジンハウス文庫）、『いのちのイメージトレーニング』（筑摩書房）などがある。

・神長恒一（かみなが・こういち）　一九九二年、ぺぺ長谷川たちと、「だめ連」結成。共著書に『だめ連宣言！』（作品社）、『だめ！』（河出書房新社）、『だめ連の「働かないで生きるには?!」』（筑摩書房）などがある。

・矢部史郎（やぶ・しろう）　著書に、『原子力都市』『3・12の思想』（以文社）、共著書に、『放射能を食えというならそんな社会はいらない、ゼロベクレル派宣言』（聞き手、序文・池上善彦、新評論）、山の手緑との共著書に『無産大衆真髄』（河出書房新社）、『愛と暴力の現代思想』（青土社）などがある。

・山の手緑（やまのて・みどり）　矢部史郎との共著に『無産大衆真髄』（河出書房新社）、『愛と暴力の現代思想』（青土社）などがある。

・マニュエル・ヤン　日本女子大学人間社会学部教員。寄稿誌に『現代思想』『ピープルズプラン』『変革のアソシエ』『情況』など。元ワブリー。

推薦文

「アナキスト百花繚乱、
一冊まるごと檄文だ！」

ブレイディみかこ

本書は文庫オリジナルです。

本書のなかには今日の人権意識に照らして不当・不適切な語句や表現がありますが、時代的背景と作品の価値にかんがみ、著者が故人である場合はそのままとしました。

本書の著作権者の方で、ご連絡のつかない方がいらっしゃいました。お心当たりの方はご連絡ください。

ちくま文庫

狂《くる》い咲《ざ》け、フリーダム
アナキズム・アンソロジー

二〇一八年八月十日　第一刷発行

編　者　栗原康（くりはら・やすし）
発行者　喜入冬子
発行所　株式会社　筑摩書房
東京都台東区蔵前二―五―三　〒一一一―八七五五
振替〇〇一六〇―八―四一二三
装幀者　安野光雅
印刷所　三松堂印刷株式会社
製本所　三松堂印刷株式会社

乱丁・落丁本の場合は、左記宛にご送付下さい。
送料小社負担でお取り替えいたします。
ご注文・お問い合わせも左記へお願いします。
筑摩書房サービスセンター
埼玉県さいたま市北区櫛引町二―六〇四　〒三三一―八五〇七
電話番号　〇四八―六五一―〇〇五三
© YASUSHI KURIHARA 2018 Printed in Japan
ISBN978-4-480-43535-4　C0112